刘大年全集

诗集
年谱
论著目录

十四

国家出版基金项目
NATIONAL PUBLICATION FOUNDATION

长江出版传媒
湖北人民出版社

编者说明

本卷为刘大年先生的诗集、年谱、论著目录合辑。

诗集是在刘大年先生生前自编《诗钞》基础上，将目前能够收集到的已经公开发表的诗作和没有公开发表的诗稿整合在一起。编辑体例是本书主编张海鹏先生确定的：刘大年先生本人对诗词的注释和说明一律在正文中出现，诗词来源和编者觉得有必要说明的文字在脚注中说明；原诗无题的或以首句为题，或依照内容增加题目，并在脚注中加以说明；诗词有明确时间(包括修改时间)或有时间可考的一律在诗名下一行标出，有必要标明地点的在时间下一行标明；一般不对诗词的文字、内容等作说明，保持诗词本身的原貌。除了确定编辑体例外，张海鹏先生还对诗集进行了三四次通改，特别修改了注释，并纠正了未刊诗稿中一些文字识别方面的错误。

年谱是在本书编辑委员会成员朱薇所编《刘大年年谱》（姜涛指导）和《刘大年年表》（王玉璞指导，载《刘大年来往书信选》下，中央文献出版社 2006 年版）的基础上增补而成的。本书主编张海鹏先生对年谱编辑体例作了重新规划，并作了详细的修改。

论著目录参考了 1995 年张显菊所编《刘大年论著目录》（载《近代史研究》1995 年第 5 期）和本书编辑委员会成员李长莉所编《刘大年论文整合目录》等成果。分著作、编辑、论文和文章三个部分。论文和文章按发表时间编排；同一主题且时间上相隔很近的论文或文章及部分转载情况都列同一条目。这些论文或文章，一般都根据刊物的性质在内容、篇幅乃至题目上有所增减和修改。

本卷由曲阜师范大学历史文化学院教授黄仁国编辑。

目　录

诗　集

年　谱

论著目录

诗 集

编者絮语

2015年8月，是杰出的马克思主义史学家、中国科学院哲学社会科学部最早的学部委员之一、我国历史学领域长期的领导者和组织者刘大年先生100周岁诞辰。为了纪念大年先生100周岁冥诞，中国社会科学院近代史研究所组织了刘大年全集编辑委员会，请湖北人民出版社出版《刘大年全集》，共16卷，其中第十四卷编入大年先生的诗集、年谱等内容。

诗集共收入60题114首旧体诗，其中19题55首诗是在报刊和书籍上公开发表过的，41题59首诗是首次公开发表。

诗集的编辑方针是：作者本人对诗词的注释和说明一律在正文中出现，诗词来源和编者觉得有必要说明的文字在脚注中说明；原诗无题的或以首句为题，或依照内容增加题目，并在脚注中加以说明；诗词有明确时间（包括修改时间）或有时间可考的一律在诗名下一行标出，有必要标明地点的在时间下一行标明；为了帮助读者读诗，编者对诗中出现的人名、地名、典故作了适当的注释。诗集里的文字，凡是收在正文里的，都是作者本人的文字，个别地方经过编者整理，页下注里的文字，是编者加的说明和注释。

刘大年先生是我国著名的马克思主义史学家，也是一个马克思主义理论家。他学术上的专攻是中国近代史，在美国侵华史、中美关系史研究方面有开拓之功，在马克思主义史学理论方面有卓越的贡献，在人物评价、明清土地制度、亚洲历史评价诸方面，都曾发表引起理论界、史学界广泛关注的论文。晚年，他的专攻有两项，一是抗日战争史，一是近代经学的研究，其成果在学术史上各有其地位。以上这些，在我国史学界、理论界都是清楚的。

1999年12月，刘大年先生的最后一部著作、8万字的《评近代经学》发表。在这部著作公开发表以前，人们对他的经学根柢是所知不多的。实际上，刘大年先生不仅在近代中国历史研究上发表众多宏文谠论，而且国学底蕴深厚。他22岁以前都在家乡（包括长沙国学专修学校）从老师宿儒研修儒学经典和《资治通鉴》等史学著作。父亲颇有旧学根柢，他幼承庭训，又在当时颇为高级的私塾爨学里师从湖南颇为有名的理学家蔡瑞芝（又襄）学习经史。从学的老师宿儒中还有前清翰林，贺冕就是一个旧体诗名家。他的诗作经受严师指点，也受到老师嘉奖，国学根柢就这样打下了。他 1938 年参加革命以前还定了不能丢弃孔学的决心，只是在学习了《共产党宣言》等马克思主义著作以后，才逐渐放弃了原先的想法。

1949 年发表《美国侵华简史》以后，刘大年的精力有一半放在中国近代历史研究上（另一半精力放在学术行政工作、对外学术交流以及全国人大常委会委员的工作上），他的著述虽然可以在一定程度上体现他的国学根柢，但在《评近代经学》发表以前，到底体现不多。真正体现他的国学根柢的是他的旧体诗作。

大年先生 8 岁在私塾里就学会了作诗。1938 年参加革命以前作的旧诗，大多找不到了。收在诗集里的第一篇作于 1936 年的《鸡鸣阁序》，是流传在家乡的一篇骈体文。1936 年，他在家乡附近的雪窝山上建茅草书房，名为“鸡鸣阁”，意为鸡鸣即起，督促自己做个能考证训诂名物的经学家，以“保存国粹”，《鸡鸣阁序》即表达了作者这种雄心壮志。这是现在发现的作者最早的一篇文学作品。文学史家一般不把骈文归入诗词类，编者不愿割爱，仍置于诗集之首，读者谅之。第二篇是 1937 年写的《过陈友谅墓》，因为自己很欣赏，随时可以念一念，就记住了。其他的诗就找不到了。进入抗日军政大学学习一年后，他被分配到冀南行政主任公署工作，此后戎马倥偬，还受过重伤，其间偶有吟咏，大多也未能保存下来。

现在收入在诗集里的诗，一是来自作者 1991 年 9 月 24 日自编的《刘大年诗钞》，共收入 60 首诗，其中大多是公开发表过的，少数未发表。作者声明，公开发表的诗，都加了注释；未发表的，未加注释。公开发表过的，在收入诗钞时，又作了个别文字润饰。这个诗钞，是油印本，少量印刷，送给亲朋好友，甚少流传。这 60 首诗，全部依据作者校订后的文字收入诗集，并在页下注里说明。二是 1992 年后公开发表或在公开出版物中刊载的，这类约有 10 多首。三是未刊稿，这一类诗稿是保存在家里的，或是诗人生前发现的，或是诗人去世后发现的。还有两首是在日本报纸上发表的手迹和在他人的诗集里作为附录收入的，虽算在未刊，实际上是已刊。也有从刘大年日记上抄下来的。从第一首 1936 年的《鸡鸣阁序》到最后一首 1999 年 7 月的《题小照》，前后绵延 63 年。

刘大年的旧体诗，有律诗、绝句，也有古风，形式不拘。律诗讲究对仗，严守诗韵格律，首句也有出韵的，都有出韵的理由，与古人“孤雁入群”之说相合。观他与同时的著名诗人讨论旧体诗格律的信函，可知诗人对旧体诗格律掌握之深。绝句不那么讲究对仗，比较活泼，读起来朗朗上口。如题江油李白纪念馆：“蜀道蚕丛今日扫，黄河咆哮旧时过。请抛白发三千丈，纵听汪伦十万歌！”这首绝句，把唐朝诗仙李白的豪情万丈、汪洋恣肆的诗风摹写得活龙活现，又把古今蜀道之不同对比出来，神来之笔，一气呵成，毫无雕琢之感。

大年先生从前清遗老学诗，上承清人诗风，作诗喜用典，尤其在律诗中用典，是大年先生旧体诗的一大特色。熟练地运用历史典故，正是诗人国学根基的体现。诗句哼到嘴边，典故自然涌现，往往恰到好处。诗人生活在新的时代，把典故与新事、新词自然地糅合在一起，是又一特色。如《三十五年于邢台过灯节兼庆政治协商会闭幕》中间两联：“平倭战胜方兴汉，反共兵销未帝秦。万户灯开民主焰，六街曲奏共和声。”《见说四首》之二：“颜回陋巷无心问，宰我泥墙厌耳闻。痛哭湘军空泪涕，叩头袁氏等埃尘。”用典与时代特色水乳交融，说明诗人的感情是在新的时代里，不是守旧的人，是求新的人。

诗言志。诗是心之所发，志之所伸。大年先生生活在一个中国历史上变化极为频繁的时代，从面临民族危亡到参加八路军起而抗争，迎来新中国的诞生；从探索社会主义到经历“文化大革命”、被打成“反革命修正主义分子”的岁月；从看到中国社会主义发展欣欣向荣，到目睹苏联社会主义的垮台。社会巨大的激烈变化，在他头脑中打下深刻烙印，也使他的情感难免跌宕起伏。他参加中国科学院代表团访问苏联，是新中国建立后少数访问过苏联的学者之一。他访问过建交以前的日本，也访问过统一以前的两个德国，作为中国史学家代表团团长访问过邻邦巴基斯坦，作为全国人大常委会代表团成员访问过南北美洲国家和澳大利亚、新西兰、巴布亚新几内亚等国以及欧洲诸国。他是一个史学家、理论家，也是一个思想家。他所经历者，他所思所想者，往往反映在他的学术思考中，反映在他的学术论著中。然而，学术思考、学术论著未必尽能反映所思。他同时也是一个诗人，具有诗人的品格，所思所想所经历之事，情动于中，感于心，发于文辞，流于笔端，便成为诗。清人金圣叹批阅唐诗六百首，序曰：“夫诗之为言诎也，谓言之所之也；诗之为物志也，谓心之所之也。心之所之必于无邪，此孔子之法也。”言语文章不能反映心之所思所想者，便形于诗。情动于中可以为文，情动于中也可以为诗。其女刘潞眼见乃父作诗的经过，谓有“不写诗就过不去的感觉”。“不写诗就过不去”，就是情动于极处。情动于极处，难以用言语文章表达者，诗是一个抒发情感的最佳去处。大年先生少年时便得作诗窍要，国学根基深厚，情感丰沛，感受会于心，形之于诗，便是很自然的了。

大年先生的诗作，表达了一个共产党人对祖国的爱，对人民的忠，对党和领袖的深情，也表达了对国际局势的关怀和感受，表达了作为马克思主义者的豪情和对共产主义必胜的信念。是诗，也是史。诗史融合在一起，体现了诗人同时也是史学家的气质和品格。1939 年作《东征口号》四首之第一首：“神州谁敢总横行？落日卢沟大起兵。南渡君臣棋乱局，北望烽火海扬尘。延安城系人心定，八路军来士气新。如火旌旗向前指，长征全捷又东征。”第四首：“长驱上党众怀烈，百里绵峄一日驰。画角昂昂朝食早，铁衣赳赳枕投迟。扬眉合唱大刀曲，沥胆行吟破斧诗。儿女英雄多不贱，燕山射猎共相期。”诗作充满感情，及对抗战胜利的坚信，对八路军行军作战艰辛的写实，对国府抗战摇摆的批评，对人民英雄的歌颂，对光明前景的渴望。这样的感情，在他的许多首诗中都有体现。1940 年在河北曲周一带作《惊闻华容失守》：“书封七字寄乡旧，快卖黄牛买宝刀！”既写出了对日寇占领故乡华容的愤慨，也写出了寄望故乡父老“快卖黄牛买宝刀”走上抗日前线的期待。这里如实记录了一个亲历了抗战岁月的战士、一个从军的青年知识分子发出的对日寇侵略的怒吼。1942 年作《祝贺刘伯承同志五十寿辰》、1945 年作《邯郸道上》、1948 年作《元旦试笔兼为土改学习自勉》、1949 年作《病中喜闻华容解放》、1971 年作《贺中共成立五十周年》、1972 年作《陈毅同志挽词》、1974 年作《贺国庆二十五周年》、1976 年作《周恩来总理挽辞》、1982 年作《观王森老苍松图》、1984 年作《紫禁城漫兴》、1996 年作《香港回归祝词》、1998 年作《李琦画展观后》《寄〈百年潮〉》等，都充满了对祖国、对人民、对党和党的领袖的热爱和歌颂。1983 年 9 月作《悼亡》诗，是对同时参加革命的亡妻的悼念，1996 年 4 月作《田家英同志小莽苍苍斋法书选集观后占二绝句》，是对西柏坡时期认识的革命老战友的怀念，同样都具有强烈的家国情怀。

大年先生有多次出国访问的机会，出访诗除了若干人情应酬，还有一些有很高意境的诗作。其中以访问巴基斯坦、日本留下的诗作最多。1962年、1965年两次访问巴基斯坦，留下了14首绝句。“法显玄奘记胜游，葱云西指水东流。蚕丝古径变通道，还要凿空博望楼。”“名场百辈口悬河，抵掌清谈妙趣多。学问遥从中国取，圣言个个奉摩诃。”这几首纪实诗把黄河、印度河之间长久交往的历史，中巴之间的友谊，刻画得清楚明白。

诗集中有关访问日本或者与日本学者相关的诗最多，有19首。1963年第一次访日，是在中日建交10年前，中日关系基本上处在敌对状态，但中日民间交流的呼声甚高，不仅中日民间贸易呼声高，学术交流呼声也很高。日本学术界正在强烈反对美国的文化侵略，反对美国对日的赖肖尔政策，反对美国在日本建立军事基地。访日诗记录了这时的情形：“横街伐鼓起雷声，满耳东京与北京！阿部求经思汗国，鉴真观法到蓬瀛。盖幛迎客千花舞，剑履谈心百鬼惊。七亿英雄同肺腑，太平洋里醢长鲸！”欢迎中国学术代表团的群众高唱《东京与北京》之歌，要求友好之声盈耳。中日两国人民团结起来，可以把美国侵略者埋葬在太平洋，其情其景跃然纸上。1975年为吉川幸次郎率日本学术代表团访问中国赋赠一律，也反映了反对美国在太平洋称霸的时代气息。1979年12月在东京大学讲学，12月13日《朝日新闻》发表了大年先生表示中日友好诗的手迹，该诗最后一联说“举翼银鹏便万里，扶桑一路日璘璘”，写出了中日两国一衣带水，应该长期友好的心声。

日本京都大学人文研究所井上清教授，是日本著名的马克思主义史学家，铁骨铮铮，著作揭露日本帝国主义历史，严厉批判天皇制度，是日本少有的硬汉。1960年访问近代史研究所，与刘大年成为好朋友。1984年刘大年作《赠老友井上清先生》，称许井上“云雷论学许相知，一帜堂堂独树之”，“回头讲座推元老，屈指西京数大师”，“一部马恩笑神会，寸心寰宇共波澜！”“一部马恩笑神会”，点出了中日两位马克思主义史学家的真正友谊。井上清是日本史学界的大师，刘大年是中国史学界的大师，因马恩而神会，颇有惺惺相惜之至意。读诗至此，直教人击节不止。

1989年在《人民日报》发表《见说四首》，引起许多读者关注与议论。不仅关注诗的格律，尤其关注诗的意境，关注诗人所思考的东西。“新儒有道推君子，老店无缘拜圣人。我自沙滩楼下过，可怜德赛两先生！”举起德赛大旗的五四先人，曾经批判孔老夫子不能救中国。如今传来一种议论，似乎“四小龙”的崛起，正得力于儒学传统。当年高举科学、民主的先生们怎么面对这样的认识呢？这种思考，未必不是作者后来下功夫撰写《评近代经学》的主要动力之一。如何对待孔子，如何对待科学、民主，至今仍是思想界思考的问题，也是中国特色社会主义必须解决的问题。科学也好，民主也好，马克思主义也好，都需要与中国历史实际和社会实际相结合，产生马克思主义理论指导下的中国社会主义的新文化，中国特色社会主义才能有序推进。

1991年12月，诗人写出了一首感事诗。感事而未命题，实寓有深意焉。这个月，世界上出现一件重大事变，国际共产主义的挫折已成定局。克里姆林宫上的镰刀锤子旗降下来了，沙俄时代的三色旗升了起来。资本主义世界额手称庆，马克思主义者、共产主义者痛心疾首。国际共产主义运动的低潮到来了，这是一个明显的标志。诗人感事而发，写下了下面的诗句：

> 半天风雪恶连宵，大国吹从地面消。
> 侯览仓皇除党会，谯周匍匐拜星条。
> 飞扬未觉龙蛇远，开辟犹闻海宇摇。
> 他日列城王气动，镰刀锤子复旌旄！

侯览是东汉桓帝时期的高乡侯，制造了历史上有名的党锢之祸。谯周是三国时期蜀国光禄大夫，魏国攻蜀，兵临城下，谯周劝蜀主刘禅降魏，蜀国灭亡。诗人用这两个故事，暗喻苏联的垮台，“大国吹从地面消”，“匍匐拜星条”，真实地记录了当时的情景。诗人没有垂头丧气，明确表示对未来抱有信心：“他日列城王气动，镰刀锤子复旌旄！”列城指列宁格勒，十月革命的故乡。他认为，在列城上空重新飘扬镰刀锤子旗的日子是一定会到来的！

1983年9月的《遣怀》，也值得注意：“船山学术旧难跻，借尔高言觅径蹊。不拟孤山闲放鹤，鹁鸪恰恰向人啼！”王夫之是湖南衡阳人，生活在明末清初，拒不仕清，以船山名于世。船山在学术上主张实事求是，反对陆王心学，在哲学和史学上贡献良多。这首《遣怀》诗，是有所感而抒发的。船山学术破旧立新，志存高远，虽然总的学术体系落后了，但他寻找不同的学术路径是可取的。问题在于船山著述刊刻于身后，其学术贡献不为时人所闻。犹如孤山放鹤的宋人林逋，只与诗友唱和，不留诗稿，鹤声呦呦，于世无补。今天学术的春天到来，历史学大有可为，应该以马克思主义理论为指导，在史学领域大展宏图，就不能像王夫之、林逋那样，隐居于石船山和孤山，种梅、放鹤，自鸣自唱，而要像鹁鸪那样大声啼鸣，参与到新时代的众声和鸣之中。1983 年正值中国史学会学术年会暨第三届史学界代表大会，大年先生作为中国史学会主席团执行主席在大会上作了《中国马克思主义历史学与中国社会主义》的学术报告，就中国历史学的指导思想与中国历史学的时代使命问题作了阐述。他在报告中针对有人说马克思主义“过时论”作了剖析，认为全世界阶级消灭以前，马克思主义将始终保持旺盛的生命力。我想，这就是这首《遣怀》诗的写作背景。另有一解，《遣怀》诗作于《悼亡》诗三天之后，亲人离去，怀念之情无处发散，以《遣怀》诗述志，表示不会从此消沉，趁着学术的春天到来，要努力争鸣，发出自己的声音。还要指出，《遣怀》诗手稿一直压在作者书桌玻璃板下面，作者去世后才被发现。可见，作者是把这首诗当作自己的座右铭的。所谓“遣怀”者，乃是励志也，乃是叙述将要朝着自己的学术志向奋斗不息也。

大年先生晚年精力放在抗日战争研究上，这与日本政府在战争性质认识上倒退有关。1989 年 2 月 20 日，刘大年先生在第七届全国人大常委会会议上，专门就日本政府在战争性质认识问题上倒退作了尖锐发言，提出了义正辞严的批评，震动了国内外。此后，他极力推动成立中国抗日战争史学会，推动出版《抗日战争研究》杂志，推动有关抗日战争的学术会议召开和学术著作的编写出版。他关于日本社会发展的预言，如右翼否认侵华罪行、军国主义复活倾向等，都在今天得到了验证。1996 年 5 月，他的著作《抗日战争时代》完稿，意兴盎然，赋诗二首。其一是：“大族栽来千岁果，论时抒罢九回肠。一枝短杖连扶出，楼外河边看绿杨。”其二是：“列国春秋重见闻，膏肓难变假成真。太行风雪平原暑，我是山川路上人！”诗人用含蓄的文字，歌颂中华文明源远流长，论到抗日战争一节，不禁令人唏嘘不已。诗中表达了诗人感叹自己年迈体弱，而该做的事已经做了。此刻，扶着一支短杖，喜看楼外繁华景象。想起日本政府当局否认侵略，心情难以平静。他似乎在告诉日本当局：你们要知道，“太行风雪平原暑，我是山川路上人！”抗日战争我是亲历者，怎么能同意你们把侵略说成“进出”呢？

1998 年 6 月，大年先生写给抗战时期的老战友的信中说：“我们在自然规律支配下，很快都要最后作结论了，这个结论中将有一句关键的话：我们走的是一条正确的大路，光明的大路。这是可以自慰的。”1999 年，《评近代经学》已经搁笔。他回望自己一生，觉得已经没有什么心事了，便用诗的语言作了一次人生总结。7 月，他在一首《题小照》中写道：

早岁从戎荷短戟，中年乙部伐雄王。
凡人亦许不知老，敢笑多愁伦勃朗！

“早岁从戎荷短戟”，这是指1938年进入抗大，荷戟从戎，成为一名八路军战士，经历了抗日战争的全部岁月。“中年乙部伐雄王”，这是指1947年写作、1949年在《人民日报》连载发表的《美国侵华简史》。1954年在人民出版社正式出版《美国侵华史》，这一年，他正好40岁。这本书有多种外文文本出版，在新中国建立之初，在反对美国帝国主义的斗争中，起到了重要的作用。“雄王”，借指当时称霸世界的美国；“乙部”，按我国书籍传统四部分类法，乙部是史部，这里乙部就是代指《美国侵华史》。此后，在中国科学院，在哲学社会科学部，在近代史研究所，他担负过学术领导和学术组织工作，写出了中国近代史，写出了日本侵华史，写出了近代儒学史，尤其在马克思主义史学理论方面作出了重要的理论贡献。他一直在走着一条正确的路、光明的路。到了按照自然规律快要作最后结论的时候了，对着自己的照片，不禁莞尔笑道：“凡人亦许不知老，敢笑多愁伦勃朗！”伦勃朗，你英雄一世，如今老了，愁容满面，有什么必要呢？

1999 年 10 月 26 日，刘大年先生应邀在中国社会科学院主办的“新中国社会科学五十年学术报告会”上作了《马克思主义社会科学研究要回答当代社会重要问题》的报告。11 月，因发烧住进协和医院。12 月 28 日不治辞世，走完了 85 岁人生。一个马克思主义者、一个共产主义者、一个历史学家、一个诗人的一生，就这样华彩落幕了。就好像有预知一样，他在《题小照》中，已经预先替自己作出了人生总结。按照他的遗嘱，丧事从简，只在极小范围里举行了告别仪式。他躺在鲜花丛中，大厅里播放着高亢的《在太行山上》音乐，从太行始，到太行终，他的人生画上了完美句号。

值此诗集出版的机会，我写了上面这些文字，希望有助于读者读诗，了解诗人和他作诗的一些背景，理解诗人和他的诗作，以及诗作所反映的时代。我个人长期在刘大年先生的领导下工作，对先生的人生和学术多少有些了解。

但是，不能说我的解说都是合适的，不妥之处，敬请读者不吝批评指正。至于大年先生的旧体诗，是否合乎格律，意旨如何，怎样评价它的文学水平，以及与明清诗的承继关系等等，我不能解说，我也没有资格解说，因为，我完全没有大年先生那样的修养，对旧体诗更是未能入门，我岂敢在解诗上置喙。我只是解说背景，至于如何欣赏、评判先生的旧体诗，则要拜托诸位读者的法眼了。

张海鹏

2015 年 2 月 28 日于北京东厂胡同一号

1 鸡鸣阁序[1]
1936 年

世事苍狗[2]，人生白驹。
马齿徒增，鸡鸣不已。
慨学海之难填，智下精卫；
借深林之一枝，计祖鷦鹩[3]。
爰卜蜗居，用遂鸠拙[4]。
室本磬悬[5]，不有鼠牙之穿；
心同匏系[6]，更无雀角[7]之入。
惟是萤窗多奇，猱升[8]匪易。

---

① 这首《鸡鸣阁序》由湖南省岳阳市博物馆熊培根先生于2007年1月提供，曾先后经吴琴、李绍平、姜涛等识别、标点、断句。据作者1996年回忆，在家乡华容流传的《鸡鸣阁序》是他写的，并称这是一篇四六文。四六文，又称骈文，形成于南朝，盛行于唐宋，多以四字、六字相间为句，遣词华丽，多用典故，讲求句式对仗工整。1936年下半年，刘大年在家乡湖南省华容县东乡三封寺熊家桥附近（现三封寺镇金盆村）住房背靠的雪窝山山顶自建茅草书房，取名“鸡鸣阁”。这是现已发现的作者留下的唯一一篇骈文，写作时间也最早。文学史家一般不把骈文归入诗词一类。编者不拟割爱，仍把它置于诗集之首，读者谅之。

② 苍狗，指黑色的狗。唐杜甫《可叹》诗曰：“天上浮云似白衣，斯须改变如苍狗。”后因以比喻世事变幻无常。

③ 鷦鹩，小鸟名。鷦鹩做窝，只占用一根树枝。鷦鹩一枝比喻一个安身之处或一个工作位置。《庄子 · 逍遥游》曰：“鷦鹩巢于深林，不过一枝；偃鼠饮河，不过满腹。”

④ 鸠拙，晋张华注《禽经》说：“鸠拙而安。鸠，鸤鸠也。《方言》云：‘蜀谓之拙鸟，不善营巢，取鸟巢居之，虽拙而安处也。雄呼晴，雌鸣阴。’”

⑤ 磬悬，空无所有。磬，通“罄”。

⑥ 匏系，《论语 · 阳货》：“吾岂匏瓜也哉！焉能系而不食？”刘宝楠正义：“匏瓜以不食，得系滞一处。”后以“匏系”谓羁滞，或喻不为时用、赋闲。

⑦ 雀角，《诗 · 召南 · 行露》有“谁谓雀无角，何以穿我屋？”“谁谓鼠无牙，何以穿我墉？”原指强暴侵凌引起争讼，后以“鼠牙雀角”指讼事或引起争讼的细微小事。

⑧ 猱升，猿猱上树。比喻像猿猴似的轻捷攀登。

虽则羝羊触藩[①]，钻之靡坚；

其如按图索骥，忽焉在后。

矧乃妖梦化蝶[②]，庄周之邪说并起；

当路斩蛇，孙叔[③]之高义不闻。

江流趋下，难闻麟笔[④]；

袜线无长，空叹牛刀。

故惟志蠹鱼[⑤]以永日，即当惜阴之虑；

技雕虫而自好，聊深面壁之功。

画虎必成，其惟谁敢？

刻鹄[⑥]不失，勉以自期！

---

①羝羊触藩，进退两难的意思。《周易·大壮》曰："羝羊触藩，羸其角。不能退，不能遂。"

②化蝶，《庄子·齐物论》云："昔者庄周梦为蝴蝶，栩栩然蝴蝶也，自喻适志与！不知周也。俄然觉，则蘧蘧然周也。不知周之梦为蝴蝶与，蝴蝶之梦为周与？周与蝴蝶，则必有分矣。此之谓物化。"

③孙叔，即孙叔敖。汉刘向撰《新序·杂事》记载："孙叔敖为婴儿之时，出游，见两头蛇，杀而埋之，归而泣。其母问其故，叔敖对曰：'闻见两头之蛇者死，向者吾见之，恐去母而死也。'……其母曰：'吾闻有阴德者天报以福，汝不死也。'及长，为楚令尹，未治而国人信其仁也。"

④麟笔，孔子作《春秋》，绝笔于获麟，故称史官之笔为"麟笔"。

⑤蠹鱼，即书虫。

⑥画虎、刻鹄，见南朝宋范晔《后汉书》卷二十四《马援列传》："效伯高不得，犹为谨敕之士，所谓刻鹄不成尚类鹜者也。效季良不得，陷为天下轻薄子，所谓画虎不成反类狗者也。"

2 过陈友谅墓①
1937年

对于蒋介石，说不上有何认识。蛇山②漫步中，某次走近陈友谅③墓，忽然有感，很快哼出一首《过陈友谅墓》的诗。到陕北以前的诗都忘得无影无踪了，惟独这一首有时想起来念一念：

紫荆山上孝陵④园，碣石崔巍车马喧。
黄鹄矶⑤畔汉帝墓，杞棘荒圮无人过。
我来凭吊读遗碑，老乌哑哑相和吹。
碑上淋漓云何事，似叹英雄不得志。
鄱阳一战⑥功未成，泰山鸿毛从此分。
吁嗟乎！垓下⑦若教刘邦死，如今楚帝称项羽。

开头两句点出了南京和那个人的地位，收尾两句是前人所说的“成者为王，败者为寇”。蒋倘若当初失败了，如今也是个“寇”。这和“祖龙将死”的意思差不多。反感，但不带特定色彩。

---

①选自刘大年《我亲历的抗日战争与研究》（中央文献出版社2000年版）第7页。作者在湖南长沙国学专科学校肄业后，第二次外出游历南京后返回武汉，寓居于蛇山附近的学生公寓，继续深造和就业都不成，彷徨中，以到图书馆和阅览室看书打发时日。

②蛇山，又称黄鹄山，即黄鹤山。在武昌城长江边，是武汉市名胜古迹较多的三山之一。绵亘蜿蜒，形似伏蛇，头临大江，尾插东城，与汉阳龟山对岸相峙，为古代军事要塞。

③陈友谅（1320—1363），湖北沔阳人，元末农民起义领袖，元朝末年大汉政权的缔造者。他与朱元璋争夺天下失败，葬在武昌蛇山南麓。

④孝陵，是明朝开国皇帝朱元璋和皇后马氏的合葬陵墓，坐落在南京市紫金山南麓独龙阜玩珠峰下。

⑤黄鹄矶，在今武汉市蛇山西北，其上有黄鹤楼。

⑥鄱阳一战，发生在1363年，是元朝末年朱元璋和陈友谅之间进行的一次战略决战，以朱元璋击败并杀死陈友谅而告终。

⑦垓下，位于今安徽省宿州南地区，是楚汉相争最后决战的战场。

3 东征口号[①]

1939 年 1 月

一九三八年十二月，抗大一分校由陕北迁往山西敌后襄垣、屯留地区。八路军前方总部驻在那里。组成一分校的原抗大洛川、庆阳、栒邑三个大队先在鄜县[②]集中，进行动员，十二月中旬，开抵延长一线待命。一九三九年一月初，全校六千人，从永和关渡黄河，入山西。中经吕梁山，穿过汾河、同蒲路敌人封锁线，越绵山，一路滔滔，一月底到达上党目的地。指挥这次行军的是一分校校长何长工、副校长周纯全同志。我属第一大队即以前的洛川大队，指挥这个大队的是韦国清同志。东征口号草于行军途中，说不上是诗，但不失为这一段战斗生活的纪实。

（一）

神州谁敢总横行？落日卢沟大起兵。
南渡君臣棋乱局，北望烽火海扬尘。
延安城系人心定，八路军来士气新。
如火旌旗向前指，长征全捷又东征。

（二）

冰满戎衣雪满头，军行千里出奇谋。
前锋踊跃趋延水，大队从容发鄜州。
祖逖中流奋击楫[一]，孟明东渡誓焚舟[二]。
永和道上丹青手，正画虾王泣楚囚。

---

① 原载于《诗刊》1978 年 9 月号第 57、58 页。

② 鄜县，即鄜州，今陕西省富县，位于陕西北部，延安地区南部，东与洛川接壤。庆阳位于甘肃省东部，陕甘宁三省区的交会处。栒邑，即今旬邑县，位于陕西中部，咸阳以北。

（三）

帷幄运筹听总管，书生报国寸心丹。
吕梁料敌晨增灶[三]，汾水迎人夜渡关。
马骤尘飞星变色，枪持令紧雀无讙。
奇兵忽见从天降，惊倒倭奴壁上观[四]。

（四）

长驱上党众怀烈，百里绵峄[①]一日驰。
画角昂昂朝食早[五]，铁衣赳赳枕投迟。
扬眉合唱大刀曲，沥胆行吟破斧诗[六]。
儿女英雄多不贱，燕山射猎共相期。

［一］《晋书》：祖逖受令为豫州刺史，渡江北上，中流击楫，表示决心恢复中原。

［二］《左传》文公三年，秦孟明伐晋，渡河焚舟，以示有进无退。

［三］《史记》：孙膑用减灶办法迷惑敌人，斩魏将庞涓；《后汉书》：虞诩增灶破羌。据传我军过同蒲封锁线时，指挥员曾发出大军分路挺进的电报，使敌人不知我虚实。

［四］《史记》：钜鹿之战，项羽所率楚军锐不可当，大破秦军，诸侯各军从壁上观看。

［五］《左传》成公二年，齐晋交战，齐侯说“余姑翦灭此而朝食”。

［六］《诗·豳风·破斧》篇：“既破我斧，又缺我斨。……”赞美周公东征，伐罪救民。

---

① 绵峄，即绵山。绵山，又称绵上、介山，地处汾河之阴，跨山西介休、灵石、沁源三市县境，是太岳山（霍山）向北延伸的一条支脉。

4 惊闻华容失守①

1940 年
在河北曲周一带

捷报潭州②守将骁，忽惊虏马渡江潮。
花桃野戍兵宵遁，古邑官城鬼怒号。
难奉杖舆先避贼，尚凭昆弟可从徭。
书封七字寄乡旧，快卖黄牛买宝刀！

---

①选自作者自编《刘大年诗钞》，油印，1991 年 9 月。据《华容风雷》载："1940 年 6 月，日军第十一军（司令横山勇）侵占汉口、岳阳、沙市之间的长江三角地带。因长江天堑阻隔和国民党爱国官兵的抵抗，日军被困于这一地区近三年之久。" 1943 年 3 月 8 日，"日军分四路向华容进犯"，"于 10 日下午侵入华容县城"，3 月 13 日结束对华容的进攻，华容沦陷（郭清彬、严文田主编《华容风雷》，华中理工大学出版社 1989 年版，第 171、172 页）。事实上日军占领岳阳，并未占领华容，作者当时听到的是传闻。

②潭州，曾作为一级行政单位，是大部分湖南地区以及部分湖北地区在古代的称呼；也曾作为二级行政单位，地域包括今长沙、湘潭、株洲、岳阳南、益阳、娄底等地。

5 祝贺刘伯承同志五十寿辰①

1942 年
河北威县

汉家大将立身高，一管金毫一战袍。
波海译书②开异阵，剑关拔帜走群豪。
边区奇计胸中划，劲敌阴谋掌上消。
五十功名谁是伴？振衣同拜霍嫖姚③。

一九九八年五月八日晨再书

---

①未刊诗稿。手稿由刘潞收藏，下同。刘伯承（1892—1986），中华人民共和国十大元帅之一，时任十八集团军一二九师师长，抗日战争中，他指挥一二九师创建了晋冀鲁豫抗日根据地，作者所在冀南行署属于该根据地政权组织的一部分。

②波海译书，南昌起义后，刘伯承被派往苏联学习军事，学成回国后，曾在中央苏区首府瑞金翻译多篇苏军教材和理论文章。

③霍嫖姚，即西汉名将霍去病。元朔六年（前123），17岁的霍去病被汉武帝任命为嫖姚校尉，因而得名。

6　复杜佩珊处长①

1943年11月
山西辽县隘峪口村八路军前方总部医院

卧对赐书窗影迟，太行山里柿红时。
关心垂问半年疾，余兴还询近日诗。
万象皆秋浑自觉，千金买骨累君知。
不从战垒添新鬼，东下平原再弈棋。

杜佩珊，冀中人。保定医学院毕业，但未行医。多年担任中学国文教员、教务主任等。1938年冀南抗日政权冀南行政主任公署成立，他作为开明士绅，坚决主张跟从共产党抗日，先后任行署秘书主任、民政处长。抗战后期加入中国共产党。进入北京后，任政务院法制副局长，1955年去世，刚过50岁。杜旧学深有功底，为当地上层知识分子中所仅见。1942年初，冀南各界举行群众大会，追悼反“扫荡”中的牺牲死难者。我们分别拟制挽词，他的一联是：“洒碧血以靖神州，浩然正气；揽黄流而奠燕赵，慷慨悲歌。”文字整齐，气象高昂悲壮。他说“黄流”是酒的名称，但忘记了出处。我说好像见于《诗经》，他很高兴，认为可信。1942年，平原游击战争环境愈益艰苦，行署人员精简。三四月间行署教育、民政两处合并为民教处。我调到任仲夷任校长的政治学校任教。秋冬，政治学校分散办训练班，我再回到行署民教处。干部共三四人，勤务员一人，马一匹。驻地两三天，有时一天移动几次。民房多被敌人破坏，空洞无物。冬天手足僵冻，无法取暖。入夜棉籽油灯一盏照明，工作从不间断。往往在就寝前下象棋半小时，几人轮流对弈。虽然每天都可以听到枪炮声，但大家精神饱满，挤时间下棋娱乐。这里的“东下平原……”指希望再回到冀南去共同与敌人进行斗争；同时，也是敌后战地生活纪实。

---

① 未刊手稿。此诗及文字说明由作者本人1997年赠给黄仁国。

7 《甲申三百年祭》书后四首[①] 1944年 1962年

四十年前，郭沫若[②]同志在重庆发表了他的名著《甲申三百年祭》。各抗日根据地很快纷纷翻印，广为流行。这四首小诗中的前三首写于一九四四年夏天。那时我在太行山抗日根据地设在左权县的八路军前方总部医院里疗养。读到郭老的著作，有感于怀，信笔在书的后页写下了几行字。末尾一首作于一九六二年。郭老在五十年代后期，注意研究汉代历史，并在一九五九年发表《替曹操翻案》。一九六二年夏初，郭老召集当时中国科学院哲学社会科学部少数同志谈工作，并游颐和园。我把这几首小诗写在一起，面请指正。他讲了一些自谦的话，意兴欣快，引起回忆往事。现在抄录出来，以纪念《甲申三百年祭》发表四十周年。

1984年7月

（一）

崇祯一死骂名轻，三百年来有定评。
巨笔如椽翻铁案，史书功罪两分明。

（二）

踏破燕京铁骑骄，闯王赤帜正飘飘。
武英殿上升平酒，误尽三军解战袍。

---

① 原载《诗刊》1984年7月号第41页。

② 郭沫若（1892—1978），新中国成立后，历任政务院副总理兼文化教育委员会主任、中国科学院院长、全国人民代表大会常务委员会副委员长以及中国史学会主席、中国文联主席等职。作者是郭沫若在中国科学院的重要助手之一。

（三）

倾国妖歌迹已残，将军何止重红颜。
黄冠碧血直须记，休把兴亡一律看。

（四）

换海移山十载余，万春亭畔百花舒。
汉文魏武从头写，未老温公正著书。

8 邯郸道上[①]

1945 年 12 月

河北威县

不闻吹角但开枪，内战果然是内行。
朝出杂牌围上党，夕张旗鼓下安阳。
捷书稳待前军奏，大德全劳幕府扬。
妙算神差输一着，又逢道士煮黄粱[②]。

① 未刊诗稿。1945 年 10 月，作者结束养伤生活，二下太行，与打邯郸战役（平汉战役）的部队一起过京汉线后，到达当时中共北方区领导机构所在地河南濮阳，后被指派回到晋冀鲁豫边区政府冀南行署所在地威县，作为负责人之一，开始参与筹备拟名为建国学院的干部学校。平汉战役是指 1945 年 10 月至 11 月，晋冀鲁豫解放区部队，在河北邯郸地区，反击国民党军进攻的战役。

② 道士煮黄粱，即“黄粱一梦”，出自唐沈既济《枕中记》，说贫困潦倒的卢生在邯郸旅舍借助道士吕翁的瓷枕，做了一场享尽荣华富贵的好梦。一觉醒来，店家的米饭还未煮熟。黄粱，小米。

9 三十五年于邢台过灯节兼庆政治协商会闭幕[①]

1946年2月16日（农历正月十五）

襄国[②]名都局事新，人民血火扫烟尘。
平倭战胜方兴汉，反共兵销未帝秦[③]。
万户灯开民主焰，六街曲奏共和声。
此宵变作狂欢节，不看花灯能几人[④]？

---

①未刊诗稿。1946年2月上旬，作者抵达邢台，参与筹备北方大学。当时国共内战尚未全面爆发，此诗反映了当时共产党渴望和平建设新民主主义国家的愿望。1946年1月10日，国民政府在重庆召开政治协商会议，1月31日政协会议闭幕。国共重庆谈判和政治协商会议描绘了战后中国可能走上和平、民主的新路，但是以蒋介石为首的国民党政府很快撕毁了政协决议，内战爆发了。

②襄国，即邢台，曾是魏晋南北朝时期羯族人石勒所建的后赵国都（邢台市桥东区），是当时长江之北最大的城市。公元335年，石虎迁都于邺后，襄都改置为襄国郡（今邢台市）。

③未帝秦，指坚持正义，没有向强权恶势力屈服、投降。《战国策·赵策三》载“鲁仲连义不帝秦”。

④手稿在“不看花灯能几人”后，写了一句“人月交逢不夜城”，可见此诗当时尚未最后定稿。

10 元旦试笔兼为土改学习自勉[①]

1948 年

学午鸡鸣辞旧岁，再添马齿迎新朝。
春回北国人同暖，日耀南山雪渐消。
军起揭竿除吕政[②]，歌传击壤纪唐尧。
焚香我欲重温史，削去扬雄[③]赋《解嘲》。

① 原载姜国仁著《雪鸿集》附录，第 48 页，湖南长沙，自印诗集，1977 年。

② 吕政，即秦始皇，“残虐”之代称。唐司马贞《史记索隐》：“吕政者，始皇名政，是吕不韦幸姬有娠，献庄襄王而生始皇，故云吕政。”

③ 扬雄，西汉学者、辞赋家，代表作有“扬雄四赋”：《河东赋》《甘泉赋》《羽猎赋》《长杨赋》。

11 病中喜闻华容解放①

1949年
在北京

南服金风落朽枯，北楼枕起众声呼。
长沙电报易旗帜，沱水②星传改地图。
父老弹冠三约法，将军露布③再宽俘。
狼烟十载辞桑梓，归去江山解放区。

---

①选自《刘大年诗钞》第8页。1949年6月，作者由河北正定抵达北平，住在先农坛休养，治疗肺病。8月中旬，华容解放，华容县人民政府成立。

②沱水，即华容河，又叫“沱江”，北接湖北石首东部之调弦河，南经湖南华容之洋河渡、万庾、县城、潘家渡，于旗杆嘴（现属岳阳市君山区）入洞庭湖。

③露布，古时一种写有文字并用以通报四方的帛制旗子，多用来传递军事捷报，后来泛指布告、通告之类。

12 送人去东北①

1949 年

北京

旧韵新改 1999 年 2 月

壮行一自发麻田②，执手病窗讶突然。
豪气时来谈笑里，青春半下鬓眉边。
华元③为政知今日，潘岳④属文怀往年。
此去松江⑤关塞远，鸡鸣旅店早观天。

① 未刊诗稿。1949 年 10 月原诗为："执手病窗讶突然，壮行回忆发麻田。华元为政知今日，潘岳属文怀往年。豪气九分谈笑里，青春三十鬓眉边。松江此去关山远，旅馆鸡鸣早看天。"

② 麻田，抗日战争时期，山西左权县的麻田曾为八路军前方总部所在地。

③ 华元，春秋时期宋国六卿之一。历事昭公、文公、共公、平公四君，堪称"四朝元老"。长期任右师，掌握国政。在诸侯纷乱的时代，为宋国独撑一方大厦。

④ 潘岳，即潘安，西晋著名文学家。

⑤ 松江，即松花江，或指松江省。1954 年松江省建制撤销，成立黑龙江省。

13 唐宋风骚不管它[1]
1958 年

唐宋风骚不管它，自鸣时代自成家。
人人都向古人学，盘古何曾笔有花。

① 未刊诗稿。该诗稿写在中国科学院近代史所信笺上，看诗意，似是1958年作品，当时史学界就“厚今薄古”问题有热议。原稿无题，现依首句为题。

14　论诗[①]
1960 年

（一）

一卷诗词最嫡传，相看世界不新鲜。
纵然李杜苏辛[②]在，举目珠峰独刺天。

（二）

问津下里[③]不须疑，谁说众人著述卑。
轮扁[④]公输[⑤]当面失，年年四海访名师。

---

① 未刊诗稿。该诗写在中国科学院近代史研究所稿纸上，从笔迹和纸张看，为“文革”前作品。题目由作者用括号在诗后标出。从内容看，“举目珠峰独刺天”一句，或与 1960 年 5 月 24 日晚中国登山队首次登上珠峰有所感有关，故暂定为 1960 年 5 月。

② 李杜苏辛，指李白、杜甫、苏轼、辛弃疾。

③ 下里，或指下里巴人，泛指群众。

④ 轮扁，春秋时齐国有名的造车工人。

⑤ 公输，即鲁班，春秋末期至战国初期鲁国人，土木工匠祖师。

15 桂林仰止堂[①]
1961年4月

（一）

画壁丰碑仰止堂[一]，游人枉说姓名香。
兴亡总为尊天子，利害无关立闯王。
罗马输诚连气脉，洋兵助战引豺狼。
删书谁订南明史，罢黜儒生旧讲章。

[一]仰止堂在桂林叠彩山，为瞿式耜死事处。

（二）

南国孤忠瞿学士，北门沥血古男儿。
振兵百粤扶王鼎，连襟三江树帅旗。
本要纲常垂宇宙，误分汉满作华夷。
文山惶恐叠山死[②]，并论功名事足疑。

---

①《桂林仰止堂》之一选自《刘大年诗钞》第8页。之二来自于手稿。《诗钞》将此诗时间定为1960年4月，是笔误。实际上作者到桂林休养的时间是1961年2—4月，《论康熙》也是在这段时间修改的。仰止堂位于桂林市区叠彩山风洞前。南明永历五年（1651），文渊阁大学士兼兵部尚书瞿式耜和兵部右侍郎兼翰林侍读学士、总督诸路军务张同敞，在桂林抗清被俘，不屈被害。清道光二十年（1840），广西巡抚梁章钜于叠彩山风洞前立“常熟瞿忠宣、江陵张忠烈二公成仁处”碑以示纪念。抗日战争期间，为纪念瞿、张，在风洞前僧舍遗址建“仰止堂”。原建筑已毁，现为1958年重建，砖木结构。1959年集魏碑刻匾，粉墙墨瓦，堂内刻瞿、张画像及生平传略和就义前诗作《浩气吟》。写《桂林仰止堂》时，作者正在桂林休养，并借机修改《论康熙》。这两首诗所表达的思想与《论康熙》中主张用阶级分析方法具体分析反满民族斗争性质的观点是一致的。

② 文山，即文天祥（1236—1283）；叠山，即谢枋得（1226—1289）。文天祥坚决抗元，被俘后慷慨就义。谢枋得在宋亡后不仕，被送往大都（今北京），坚贞不屈，绝食而死。后人把“文山”“叠山”并称，视为两座爱国主义的高峰。

16 访问巴基斯坦十首[①]
1962 年

旧日红毛百尺楼，人民城郭异神州。
《瀛涯胜览》从今始，龙树鼍山在后头。

过吉大港。郑和下西洋曾有舰队来此访问。郑和从人马欢著有《瀛涯胜览》一书。龙树、鼍山均见佛教典籍。

波斯天竺传奇史，梵字金书绝妙文。
游学编丛添掌故，鱼龙异乐听中军[②]。

中国历史学者应邀参加在达卡举行的巴基斯坦历史学会第十二届年会。

穷经博士讲春秋，乐道中华得自由。
石破天惊闻壮语：太阳今日起亚洲！

听阿布杜尔·哈希姆先生谈论中国革命。哈为巴著名活动家，现年事已高，主持达卡伊斯兰研究所工作。

喷池水满象衢长，海上秦灰殿宇荒。
华冷儿孙朝气尽，投戈又去叹兴亡。

拉合尔古堡。古堡现存者为莫卧儿王朝建筑物。莫卧儿末期英国开始侵

① 原载《人民日报》1962 年 4 月 26 日 6 版。

② 鱼龙异乐，指波斯文化。中军，指元帅府或元帅。“鱼龙异乐听中军”似指巴基斯坦总统在达卡省府大厅会见中国代表团。

入印度。华冷·哈斯丁斯为英国第一任印度总督。

文明世界古无多，屈指黄河印度河。
佛相尊严菩萨笑，论宗同演犍驮罗。

拉哈尔博物馆看佛像雕塑。犍驮罗为古代地名，包括今巴基斯坦西北地区。公元一二世纪，此处以由印度文化与希腊文化相融合之佛教雕刻艺术著闻于世。中国佛教雕刻颇受其影响。

法显玄奘记胜游，葱云西指水东流。
蚕丝古径变通道，还要凿空博望楼。

白沙瓦，法显、玄奘先后经过此处。汉张骞通西域，封博望侯。“凿空”，出《汉书·张骞传》。颜师古释为凿孔以通山道，方以智《通雅》谓指张骞善为瑰词大言，耸动听闻。

琼玉生徒女讲官，绛纱卸后问君安。
皆因海内存知己，那是书帏礼数宽！

应邀至白沙瓦大学讲演，女生均除面纱相见。

主人笑指古荒台：虎踞雄关对客开。
塔塔城西邦布尔，只须佳兴便重来。

巴考古局长等人陪同游览信德古迹。

名场百辈口悬河，抵掌清谈妙趣多。
学问遥从中国取，圣言个个奉摩诃。

与巴人相接，彼等多热情表示对中国向往。穆罕默德圣训有“学问，虽远在中国，亦当求之”。穆罕默德唐译摩诃末。

挟愿寻芳历两巴，睨鲸城下放归车。
西州风汛君无问，驿路天涯处处花。

离卡拉奇回国。百年前卡拉奇本一近海渔村，现为巴基斯坦第一大城市，首都原建于此。

17 访问日本四首[①]

1963年12月

（一）

毒饵金蚨[②]枉自多，乾坤正气响山河。
焚书怒举神王火，濯罪狂倾北海波。
覆楚[③]豪言诏子弟，剧秦[④]新论耻喽啰。
西洋恶客钓鳌坐，风浪盘空可奈何！

赠日本学术界同人。美国对日本的恶毒文化侵略，遭到日本学术界的强烈反对。在这个形势下，中国学术代表团应邀访日。美国推行的所谓“赖肖尔公式”正在破产。日本神话传说，远古有火升、火烈、火残三王子，日本是由他们的后代治理的。北海是现在的地名。

（二）

横街伐鼓起雷声，满耳东京与北京！
阿部[⑤]求经思汗国，鉴真[⑥]观法到蓬瀛。
盖幛迎客千花舞，剑履谈心百鬼惊。

---

① 原载《光明日报》1964年2月29日4版。

② 蚨，古代用作铜钱的别名。

③ 覆楚，《史记·伍子胥列传》中有：“始伍员与申包胥为交，员之亡也，谓包胥曰：‘我必覆楚。’”

④ 剧秦，西汉扬雄撰《剧秦美新》一文，贬斥秦朝，称美王莽的新朝，后因以“剧秦”谓指斥前朝。

⑤ 阿部，即阿倍仲麻吕（698—770），又写作“阿倍仲麿”。日本奈良时代的遣唐使，曾任唐左散骑常侍、安南都护，入唐后改名晁衡。中日文化交流的杰出使者。

⑥ 鉴真（688—763），唐朝僧人，江苏扬州江阳县人，应日本和尚邀请赴日传授佛教戒律，被日本人称为“唐大和尚”，为传授佛教和唐朝文化起到了极其重要的作用，是推动中日文化交流的杰出代表。

七亿英雄同肺腑，太平洋里醢[1]长鲸！

在东京、京都、神户等地讲演。中国学术代表团在各地受到热烈欢迎。许多集会上鲜花飞舞，旗帜如林，《东京—北京》的歌声和日中友好的欢呼声洋洋盈耳。中日两国人民的团结是美国帝国主义最为害怕的，这种团结必然要不断发展下去，是任何力量都阻挡不了的。

（三）

当日城头月似霜，舳舻[2]灰散世沧桑。
惊涛万顷喧兵气，净土三分密战场。
南岛听歌红暗淡，西风吹梦绿荒凉。
前回虎啸蛟旋地，重雾空蒙下夕阳。

车过下关。下关即马关，把中国向半殖民地的黑暗深渊推进了一步的《马关条约》就是在这里签订的。日本领土上满布美国军事基地，下关对面的福冈就是美军重要空军基地之一。日本垄断资产阶级的处境与过去相比，显然有了很大的变化。

（四）

千村谁说舞鸡[3]迟，铜角[4]声吞靖国祠。
投杼葛贤怀大志，扶锄陈胜立多时。
东京湾阔新潮涌，富士峰晴暮雪稀。
再至花深南北路，车书绝域看红旗！

东京留别。在这次访问中看到了各种事物，那些事物中最重要的就是：日本人民觉悟水平很高，斗争形势很好。历史是循着客观规律向前发展的，

① 醢，用肉、鱼等制成的酱。亦指古代的一种酷刑，把人杀死后剁成肉酱。

② 舳舻，指首尾衔接的船只。宋苏轼《前赤壁赋》云：“舳舻千里，旌旗蔽空。”

③ 舞鸡，广西的一种娱乐活动，一般在正月初一到十五之间举行。要挨家挨户地舞，每舞完一户，拔下两三根鸡毛插在鸡笼上，祝祷六畜兴旺。

④ 铜角，又称吹金，是古代的一种唇振气鸣乐器。

日本人民是一定要取得自己的胜利的。靖国神社是皇族祭祀的神社，在东京。
《明实录》载：万历二十九年苏州织工发起反抗斗争，工人领袖葛贤舍己为群，英勇无比。

18 西安赠日本友人二首[①]

1964年9月

（一）

西京[②]神户尝联席，延水长安共驻骖。
胜事方期再逢日，同攀绝顶上终南[③]。

赠相浦杲。

（二）

横滨花灿君迎客，灞上[④]旗红我送君。
心逐长桥桥下水，奔腾东去渡行人。

赠岸阳子。

---

①选自《刘大年诗钞》第16页。1964年北京科学大会闭幕后，作者负责陪同以生物学家松浦一任团长的日本代表团数十人赴延安和西安参观访问。相浦杲是日本大阪外国语学院研究中国文学的学者；岸阳子是安藤彦太郎的夫人，日本早稻田大学研究中国文学的学者。

②西京，指日本京都。

③终南，即终南山，主峰在西安长安区。

④灞上，古地名，在今陕西省西安市东南、蓝田西，为古代咸阳、长安附近军事要地。

19 张掖县乌江村史题记[①]
1964 年 11 月 25 日

（一）

祁连山下古甘州，相对群峰总白头。
问汝多愁缘底事，不平世界几千秋！

（二）

霸王不到此乌江[②]，一样当年鏖战场。
放马分田太平日，有人磨洗旧刀枪。

① 选自《刘大年诗钞》第 17 页。1964 年 10 月，中国科学院近代史研究所大部分职工前往甘肃省张掖县参加农村社会主义教育运动（又称“四清”），到达兰州后，中共中央西北局确定“四清”的地点是张掖县乌江公社。与甘肃省机关、永靖县机关干部混合编队，分布在 10 个大队。作者担任公社工作队副队长。

② 霸王不到此乌江，西楚霸王项羽在乌江自刎，该乌江在安徽省，与甘肃的乌江没有关系。

20　第二次访巴四首[①]

1965年5月

欧潮美战事千端，报与同袍各等闲。
振笔唯书字如斗，元戎[②]昨日访华还。

与巴新闻界人士谈话。

一石岿然界百州，风光不必问罗睺。
东朝红日西迎雪，立在昆仑最上头。

中巴界碑。罗睺，相传为蚀神，能知吉凶祸福。

新京古国话题长，四海同心斗虎狼。
白袷[③]农夫红袖女，家家特意说玄奘。

塔克西那，地在巴新京纳瓦尔品第附近，玄奘曾在此地留学、讲经。

柏茂松青树两株，岳岳亚洲顶上居。
管他雨恶风号去，磅礴峥嵘过四时。

中巴友谊树。

① 选自《刘大年诗钞》第18页。
② 元戎，主将、统帅，此处指巴基斯坦总统。
③ 白袷，旧时平民的服装。

21　过郑州①
1971 年 4 月

1965 年甘肃“四清”、1971 年河南息县干校还京，两次均逢四月中旬车过郑州。情怀不同，景色如一。

陇尾淮头行脚休，归车每胜等闲游。
雨晴同是桃花发，四月中旬过郑州。

① 未刊诗稿。

22　还京[①]
1971 年

两度辞京越岁游，归从陇尾与淮头。
都逢辟面桃花发，四月中旬过郑州。

一九六四年十月至六五年在甘肃张掖“四清”，四月中旬回京，准备出访巴基斯坦。一九七〇年五月至一九七一年在河南息县干校劳动，四月十五日回京治病。两次过郑州，意兴境况不同，都逢桃花盛开，各有感受也。

① 未刊诗稿。这首《还京》，应该是《过郑州》的另题。

23 贺中共成立五十周年①

1971 年

岿然舵手掌船航，笑尽乾坤五十霜。
四面风涛狂不住，快帆已渡万重洋！

① 未刊诗稿。与《还京》写在一起，诗中所说“五十霜”似指中共成立五十周年，所以推测写作时间为 1971 年。原稿无题，题目为编者所拟。

24 陈毅同志挽词[①]

1972年

旧日江南总指挥，一生道路放光辉。
金戈抢攘三军史，樽俎折冲四海碑。
汲黯[②]直方人共仰，寇恂[③]度量世争推。
红旗线上英雄传，开卷雷霆满纸飞。

---

①选自《刘大年诗钞》第19页。中华人民共和国元帅陈毅（1901—1972）于1972年1月6日逝世。陈毅在抗日战争期间曾任新四军江南指挥部指挥；解放战争时期，历任山东军区司令员、华东军区司令员、华东野战军司令员兼政治委员、中原军区和中原野战军副司令员、第三野战军司令员兼政治委员；新中国建立后，历任中共中央政治局委员、国务院副总理兼外交部长。陈毅诗文甚佳，被称为“儒将”。

②汲黯，汉武帝时期的名臣，字长孺。汉景帝时出任太子洗马。汉武帝时任中大夫，后拜主爵都尉，列于九卿。好直谏廷诤，武帝称为“社稷之臣”。

③寇恂，字子翼，上谷昌平（今属北京市）人，东汉“云台二十八将”之一。他明习经术，德行高尚，一生戎马，奋其智勇，所得俸禄，却往往厚施亲友故旧和从征将士。他常说：“吾因士大夫以致此，其可独享之乎！”（《后汉书 · 寇恂列传》）他治民有方，威望素著，屈己为国，顾全大局，当时人无不景仰他的长者之风，都认为他有宰相的器量和才能。

25　贺国庆二十五周年[①]
1974 年

（一）

地极大沙铜栓北，天回沧海铁鳌南。
家家杰阁[②]连霞起，处处红旗展画看。

（二）

八亿人歌北斗星，光辉洒地满征程。
回头脚底千峰过，更向昆仑顶上行。

（三）

林朝孔店和尘扫[③]，纸虎冰熊[④]暗算空。
谁问人民新甲子，羲皇[⑤]翠柏万年松。

（四）

乘风好破百重关，鼓荡灵魂改旧观。
快马轻装听召唤，辞今一夜斩楼兰。

---

① 未刊诗稿。

② 杰阁，指高楼大厦。

③ 林朝孔店和尘扫，1974 年上半年，全国开展批林（彪）批孔（子）运动。

④ 纸虎冰熊，指苏联。俄罗斯素有“冰熊帝国”之称。

⑤ 羲皇，即中华民族的人文始祖伏羲，这里指中华民族。

26 吉川幸次郎率日本学术代表团访问中国，为北京公报后中日文化交流又一盛举，赋赠一律[①]

1975 年 6 月

久说神农带水局，北京新展一编书。
谈文晓下留宾榻，讲学星驰使者车。
人是东瀛刘沛国[一]，艺兼西汉马相如[②]。
太平洋上鲸飞浪[二]，待听鸿词壮扫除。

附吉川幸次郎
刘大年先生贶大作依韵奉酬[三]

名士江东敢自居，惟欣禹域积薪书。
谰言徒足酱瓿覆，陋巷愧停星使车[四]。
修史胜朝黄万[③]似，杂诗论世魏龚[④]如。
今闻日月重开朗，蓬矢桑弧[⑤]兴未除。

---

① 该诗及吉川和诗选自《刘大年诗钞》第 19、20 页。吉川幸次郎（1904—1980），日本“汉学泰斗”，国立京都大学名誉教授、东方学会会长、日本艺术院会员、日本中国学会评议员兼专门委员、日本外务省中国问题顾问、京都日中学术交流座谈会顾问、日中文化交流协会顾问，中国文学和历史研究家。1974 年，郭沫若率领中国文化访日团到日本，受到日本学术界的盛大欢迎。翌年，日本政府派以吉川幸次郎为团长的代表团回访中国，并以珍藏《永乐大典》残卷原式影印本赠送给中国社会科学院。

② 马相如，即司马相如，西汉辞赋家。

③ 黄万，指黄宗羲、万斯同。

④ 魏龚，指魏源、龚自珍。

⑤ 蓬矢桑弧，古时男子出生，以桑木作弓，蓬草为矢，射天地四方，象征男儿应有志于四方。后用“桑弧蓬矢”作勉励人应有大志之辞。

[一]晋朝沛国人刘惔时称第一流人物，日本报纸称吉川代表团是由第一流人才组成的。

[二]鲸飞浪，指超级大国在太平洋上兴风作浪。

[三]我赠吉川的诗一九七八年七月始由井上清先生转去，同年秋天吉川寄来和诗。

[四]陋巷句，指一九六三年我参加中国学术代表团访问京都时，曾在左京区西园寺别墅“清风庄”与日本学者聚会，吉川住址就在那附近。

27 周恩来总理挽辞①
1976 年

金书大字一生过，国丧元勋失典谟。
劳动宫悲连远域，英雄碑泪下长河。
九天星斗忽然缺，千载神功不可磨。
贯日丹心撼人起，无言犹听井冈歌。

---

① 选自《刘大年诗钞》第 21 页。周恩来（1898—1976），新中国建立后，曾任中共中央政治局常委、国务院总理、政协全国委员会主席等职，1976 年 1 月 8 日逝世。

28 重携书剑访东邻[①]

1979年12月

重携书剑访东邻，要为今人说古人。
李白多他千丈发，鉴真输我二年春[②]。
早传监院[③]文章盛，近道乾坤景物新。
举翼银鹏便万里，扶桑一路日璘璘。

---

①原载1979年12月13日日本《读卖新闻》夕刊2版。该报发表时注明刘大年咏“中日友好前途无限”诗。今依首句为诗名。

②鉴真输我二年春，鉴真六次东渡，公元753年到达日本，时年65岁；作者1979年赴日讲学时是64岁。此前，1963年，刘大年曾随以张友渔为团长的中国代表团访问日本。

③监院，书院的主持者。

29 观王森老苍松图[1]

1982 年 2 月

王森然同志作苍松图，我看了，极为欣喜。咕成俚句，一则拥军，再则表示敬佩老画家的崇高爱国主义精神。苍松图和有关报导，见今年一月九日《解放军报》。

（一）

当今岳母古苍松，典据天然手笔工。
写到传神无墨处，中华此日赞英雄。

（二）

龙鳞健老重燕京，曾阅西山世上情。
安得盘根遍地起，千门万户共风声。

（三）

材当白屋为梁栋，志薄泰山作丈夫。
一叶一枝劳爱护，总留春意满江湖。

（四）

回眸我亦马前卒，滥领虫鱼木整齐。
孟博[2]壮怀笑头白，闻松又觉晓闻鸡。

---

①原载《光明日报》1982 年 2 月 17 日 4 版。王森然（1895—1984），中国现代学者、思想家、教育家、画家，原名王樾，曾任中国大学、河北大学、北京师范大学、中央美术学院等诸多学校教授。其《苍松图》上有“教子成材当今岳母胸怀全为爱国拥军”诸字。

②孟博，即范滂，字孟博，东汉官员，汝南征羌（今河南漯河市召陵区）人，“江夏八俊”之一。少厉清节，举孝廉。曾任清诏使、光禄勋主事，按察郡县不法官吏，举劾权豪，严惩奸恶。

30 四川江油李白纪念馆来函索书，敬谢未能，寄还纸张，打油代柬[①]

1982 年 5 月 28 日灯下

何堪恶笔乱涂鸦，惊杀谪仙[②]跳两巴。
匹楮[③]璧还烦物色，真才人与大书家。

---

① 未刊诗稿。

② 谪仙，即李白。

③ 楮，落叶乔木，叶似桑，树皮是造纸的原料。古时亦作纸的代称。

31 诗人李白逝世一千二百廿周年江油纪念馆属题①

1982 年 7 月

蜀道蚕丛②今日扫，黄河咆哮旧时过。
请抛白发三千丈③，纵听汪伦十万歌④！

一九八二年七月十五日

---

① 未刊诗稿。

② 蚕丛，相传为蜀王的先祖，教人蚕桑。李白《蜀道难》：“蚕丛及鱼凫，开国何茫然！”李白《送友人入蜀》有“见说蚕丛路，崎岖不易行”句，“蚕丛路”，指蜀道。

③ 白发三千丈，李白《秋浦歌》：“白发三千丈，缘愁似个长。不知明镜里，何处得秋霜。”

④ 汪伦十万歌，李白《赠汪伦》：“李白乘舟将欲行，忽闻岸上踏歌声。桃花潭水深千尺，不及汪伦送我情。”

32 悼亡①
1983年9月

毅果，河北邢台人。一九一六年出生，一九三七年邢台女师毕业，同年参加革命，一九三八年加入中国共产党。一九四六年与我同时在北方大学工作，并于是年六月结婚。生女刘潞，子刘定、醒吾。一九八三年七月卅日经首都医院确诊患癌症，八月十五日转龙潭湖肿瘤医院治疗，至此一病不起。九月七日下午与我最后一次谈话，反复讲对国事家事都满意、放心，没有遗憾，旋即昏迷。一九八三年九月十九日上午九时十分停止呼吸。丧事遵遗嘱从简。九月廿二日举行遗体告别，送北京东郊火葬，翌日骨灰安置于八宝山革命公墓二室四一九龛。

一世途程逢盛业，十年风雪共重围。
遗言家国无遗憾，白首惟余后死悲！

大年
一九八三年九月廿三日
纪于木樨地廿四楼寓次

①未刊诗稿。此诗初刻在刘大年先生夫人师力坤（师力坤原名张毅果，师力坤是1937年参加革命后改的名字）的骨灰盒上，后刻在湖南省华容县烈士陵园将军墓区刘大年先生和夫人合葬墓的墓碑背面。墓碑的诗句有改动："一生征途逢盛世，十年风雨共重围。遗言家国无憾事，白发惟余后死悲！"

33 遣怀[①]
1983年9月26日

船山[②]学术旧难跻，借尔高言觅径蹊。
不拟孤山闲放鹤[③]，鹁鸪[④]恰恰向人啼！

① 未刊诗稿。此诗与“大道以歧路亡羊”纸条压在书桌的玻璃板下达17年，直至作者去世。

② 船山，即王夫之。王夫之是明末清初思想家、文学家，与黑格尔并称东西方哲学双子星，是中国朴素唯物主义思想的集大成者、中国启蒙主义思想的先导者，晚年隐居湖南省衡阳县金兰镇石船山附近，故世称“船山先生”。王夫之主张经世致用，直面现实。

③ 孤山闲放鹤，典出宋代隐逸诗人林逋。林逋在杭州西湖孤山种梅放鹤，“以梅为妻，以鹤为子”，“孤高自好”，与诗友往还，不留诗稿。

④ 鹁鸪，即斑鸠。清赵翼《淝水》：“何处遥天听鹤唳，鹁鸪声里晓耕云。”

34　赠老友井上清先生①

1984年4月

（一）

云雷论学许相知，一帜堂堂独树之[一]。
骨里人窥千尺铁，书中自理百团丝。
回头讲座推元老，屈指西京数大师[二]。
我待观君再踊跃，光辉顶上几驱驰！

（二）

等身著作鬓双斑，与世清泉照胆肝。
党锢传中范孟博[三]，儒林史上汉任安[四]。
昆仑历后谈高下，沧海量来认窄宽。
一部马恩笑神会，寸心寰宇共波澜！

1984年4月于北京

[一]30年代，日本学术界关于日本资本主义的状况、性质有一场论战。一派称劳农派，一派在岩波书店出版日本资本主义问题讲座，称讲座派。井上清先生为后一派代表人物之一。

[二]西京，即日本京都。

[三]《后汉书·党锢传》：范滂，字孟博，早年“慨然有澄清天下之志”。

[四]《后汉书·儒林传》：任安，字定祖，善《易》，兼通数经，品行高尚。时人称曰：“居今行古任定祖。”

①原载《刘大年集》，中国社会科学出版社2000年版，第444页。井上清（1913—2001），日本著名历史学家、社会活动家，京都大学名誉教授、日本学士院院士。从1960年作者邀井上清访华到1998年刘大年最后一次赴日访问，两人交往近40年之久。

35　紫禁城漫兴[1]
1984 年 7 月

何只声名是帝乡，紫城今日添风光。
沧海东回陈博物，昆仑西枕起华堂。
衣冠万国来仙客，典礼千秋盖百王。
试望天安门外路，旗林车水火之洋！

时近国庆三十五周年
刘大年
一九八四年七月

---

① 原载《紫禁城》1984 年第 5 期第 3 页。

36　访日四题[①]

1985年4、5月

（一）

御影堂中御影形，丹青形外见精神。
扶桑山色扬州柳，中有风声尔等听。

（二）

志破万难终渡海，功隆千载是开山。
眼前一卷东征传，合着香花顶礼看。

招提寺谒鉴真像观东山魁夷壁画。

（一）

新歌十顷琵琶水，旧话廿年六甲山。
去马来舟君不羡，西湖只在画中看。

（二）

京都一霎再相逢，干线车飞疾似风。
关情不说关山远，好音听我在长空。

京都车站别待场裕子女士。一濑裕子，一九六三年访日的译员，曾同游六甲山等处。战争时她在中国东北念高中，汉语纯正。战后归国，以后未再来中国。二十年前我送她一幅西湖织锦，回信表示很欣赏。此次相逢，说她在广播电台对中国听众讲日语，我应当听到她的声音了。

---

① 选自《刘大年诗钞》第25—27页。

（一）

似绛如潮夹岸斜，沿溪芳草隔人家。
只多千鸟栏杆路，不似桃源洞口花。

（二）

新苔树底踏成空，见说明朝又落红。
遮断重桥三两日，一春幸不负东风。

东京千鸟苑看樱花。千鸟苑在皇宫外苑，与皇宫正面二重桥方向相反。

南桃北李各争芳，又会赤门[①]旧讲堂。
银杏迎宾清湿路，心池过雨碧盈塘。
范云[②]结友尘埃少，刘向[③]传经肺腑长。
独有田中名教授，西河执礼我难当。

东京大学旧友集会相迎感赋并酬田中正俊教授。银杏、心池皆为东大校园景物，田中正俊先生赠画，署款谦称“学生”。

---

①赤门，日本东京大学本乡校区在本乡通侧的一个大门，原为加贺藩的御守殿门。1979年刘大年在东京大学讲学时，田中正俊是接待委员会的教授，负责组织日本研究中国近代史的学者与作者交流讨论。

②范云，字彦龙，南乡舞阴（今河南泌阳县西北）人，南朝文学家。

③刘向，西汉经学家、目录学家、文学家，彭城（今江苏徐州）人。

37 赠胡海燕同志[①]
1985 年 8 月

海燕凌波起，称名百鸟间。
仓庚[②]殊逊色，瞿浴[③]岂能班。
意有鹏程远，胸藏鹤顶丹。
高风晴日里，绰绰上云端。

8.30，下午 4 时

海燕，西德籍，季羡老[④]女弟子，印度学研究后起之英。斯图加特国际历史科学大会期间，公私多受其助。为写短章，寓谢于辞。

---

① 采自刘大年 1985 年 8 月访德日记。

② 仓庚，黄莺的别名。

③ 瞿浴，即鸲鹆，俗称八哥，是笼鸟，伶俐易驯，又能模仿人言以及其他鸟类的鸣声。

④ 季羡老，即季羡林（1911—2009），中国著名学者，中国科学院哲学社会科学学部委员，北京大学终身教授，有《季羡林文集》行世。

38　协和住院谨赠张孝骞老大夫①

1985年9月

张孝老八十八岁，两周前动肺部手术，三日后即下地行走，步履轻捷，不减昔时。谈吐豁达乐观，境界高尚，令人为之神往。老槐新绿，医院庭中景色如是。

昨日采薪高枕眠，九旬惊是地行仙。
平生屡订岐黄②传，每案精勘扁鹊篇。
名相名医同只手[一]，爱人爱国重双肩。
秋前谁说龙槐老，古干添枝绿盎然。

［一］“名相名医”一语是采用范仲淹的话。宋朝人编的《广事类赋》记载，范仲淹年轻的时候尝说，不为名相，当为名医，同是救人。诗句文字粗浅，意思可算切合。

---

①选自《刘大年诗钞》第28页。张孝骞（1897—1987），湖南长沙人，内科专家、医学教育家、中国消化病学的奠基人、中国科学院学部委员，先后任协和医学院副校长、中国医学科学院副院长。

②岐黄，《黄帝内经》作者黄帝、岐伯的省称。后人遂将“岐黄”代指中医。这里“岐黄”指医学著作。

39 陈翰笙老前辈同志从事学术活动六十周年献词祝贺并请裁正[1]

1985 年 9 月 28 日

寿指百龄晋[2]，学治花甲长。
中西合今古，一代数当行[3]。

---

① 选自《刘大年诗钞》第 2 页。陈翰笙（1897—2004），中国早期马克思主义农村经济学家、社会学家、历史学家、国际活动家。先后在美国、德国求学，1924 年获柏林大学博士学位，回国任北京大学教授。后又到苏联、美国工作，1950 年 1 月底受周恩来邀请回到祖国，任外交部顾问、外交学会副会长、中印友好协会副会长、国际问题研究所副所长，并兼中国科学院哲学社会科学部世界史组负责人。

② 寿指百龄晋，祝语，指作者希冀陈翰笙前辈活过百岁。

③ 当行，古典戏曲评论用语，含有行家的意思。

40 歙县史学理论讨论会写陈诸同志[①]
1986年5月9日

名堂北监[②]四方来，仆仆黄山脚下埃。
云树送迎人笑语，看谁绝顶负薪回。

①选自《刘大年诗钞》第31页。歙县隶属于安徽省黄山市。1986年5月6日，刘大年参加在安徽歙县召开的由近代史研究编辑部、世界历史编辑部、中国史研究编辑部和安徽史学编辑部共同发起的全国史学理论讨论会，并在会上作《“欲登高，必自卑”》的报告。

②北监，即明代北京的国子监，与南京国子监相对，此处指北京的学术机构。

41 庐山之夏即事[1]

1986年7月22日

庐山之夏文艺博览会开幕，朱穆之[2]同志发言，谓江西千年以前有滕王阁集会，今各方面可谓胜往昔而上之，实堪庆贺。即席谈来，娓娓动听。吕骥[3]、周巍峙[4]诸老辈方家在会，俊秀群集。集会最后一个节目，是十一岁和九岁少儿书家姐弟二人对客挥毫。居然大雅，众口交誉，实足以当王勃一序，并为佳话云。写陈穆之同志一粲。

今古江西胜会峙，穆公席上演新辞。
庐山一序烦谁赋，对客挥毫两少儿。

---

① 未刊诗稿。

② 朱穆之（1916—2015），中国共产党新闻活动家，时任中共中央对外宣传小组组长，曾任新华社总编辑、社长。

③ 吕骥（1909—2002），时为中国音乐家协会名誉主席。

④ 周巍峙（1916—2014），著名人民音乐家，曾任中华人民共和国文化部副部长等职。

42　与古耕老等九位人大常委同志同游陶渊明祠，留此①

1986年7月

联袂快游靖节祠，驱车不为赋归辞。
桃源何需讼公事，三尺章程要主持。

---

①未刊诗稿。是1986年7月与全国人大常委会九位委员在庐山休假时所作。古耕老，即古耕虞（1905—2000），曾被誉为“猪鬃大王”，新中国成立后，历任全国人大常委会委员及全国人大常委会财经委副主任等职。陶渊明祠又名陶靖节祠，在江西省九江县。

43 《孙中山书信手迹选》编就有述①
1986 年 10 月

（一）

生平寰辙重双鱼，况是神来手自书。
南海圣人太狂语，六朝真脉岂无余[一]。

（二）

赤热肺肝此内藏，匹夫天下共兴亡。
洪王役后大声起，掷汝春雷字几行。

（三）

倒满师俄腕底挥，浩然气魄里程碑。
亚东病客劳人指，一日闻风起奋飞。

（四）

见闻三世校《春秋》，踪迹追寻第五楼。
欲问先生何处之，昆仑足畔大江头[二]！

[一]康有为著《广艺舟双楫》，论书专崇六朝，有“尊碑”、“卑唐”等节。好翻前人，自视甚高，目无余子。孙中山不以书名，其实书法颇见功力，足以令人赏心悦目。

[二]孔子作《春秋》，讲近代、当代史，分为所见世、所闻世、所传闻

①原载《人民日报》1986 年 11 月 9 日海外版第 2 版。发表时文字为繁体字，现改为简化字。孙中山（1866—1925），中国民主革命的先行者，曾创立中国同盟会，提出“三民主义”的纲领和理论，中华民国南京临时政府大总统、中国国民党总理，第一次国共合作的推动者。

世，合起来凡三世。协和医院五楼病房，为六十年前孙中山居住过的地方。《手迹选》的编选，是我在这里住院治病期间完成的。昆仑借指中国社会主义制度，大江指中国民主革命。

44 游富士山至五合目[1]
1987 年 7 月

置身富士腰，略窥富士面。
回视云里峰，半经脚底践。

① 选自《刘大年诗钞》第 2 页。《诗钞》作《游富士山至五阶目》，1987 年 7 月访日日记作《游富士山至五合目》，据查，富士山有五合目，无五阶目，现从日记。

45　谒马克思墓四绝句[①]
1987 年 11 月

特城拜过桑弧地，海格来焚一瓣香。
园里长岗园外辙，引人开眼认门墙。

古貌新碑七尺高，碑前花淡草萧萧。
襟青头白亚东客，何得无情过塔桥。

精语最闻恩格斯，乾坤双凿大宗师。
高门四下春天树，想见当年演说时。

海底沉沙海上浮，野风吹送楚人咻。
我吟老杜神来笔，不废江河万古流。

一九八七年十一月廿三日谒马克思墓，上边四首陆续哼出。特里尔，乃马克思诞生地，前年赴联邦德国开历史学大会曾往游观。桑弧，桑弧蓬矢也，桑木做的弓，蓬梗做的箭。古代男孩出生时，身边放上桑弧蓬矢，祝愿他胸怀大志。桑弧蓬矢，也用来象征男孩的诞生。海格特墓为一九六三年重建，原处低洼，在距现址一百米的小林中。塔桥，伦敦泰晤士河上大桥。恩格斯在马克思葬仪上演说，指出马克思在剩余价值、历史唯物主义上的两大发现。海格特，即高门的意思。海底沉沙，借用普列汉诺夫语。普列汉诺夫曾说，马克思学说出现以来，反对、攻击它的人像海底的沙一样多。楚人咻，《孟子》上有“一齐人传之，众楚人咻之”之语。

① 原载《求是》1988 年第 7 期。

46 见说四首[①]

1989 年 11 月

亚洲一些国家和地区经济增长，据说得力于奉行孔学。到底是孔学可以指导现代化还是要把现代生活拉回到孔学思想里面去，没有本领参加讨论，打油数首存疑。文字粗鄙，不足以当方家一噱。

（一）

见说亚洲起五龙，星韩台港[②]九州东。
云中变化神藏尾，世上飞腾画点瞳。
已令叶公魂魄散，又传青海子孙逢[一]。
问渠哪得灵如许，端在圣人教化功。

（二）

敢怪先师竟不仁，束脩[③]到手薄乡亲。
颜回[④]陋巷无心问，宰我[⑤]泥墙厌耳闻。

① 原载《人民日报》1989 年 11 月 21 日副刊。

② 星韩台港，指亚洲四小龙新加坡、韩国、中国台湾地区和香港地区，即自 20 世纪 70 年代起经济迅速腾飞的四个亚洲经济体。

③ 束脩，古代入学敬师的礼物，也解释为“十条干肉”。《礼记·少仪》：“其以乘壶酒、束脩、一犬赐人。”郑玄注：“束脩，十脡脯也。”《论语·述而》云：“子曰：‘自行束脩以上，吾未尝无诲焉。’”

④ 颜回，孔子最得意的门生。《论语·雍也》云：“子曰：‘贤哉，回也！一箪食，一瓢饮，在陋巷，人不堪其忧，回也不改其乐。贤哉，回也！’”

⑤ 宰我，即宰予，“孔门十哲”之一。《论语·公冶长》云：“宰予昼寝。子曰：‘朽木不可雕也，粪土之墙不可杇也。于予与何诛？’”

痛哭湘军①空泪涕，叩头袁氏②等埃尘。
莫非深造乘桴③去，跨海漂洋学后人。

（三）

称仁述义浩如烟，只有周公梦不传。
自昔百家皆罢黜，至今阙里④尚歌弦。
骑牛老子徒前辈，托钵瞿昙⑤枉后贤[二]。
独少中华龙起陆，烦谁对此解茫然。

（四）

一钱一果互相争[三]，现代微言未许轻。
泰斗为文呼祸本[四]，青天传语又时行[五]。
新儒有道推君子，老店无缘拜圣人。
我自沙滩楼下过，可怜德赛两先生！

[一] 李商隐诗：自是明时不巡幸，至今青海有龙孙。

[二] 释迦牟尼与孔子同时，佛教传入中国则在孔子以后甚久，故曰后贤。

[三] 梁启超说：孔教行二千余年，众人如群猿得一果，群妪得一钱，跳掷相攫，诟詈相夺，情状可怜。

[四] 章太炎引述日人远藤隆吉的话："孔子为支那祸本。"

[五] 韩复榘尊孔，说孔子又行时了。韩被杀后流行一本小册子，叫《如此韩青天》。

---

① 痛哭湘军，曾国藩镇压太平军起义时曾发布《讨粤匪檄》，其中有："举中国数千年礼义人伦诗书典则，一旦扫地荡尽。此岂独我大清之变，乃开辟以来名教之奇变，我孔子孟子之所痛哭于九原，凡读书识字者，又乌可袖手安坐，不思一为之所也。"

② 叩头袁氏，1914年9月25日，为配合帝制复辟，袁世凯正式颁发了《祭孔令》，公开恢复了前清的祭孔规定。

③ 乘桴，乘坐竹木小筏。《论语 · 公冶长》："道不行，乘桴浮于海。"

④ 阙里，孔子故里，在今山东曲阜。

⑤ 瞿昙，即释迦牟尼。

47 胡绳同志持赠诗存次集中，梦回故寓韵抒感呈览①

1991年5月

披素题朱襟未斜，兴高看遍满城花。
骚坛②最是须强手，天阁③由来领众家。
大泽龙吟飞似箭，长郊蛙鼓乱如麻。
几人腰脚同公健，犹自穿云上太华[一]④。

[一]太华的华字一般读作去声。唐朝人的诗也有作平声用的，前人并有辩证。

---

①选自《刘大年诗钞》第40页。胡绳（1918—2000），著名哲学家、近代史专家、马克思主义理论家，时任中国社会科学院院长。《胡绳诗存》于1992年由生活·读书·新知三联书店出版，其中作于1970年的《梦回故寓》为："细草侵阶路不斜，枝头红柿粲于花。飞来辽鹤原无迹，烂尽樵柯尚有家。四海翻腾惊岁月，一身俯仰乱蓬麻。犹思挥笔追班马，不用频嗟发已华。"

②骚坛，即诗坛。

③天阁，即尚书台，中国魏晋至宋的中央最高政府机构之一。

④太华，太华山，即华山。

48 感事[①]

1991年12月

半天风雪恶连宵，大国吹从地面消。
侯览[②]仓皇除党会，谯周[③]匍匐拜星条。
飞扬未觉龙蛇远，开辟犹闻海宇摇。
他日列城王气动，镰刀锤子复旌旄！

---

①选自《刘大年诗钞》第41页。1991年12月克里姆林宫降下了镰刀锤子旗，升上了沙俄时代的三色旗。诗人有感而发。

②侯览，东汉宦官，因诛梁冀有功，封高乡侯，后迁为长乐太仆。任官期间，专横跋扈，贪婪放纵，大肆抢掠官民财物。为了报复私仇，侯览诬陷张俭、李膺、杜密等为党人，造成了历史上有名的党锢之祸。后被举奏专权骄奢，印绶被缴收，自杀身亡。

③谯周，三国时蜀汉人，曾任中散大夫、光禄大夫。公元263年，魏军攻蜀，兵临城下，谯周劝蜀主刘禅降魏，于是刘禅出降，蜀国灭亡。谯周因此受魏封为阳城亭侯。晋时，谯周任骑都尉、散骑常侍。

49 佟冬同志九旬寿辞[①]

1995 年 7 月

仁人之貌，长者之肠。
延安握管[②]，东北驻缰。
浊流是黜，大道是扬。
前贤绳墨，后学津梁[③]。

---

① 原载王玉璞、朱薇编《刘大年来往书信选》(下)，中央文献出版社 2006 年版，第 625 页。全信为："佟冬同志：欣逢九秩荣庆，谨致祝贺。回想四十年前，我们一起参加中共中央历史研究工作委员会第一次会议，郭、吴、范、吕、翦、侯诸老聚首一堂，极当时之盛。方今国运既振，新学日繁，马克思主义更需有人研究宣讲。尚祈强饭加餐，寿指百龄而前当为后学所望也。赞曰：'仁人之貌，长者之肠。延安握管，东北驻缰。浊流是黜，大道是扬。前贤绳墨，后学津梁。'云天在望，珍摄为祷。刘大年　一九九五年七月十五日　北京"佟冬（1905—1996），辽宁省辽阳县人。1938 年被选送到延安学习，后分配到中央马列学院历史研究室，从事中国历史研究工作。在随后的两年里，在范文澜主持下，与研究室其他成员共同完成了《中国通史简编》的最初稿本。1953 年，被调到东北人民大学（现吉林大学）创建历史系，并先后担任校党委代理书记、副校长、第三书记等职。1961 年，赴沈阳筹建东北文史研究所，次年出任所长。1978 年，吉林省社会科学院成立，被任命为院长兼党委书记。

② 管，指毛笔。

③ 津梁，指桥梁。《国语·晋语》："岂谓君无有，亦为君之东游津梁之上，无有难急也。"

50 田家英同志小莽苍苍斋法书选集观后占二绝句①

1996年4月

早岁才华未易攀，廿年相许辨经还。
柏坡长忆案头字②，灯火阑珊王静安。

一九四八年与家英在西柏坡见面，他的书案右侧墙上贴一字幅，书王国维人间词话三境界说。

一页翻过三十霜③，瀛台④回首小沧桑。
桓桓合与彭元帅，浩气同存永福堂。

永福堂原为彭德怀所居，彭以后家英移住此堂。杜甫《北征》诗：桓桓陈将军，仗钺奋忠烈。

一九九六年四月廿二日

---

①未刊诗稿。田家英(1922—1966)，原名曾正昌，四川成都人，毛泽东的秘书。小莽苍苍斋是田家英的书斋名。他多方收集清代名人墨迹，作为研究清史的史料。1987年，田家英亲属将其生前收藏的清代学者墨迹捐献给中国历史博物馆。1995年，中国历史博物馆主编的《小莽苍苍斋藏清代学者法书选集》由文物出版社出版。

②柏坡长忆案头字，1948年9月，因《美国侵华简史》审稿事，刘大年在西柏坡见到田家英，田家英谈了对书稿的意见，并为刘大年查阅当时的机密档案提供帮助。

③一页翻过三十霜，1966年5月23日，田家英自缢于中南海永福堂。

④瀛台，位于中南海南海中，新中国成立后，毛泽东、周恩来、刘少奇、朱德等国家主要领导人曾居住于此。

51 《抗日战争时代》完稿自述①

1996年5月

（一）

大族栽来千岁果[一]，论时抒罢九回肠。
一枝短杖连扶出，楼外河边看绿杨。

（二）

列国春秋重见闻[二]，膏肓难变假成真[三]。
太行风雪平原暑，我是山川路上人！

1996年5月15日

［一］《红楼梦》上有“大族人家，若从外头杀来，一时是杀不死的”，中国是一个“大族人家”。

［二］孔子修《春秋》，上面记载所见、所闻、所传闻三世的事。

［三］《左氏膏肓》是汉朝人为《公羊》辩护，怀疑《左传》有问题的著作。现代人的研究证明，《公羊》是后出的书，《左传》为真。

① 原载《抗日战争时代》，中央文献出版社1996年版，第194页。

52　香港回归祝词①
1996年7月

浩荡征旗上驷车，珠还合浦锦添花[一]。
难忘豪杰偏荷戟，尚记将军剩有牙[二]。
铜柱北回通岭越，金瓯南望共星霞[三]。
乾坤此笔凭谁主，大族人民大作家[四]。

［一］东汉孟尝担任广东合浦太守，吏治清明。合浦产珠，以前官府贪酷，迫使郡人无限制采求，珠迁往他处。孟尝使民困复苏，珠又回来了。

［二］林则徐禁烟抗英，遭受贬谪，论者说他的行为，乃“豪杰”所为，不可以用庸人观点看待。清朝官吏受惩罚，流放远方，名义上是到边疆充当戍卒，所以也叫荷戈或荷戟。虎门之战，提督关天培决心以死卫国，战前自坠牙数枚，封筐寄回家中，表示不再生回。

［三］铜柱，出于《水经注》。据说马援立两铜柱于象林南边，划分汉与西屠国的疆界。岭猿越鸟是古人形容五岭与粤地风物各异的说法。金瓯，泛指国家领土主权，前人常用金瓯无缺来形容国家疆域完固，政权统一。

［四］《红楼梦》有“大族人家，若从外头杀来，一时是杀不死的”，中国是一个“大族人家”。

一九九六年七月二十七日

① 未刊诗稿。

53 翰笙老前辈同志百岁大庆献词[①]

1996年10月25日

（一）

上寿高名出比邻，木樨地段钓河滨。
孙崎老与陈翰老，廿四楼[②]中拜两人。

孙崎老即孙越崎，解放前为南京政府资源委员会委员长。

（二）

当初风雨日沉沦，抖擞苏俄道上尘。
不为恩仇只为国，大旗戴拥宋夫人。

大革命失败，宋庆龄去苏联解释孙中山三大政策，争取国际上支持中国人民。陈翰老与宋在莫斯科相识，以后长期协助她工作。

（三）

桓宽[③]《盐铁》问谁真，中国农村一派新。
几辈名家立门户，论宗共认开山人。

三十年代，翰老担任南京中央研究院社会研究所副所长，创办中国农村经济研究会，出版《中国农村》刊物，用新观点研究社会经济，薛暮桥、孙

---

①原载张椿年、陆国俊主编《陈翰笙百岁华诞集》，中国社会科学出版社1998年版，第18—21页；祝词全文还发表在《文汇报》上，组诗附于祝词之尾。

②廿四楼，即北京木樨地部长楼之一，刘大年、陈翰笙、孙越崎均住24号楼。

③桓宽，西汉散文家，字次公，汝南（治今河南上蔡西南）人。汉宣帝时被举为郎，后任庐江太守丞。著有《盐铁论》10卷60篇。

冶芳、钱俊瑞等均出自此派。

（四）

鸿词博学贵精神，议到先生始信真。
我蛀遗经充著作，多惭名誉傍斯人。

清康熙时设博学鸿词科，此处指科学院学部委员。翰老现为社会科学院一名誉所长，我亦厕居其一。

54　候胡绳同志次春节前近作韵①
1997 年 2 月

（一）

真伪群经战不休，问谁扬铎②足千秋。

如今班马来新笔[一]，莫怪青松也白头。

（二）

岁月壶中长亦休[二]，何须盘古共春秋。

洪荒我辈逢开国，出峡长江看后头。

[一]《胡绳诗存·梦回故寓》诗:“犹思挥笔追班马，不用频嗟发已华。”

[二]“壶中”故事出《后汉书·方术传》。韩偓诗:“日向壶中特地长。”

附胡绳原诗

人生谁不赋归休，临老相争能几秋。

故国新生双眼豁，教人一步一回头。

① 原载王玉璞、朱薇编《刘大年来往书信选》(下)，中央文献出版社 2006 年版，第 656 页。

② 铎，一种汉族古乐器，大铃，形如铙钲而有舌，古代用以宣布政教法令。

55 贺胡绳同志八十荣寿[①]
1998 年 1 月 1 日

陈师道讲到曾巩的时候说:“向来一瓣香,敬为曾南丰。”在近代史研究上,对于胡绳同志我也想这么说。以上这些想法，借用一句略相仿佛的现代艺术创作中常见的话来说，它们就是排列在下面的七言八句的“原型”。它有几分像诗，是不是多少有可以引起读者兴会的地方，我自己就不免感到怀疑。

胡绳同志现住的院里有两棵大槐树,枝干扶疏,百年以上旧物也。《诗·豳风·七月》:“为此春酒，以介眉寿。”郑注:“介”，助也;“眉”，豪也。“介眉堂”用通俗的话来说也许就是“高寿堂”的意思吧。不过这是我安的一个名字,未知胡绳同志意下如何。一并写出，陈请胡绳同志裁正。

相看春草发池塘，多少话头一瓣香。
夜读危时新学问，苏醒换代大文章。
子昂[②]怀古天边阔，伏胜[③]摩编日照长。
庭下双槐高百尺，明朝绿盖介眉堂。

一九九八年一月一日

---

①原文题《刘大年贺胡绳八十寿的文、诗与胡绳的答信》,载《中国社会科学院通讯》1999 年 1 月 14 日第 4 版，有删节。原信见王玉璞、朱薇编《刘大年来往书信选》。

②子昂，即唐代诗人陈子昂。

③伏胜，即伏生，西汉经学家，曾为秦博士。

56 李琦画展观后①
1998 年 2 月

蒙赐展柬，未及酬谢。援取画中“彭总”“总设计师”篇目文字，捏为俚句，粗抒感想，非谓笔墨也。

李琦同志哂正。

彭总挥军毛发动，邓师设计神采飞。
疑从纸背来雷电，似读青史勘是非。

一九九八年二月十九日

① 未刊诗稿。李琦（1928—2009），著名肖像画家、中央美术学院教授。李琦对革命领袖充满崇敬和感情，先后为毛泽东、周恩来、刘少奇、朱德、邓小平等领导人创作肖像画，其代表作《主席走遍全国》《永远活在人民心中——周恩来》《我们的总设计师——邓小平》深受人民欢迎。

57 翻译家、诗人张书生[①]
1998年6月

1954年《历史研究》创刊，不久并出版《史学译丛》。张书生同志是最早的和主要的编译者之一。我与他是那时认识的。他长期致力于介绍国外史学论著，从《译丛》到《剑桥晚清史》，卷帙繁夥，读者多受其惠。

十一二年前，他寄给我一首诗，对思想理论界某些现象不以为然，表示自己甘愿作个“译书郎”。我当时写了几句话，叫《次韵酬张书生同志感怀》，权当函复，含一点慰解的意思。现在听说朋友们要出版张书生诗集，我把那几句话抄录在这里，用以怀念翻译家、诗人书生同志。其中“紫阳”借指中国历史学。朱熹编的《通鉴纲目》被称为《紫阳纲目》。《诗》“他山之石，可以攻玉”。“台郎”指大官与中级以上的官。汉代尚书、御史、谒者称“三台”，又称“三公”，是大官。中郎、郎中为中级官。试问严复一卷《天演论》的贡献，胜过几许大官、中级官呢？

译丛半屋胜耕桑，《纲目》他山辨紫阳。
当日对虹胸有赤，至今摛藻[②]鬓无苍。
文章种贵趋时笔，风景人观大野光。
试看右陵《天演》在，百年重抵几台郎？

1998年6月12日

①未刊诗稿。张书生（1919—1997），中国社会科学院历史研究所研究员，以主持翻译《剑桥中国史》著名。

②摛藻，铺陈辞藻，指施展文才。

58 寄《百年潮》①
1998年8月

百年世界，沧桑变更，潮流汹涌，走向分明。
退去地冷，涨来天青，淘弃陈腐，拥抱革新。
鉴彰昨日，律验如今，学由以立，国由以兴。
历历贤哲，巍巍人民，各位其位，各能其能。
匪光何亮，不龙何灵，泰山为重，鸿毛为轻。
夜必当旦，屈必当伸，浩然之气，大族之魂。
爱巢翡翠，望掣海鲸，鹿本非马，渭岂容泾。
写实要实，写真要真，此事难全，端在力争。

① 原载《文汇报》1998年12月23日第8版。杨天石在《刘大年与〈百年潮〉》中曾解读此诗说："这是大年同志精心写作的一首诗。四句为一组，共八组。第一组写百年来的世界大局。第二组写百年来的中国变化。第三组写学术发展，国家振兴，均必须鉴往察今。第四组写贤哲和人民，各有其历史地位。第五组歌颂民族精英在中华民族振兴中的历史作用。第六组写历史发展的总规律和中华民族亘古长存的浩然之气。第七组化用杜甫诗'或看翡翠兰苕上，未掣鲸鱼碧海中'（《戏为六绝句》），希望《百年潮》风格多样，分辨真伪、清浊。第八组鼓励《百年潮》下大力气，说真话，写真史。'此事难全，端在力争'。大年同志深知，要达到'真实'这一境界，有时并不很容易。"载《百年潮》2000年第3期，第71页。

59　题小照[①]

1999 年 7 月

早岁从戎荷短戟，中年乙部伐雄王。
凡人亦许不知老，敢笑多愁伦勃朗！

欧洲文艺复兴时代荷兰大画家伦勃朗，年轻至年迈创作大量自画像。画中青年踌躇满志，中年知足，老年则愁容满面也。

刘大年
一九九九年七月

① 原载侯艺兵编《世纪学人百年影像》，山东画报出版社 2001 年版。

60 赠岸阳子[①]

文艺行中新阳子，友谊园里旧安藤[②]。
欲寻春色报东国，跨水双飞到北京。

廖承志同志即席改“旧”为“有”。

---

① 未刊诗稿。时间不详。原稿无题。

② 安藤，即安藤彦太郎，日本早稻田大学名誉教授、日中学院院长。安藤彦太郎和岸阳子夫妇经常一起访华。岸阳子常说，她和安藤彦太郎结婚，是1964年8月北京科学讨论会期间，刘大年、侯外庐等中国学者做的媒。

年　谱

说　明

本年谱简略勾勒谱主生平活动和学术思想的主要线索。它是集体智慧的结晶，囊括了近20年来包括《刘大年全集》编辑组成员在内的众多熟悉或者研究谱主的专家学者的最新成果。本年谱努力做到准确性、全面性、资料性、学术性和传记性相统一，以可信的文献资料为依据，并参考大量的谱主第一手材料，客观陈述谱主的人生经历。为了在有限的篇幅中展示最丰富的内容，对20世纪中与谱主有关的重大国内外“时事”适当采录，对与谱主一起活动的人适当提到，存疑的材料不用，为节省篇幅，资料来源出处省略。

具体编撰时，采用以下体例：

一、按年、月、日纪事，兼采用纪事本末体，一些具体日子考订不清的以旬、月、季、半年、年度等为条目单位。

二、记述谱主的活动，一般省略主语。

三、连续性比较强的活动，如参观考察等，按日记述时，一般承前省略集体主语。

四、年谱中出现的人名，一般有必要的身份简介；反复出现的人名，一般不重复介绍。

五、谱主写信一般使用“给……写信”或“致函……”。其他人给谱主写信，写给谱主个人的，使用“来信”；写给包括谱主在内的几个人的，使用“给……写信”，并注明包括谱主在内的所有收信人称呼。所有信件日期均为写信时信件上注明的日期。信件一般介绍主要内容。

六、谱主题词一般只录时间和对象，不录内容；诗词一般只录时间和诗词名；文章一般只录发表时间和刊物，少数作内容介绍；著作介绍主要内容。

1915年（1岁）

8月

8日 生于湖南省华容县东乡三封寺熊家桥附近的凤形院子，即现在的三封寺镇金盆村雪窝山。谱名宅礼，幼名㧑谦。㧑谦，举止谦逊的意思，出自《周易》六十四卦之第十五卦“谦卦”：“六四，无不利，㧑谦。”“象曰：无不利，㧑谦，不违则也。”后改名为大年。刘家祖上世代务农，到曾祖父刘文杰时才成为小康之家。父亲刘凤翥是家乡有名的知识分子，曾师从当时华容县很有名的老秀才蔡瑞芝读私塾，打下较好的国学根基；又向往新学，后来考上岳州府乙种师范，自取新名为“自强”。母亲姓蔡，邻村人。刘大年有兄弟姐妹4人，居长。二弟刘子藩，1917年生；三弟刘国钧，1919年生。弟妹均在原籍。

1921年（7岁）

上半年

开始上私塾，接受传统教育。

下半年

父亲师范毕业，任金窝祠堂小学校长。随父亲上小学，接受新式教育。

1922年（8岁）

因父亲不再担任小学校长，又上私塾，并接受父亲的教育，学习写旧体诗。

1924年（10岁）

春

何长工返回湖南老家从事革命活动，在县立高等小学堂的基础上创办了新华学校，校址在县城西门的一个旧文庙，任校长。

年底

全家搬到华容县县城北门外，住在国民党县党部对面。

1925年（11岁）

年初

到县城第一小学堂念书。课余时间经常去新华学校。对抵制日货运动印象深刻。

3月

孙中山逝世后，何长工在华容县城主持举行了隆重的追悼大会，参加大会的除新华学校等学校师生外，还有附近群众近千人。大家换成白衣白帽，会上齐唱“悼歌”：“专制除，共和成。复汉业，民国兴。最可敬，孙先生。为祖国，为人民。除列强，保和平。功未竟，身先陨。精神不死，浩气长存。”会后还举行游行，在社会上造成较大影响。

1929年（15岁）

父亲患肺结核病逝世。家境从此开始衰落。

中共在湘鄂西建立了若干小块革命根据地。参加湘鄂西苏区华容县少年先锋队，任秘书和总队长，直至1931年春天。

1930年（16岁）

4月

鄂西五县联县政府成立。

11月

华容建立苏维埃政权。担任乡苏维埃政府文书，直至1931年春天。

1931 年（17 岁）

2—3 月

红军撤出湘鄂西苏区，国民党军占领了这一带。跟随一个亲戚逃避至岳阳，有几个月的时间是靠替别人帮工如推磨、挑水等维持生活。

下半年

秋天，回到家乡。到县城上县立师范附设的补习班，补习算术、英语约半年。

1932 年（18 岁）

1932 年上半年开始，直到 1935 年，除了 1932 年下半年中断外，一直在华容县城万圣堂程姓大地主家上一种高级的私塾“爨学”，师从蔡瑞芝先生学习“四书五经”等儒家经典和《资治通鉴》等史书。程家常年订有省城报纸，渐渐对报纸也产生了兴趣，从最初只着重看与读书有关的内容，到后来要先看时事新闻。程老先生特别推崇他的同学、共产党员朱婴，说朱婴是“做大事的人”，是“想改造世界的人”，这增加了刘大年对共产党的向往之情。

1936年（22岁）

春

考上长沙孔道中学的高中插班生后，又以优异成绩考取湖南国学专修学校。该校校长是当时的湖南省主席何键。学校开设的课程有经史哲文，如文字学、今古文源流、宋元学案、史学等。经学讲《尚书》今古文异同、乾嘉学派等，哲学讲《宋元学案》。部分教师由湖南大学教授兼任，其中不乏湖南知名的“老师宿儒”。由于学校是官办学校，官方领导人常去讲课。何键给学生讲《大学章句》，国民党湖南省党部执行委员陈大榕主讲《党义》，南京国民政府司法院院长居正也到校讲话。对三民主义和“党义”等内容没有兴趣，只专注于对官方领导人所讲国学中的学术流派和学术争论。

6月

2日　李宗仁、白崇禧的两广军队以抗日反蒋为名，组成“抗日救国西南联军”。

9日　由于桂军和粤军的先头部队抵达湖南，蒋介石开始派大兵团云集湖南，长沙国学专修学校提前放假。

8月

到长沙后听到长沙国学专修学校停办的消息，即到武汉，接着又到江西星子县。当时有个本家名叫刘公武，在庐山蒋介石的军校里当教官。由族人刘巨楼写了一封介绍信。刘公武看了学历和经历后，第二天便告无事可找。在江西待了一周后回到武昌，与以前“爨学”同学、在武汉上高中的魏鑫一起住学生公寓。在武昌逗留20多天，由于没有学历证明，既不能上学，也找不到合适的工作。

9月

再次回到家乡，打算潜心读书，从书中寻找家国出路。在住房背靠的雪窝山上建书房，自名为“鸡鸣阁”。希望做个旧式的能考证训诂名物的经学家，以“保存国粹”。

12月

和私塾同学刘浴生一起到南京。因在船上感冒，一到南京便生大病，没钱住院，住在当地的湖南会馆里慢慢调养；病好时已经到了过春节的时候。后因盘费花尽，借了刘浴生仅有的几块钱，由南京返回武昌，之后返回家乡。

1937年（23岁）

3月

本月底再次来到武汉，依旧住在武昌粮道街一处学生公寓。粮道街南面是蛇山，有张之洞门生所建的抱冰堂，抱冰堂附近有图书馆和报刊阅览室。找不到工作，只能读书度日。上午的时间多半就在图书馆或阅览室里自学。通过看书读报，对近代中国的情况熟悉了不少，对时事也有了更多的认识。

夏

路经蛇山陈友谅墓，作《过陈友谅墓》诗一首，对蒋介石的“攘外必先安内”政策颇有微词。

7 月

7 日　卢沟桥事变发生，日本开始全面侵华。几日后，卢沟桥事变的消息传到武昌，目睹了黄鹤楼前义愤填膺的人群久久不愿散去的场景，激动不已。连续三日，黄鹤楼前人山人海，大家共同的情绪就是愤怒、兴奋、期待，民族精神空前高涨。

本月　在汉口大剧院观看上海剧作家顾无为编的话剧《卢沟落日》。

8 月

本月初　再次回到华容，“明显感到中国的抗战要打起来了”。原来在北方或上海活动的一些知名人士相继回乡。与华容县城万圣堂程姓大地主家的儿子程稚香，同去看望曾任国民党山东省政府民政厅秘书、回乡后被推为华容参议会议长的贺冕，并拜他为师；在贺家住了近半年，学习旧体诗，直到 1937 年旧历年底。此间，曾仿杜甫的“三吏”“三别”写了 6 首揭露社会黑暗的诗给贺冕看，被贺冕劝告不要拿给别人看，以免惹麻烦。

11 月

中共中央派陕甘宁边区教育厅厅长徐特立以八路军高级参议、驻湘代表的身份来湘筹建八路军驻湘通讯处。

12 月

9 日　徐特立、王凌波抵达湖南省会长沙，与一些地下党员取得联系，开始着手通讯处的组建工作。年底，通讯处公开挂牌，正式办公。

1938年（24岁）

1月

借到一本《唯物主义与伦理哲学》，从此产生了想从头求知、追求新学的愿望，开始注意有关八路军和延安的消息，但没有动摇孔学信念。

2月

朱婴同儿子、女儿回到家乡华容，并在当地建立“东山书院”，后改为“东山中学”。

与朱婴的儿子朱允一相识，看到一则介绍延安抗日军政大学的消息，产生到延安去的念头。

5月

从华容到长沙，以投考湖南省主席张治中所办的乡政人员训练班的名义寻找八路军办事处。

6月

两次到长沙八路军办事处接洽赴延安事。初次见到徐特立，受到非常大的鼓励。与王凌波进行了一次关于马克思主义与国学的触及灵魂的长谈。一周后，与王又进行一次长谈，并拿到中国人民抗日军政大学的录取通知书，通知书上注有评语：“此人思想纯洁。”

本月底 返回家乡，筹集路费，做各种出行准备。在东山中学念书的刘浴生得知后，也要求同去延安。

7月

15日 与刘浴生一起动身奔赴延安。祖母、母亲对他这次外出怀着异样的心情，站在门口，目送他远去。此后，再也没有见到她们。当日到达湖北南部石首的调关码头。

17日 上午到达汉口，搭乘由汉口开往西安的火车。“七七事变”一周年时，郭沫若主持国民政府军委会政治部第三厅发起抗日献金运动，人民群众纷纷表现出“毁家纾难”的抗战热情。此时将听闻到的武汉群众献金狂潮，与一年前在武昌黄鹤楼目睹的群众激愤情形联系在一起，深深体会到中华民族要独立，要解放，是什么力量也阻挡不住的。

20—22日 20日傍晚到达西安。次日，到西安七贤庄八路军办事处，办事处同志通知到洛川入学，进中国人民抗日军政大学五大队；刘浴生到三原安吴堡的青年抗日训练班。22日，到达三原，与刘浴生告别。此后4个月，刘浴生由青训班转入抗大，在去延安途中顺路到洛川与刘大年匆匆见面，后被分配在晋冀察军区做电台工作，1940年在对敌斗争中牺牲。

本月下旬 从三原继续徒步前行，经耀县、同官（现在的铜川）、宜君、中部（即黄陵），赶往洛川。其间，随着奔赴延安的青年一起拜谒了轩辕黄帝陵，大家发誓要为民族争光。一路上不断提醒自己：国学是我们祖宗立国的根本，切不可忘记。

8月

1日 到达洛川，被编入抗大五大队第二营七队（连），驻地是洛川城东北十五六华里的胡庄。编队的第二天换上军服，佩戴“八路”臂章符号，成为正规的八路军战士。

14日 冀南行政主任公署成立，杨秀峰为主任，宋任穷为副主任，吴大羽为总支书记。

本月中旬 朱德总司令从前方经西安来到洛川，讲抗战形势。第一次见到朱总司令和大队长韦国清。

本月 开始接受抗大思想理论课的培训。其间读《共产党宣言》《大众哲学》《社会主义从空想到科学的发展》以及能够找到的政治经济学、外国历史书等，头脑里从此打开了一个新的天地，盲目崇拜孔学的观念动摇了。

10月

在第七队队（连）长、老红军余克勤和区（排）队长李源清的介绍下加入中国共产党，并被指定为一个班“管军事”——站岗放哨、行军宿营、野外演习的副班长。

12月

1日　党中央、中央军委决定在晋东南成立抗日军政大学第一分校。

13日　抗大召开了干部动员大会，就组建分校问题进行动员。抗大副校长罗瑞卿正式宣布成立抗大第一、第二分校的决定。

15日　上级宣布第一、第二分校的组织、干部配备的命令，任命何长工（庆阳大队大队长）和周纯全为第一分校正、副校长，韦国清为训练部长，黄欧东为政治部主任，校址在八路军前方总部驻地晋东南，即山西敌后襄阳、屯留地区。同时，决定组成第一分校党务委员会，书记黄欧东，委员何长工、周纯全、韦国清、刘浩天。抗大第一分校由洛川和庆阳第五、第六大队的全部，第三、第四大队各一部，陕北公学栒邑分校的大部分，三原安吴堡青年抗日训练班一部合并组成。组成一分校的原抗大洛川、庆阳、栒邑三个大队，要到与延安还隔着甘泉县的鄜县（今富县）集中进行动员。

本月下旬　到达鄜县，抗大一分校举行东迁动员大会。抗大副校长罗瑞卿、军委参谋长滕代远分别讲述了当时的抗战形势、晋东南根据地的状况、学校东迁的意义等。会后很快往延安方向行军，在延长会合，召开一分校成立大会，并进行为期约一周的整编，准备渡黄河。整编后，所在的洛川大队改成一分校一大队，驻扎在离延长约二十里的山村待命。约何定一等共6位华容的同学去拜访住在延安城的一分校校长何长工。

1939 年（25 岁）

1 月

1 日　在延长欢度元旦。

3 日　抗大一分校全校出发，在大雪纷飞的夜晚急行军。

4 日　上午到达延水黄河渡口。渡过黄河后，到达山西永和县境。由永和一路东行，傍晚集中到吕梁山东侧一处高地上。6000 多人的队伍，在校长何长工率领下，安然无恙地在介休、灵石间穿过日军同蒲路严密的封锁线。

5 日　凌晨，全校在介休县静升镇宿营。天亮后出发上绵山。此后，走走停停，经沁县郭道镇，往八路军前方总部方向东征。

25 日　全校教工学员都到达上级指定位置——屯留县故县镇，顺利完成东迁晋东南的任务。

本月底　一分校到达晋东南后，稍事休整，举行抗大第五期（也是一分校第一期）开学典礼，成立抗大第一分校，对外称“第十八集团军总部随营学校”，臂章改为“18”，学校距离八路军总部驻地中村仅十余里。

2 月

抗大一分校恢复上课，重点转入军事教育，加上一些时事报告。训练部长韦国清讲战术，专职军事教员讲八路军作战实例。从 4 月到 6 月，八路军总部领导朱德、彭德怀、左权、傅钟、陆定一和北方局领导杨尚昆、朱瑞等，都曾到学校作报告或讲课。朱德担任的军事课讲授的时间最长，每星期六都按时到校讲授《游击战争的战略战术》《苏军步兵战斗条令》等军事学理论。上课的笔记本上有朱德的“坚持抗战”亲笔题词。

5月

1日 抗大一分校开展“红五月竞赛”，竞赛内容包括政治学习、军事训练和文化体育活动等方面，朱德亲临大会进行动员。

6月

下旬 抗大一分校开始毕业前的种种准备。写描述抗大一分校东迁的《东征口号》四首，向毕业庆典献礼。旧体诗《东征四首》贴于队文化俱乐部“救亡室”壁报上，后又裱糊起来送往毕业筹备单位，张挂在检阅主席台上。《东征口号》四首诗后来发表在《诗刊》1978年9月号。

7月

本月初 日军出动5万兵力，对晋东南抗日根据地进行残酷“扫荡”。

5日 抗大毕业证书分发到学员手中，上面有朱德的题词：“到实际工作中去锻炼。”

6日 日军第一军司令官梅津美治郎亲自指挥，集中5万兵力九路围攻上党。

7日 为了保存干部，一分校奉总部命令，从上党地区向太行山南部的壶关、平顺、长治、陵川一带转移。所在连队由故县镇出发，经黄碾镇，开始向太行山转移。八路军总部转移到太行山，敌后抗日根据地进入更艰苦的阶段。

本月中旬 在太行山平顺县境来回行军，大多数学员陆续被分配当连排干部。

本月底 抗大一分校最后200多名以大学生为主的学员到达山西武乡八路军总部驻地砖壁村，临时住在附近的两个小村，被安排与机关工作人员在一个灶上吃饭。

8月

7日 200多名学员在砖壁东面小村集合，听朱德总司令上课。朱德分析当时的战争形势，鼓励大家坚持抗战，去参加巩固发展敌后抗日根据地的工作，并着重讲知识分子如何在抗战中发挥作用的问题。听完朱德砖壁讲话后，被总政组织部门找去谈话，和另外一队的徐蔼如一同被分配到冀南地方工作。

本月中旬 到达河北省临城县西山岭西村冀南行署太行办事处。此为杨秀峰在成立冀南行署时在平汉铁路西边设立的一个办事处，是属冀南行政主任公署管辖的一个政权机关，当时也叫冀西办事处。报到时，办事处主任齐燕铭已去冀南，办事处正准备撤销，于是被临时借调到办事处的宣传科，协助宣传科长李实办抗战短期训练班——冀西专区行政干部学校，任该校教导主任、总支书记，主持实际训练区村行政干部的工作，并负责党务。训练班设在离岭西有七八里地的郝庄。在教课之余，写了不少有关行政干部政策及思想、政治教育方面的文章。

12月

根据地行政区划改变，冀西归太行区管辖，冀西专区行政干部学校停办。

1940年（26岁）

1月

从内丘的郝庄出发，途经摩天岭，过铁路线，初下平原。经莲子镇，到段芦头稍作休息。之后，抵达冀南行署所在地威县。任冀南行政主任公署文教处宣传科科长。文教处处长为孟夫唐，副处长为任仲夷。宣传科长除了战时配合军事行动直接从军外，还有四个方面的主要工作：一、文字工作，包括草拟文件、写宣传提纲和给报刊撰稿。二、组织行署机关的理论学习、时事学习，参与冀南国民教育委员会和冀南史料编纂委员会等附属机构的工作。三、组织本地社会上的士绅座谈，讨论时事，宣传行署政策。四、召开群众大会、组织文工团、开庆祝会、慰问军队、随军宣传等。

2月

从本月开始到3月，八路军调集冀南、冀鲁豫和冀中军区各一部展开“冀南反顽作战”。与军区宣传科长组织的群众团体——反汪拥蒋驱鹿拒庞讨石迎朱宣传运动委员会，始终跟着指挥部走，参与“反顽”全程。

4月

参加打破日军“囚笼政策”的“交通战”。

8月

20日 八路军发动百团大战。战争期间，与军区一起，活动在河北故城一带，代表行署和军参议员上前线慰问军队，主持战后胜利庆祝会和阵亡将士追悼会。

本年 在河北曲周一带写《惊闻华容失守》一诗。

1941年（27岁）

9月

晋冀鲁豫边区政府正式成立，形成统一的晋冀鲁豫抗日根据地。从此任晋冀鲁豫边区政府冀南行署宣传科长、社会教育科长、干部教育科长、教育科长（简政以后）；同时，兼任冀南抗战学院政治教员、冀南政治学校政治教员、冀南国民教育委员会秘书长、冀南抗战史料编纂委员会委员等职。

参与冀南抗战学院的筹备工作。该校教学目标是培养抗日干部。作为政治教员，主要讲授社会发展史、中国革命运动史、哲学和政治经济学等课程，课程很多内容都涉及中国近代历史。从这时起，开始关注中国近代史。

1942年（28岁）

3月

冀南行署人员精简，行署教育、民政两处合并为民教处。

4月

本月初　调到任仲夷任校长的冀南政治干部学校担任专职教员，活动在河北故城县、山东武城县自北而南一个空隙很小的地带。

29日　经历日军周密策划、冈村宁次直接指挥的一次大规模拉网式“扫荡”——“四二九铁壁合围”。拂晓，日军突然对冀南党政军机关和主力部队活动区域实施大包围。中午时分，按计划朝西南方向突围时与战斗部队脱离。往东面武城县卫河封锁线移动时，在河西街小镇附近指挥歼灭一股敌人。为应付不测，把在抗大朱德亲笔题写“坚持抗战”的笔记本、抗大毕业证书和杨秀峰签署任命为宣传科长的委任状等埋在麦地里。晚上，指挥100余人往西突围，走出敌人的包围区，越过封锁线。武城突围以后三四天，与任仲夷、杨清华等在枣强地区行署会合。

下半年

冀南政治干部学校分散办训练班，再回到行署民教处，担任教育科长，主管宣传工作，主要是宣传中央和行署的方针、政策，负责培训各种抗日干部，尤其是深入“敌后的敌后”的抗日干部，帮助他们认识形势，掌握新的斗争方法和组织方法；同时，动员群众，营造良好的抗日环境，争取渡过难关，迎接最后的反攻。其中，重点是配合“敌进我进”战略做对敌宣传工作，瓦解敌伪军。主管对敌宣传工作时采取了形式多样的工作方式，取得了一定的成效，受到八路军总部、北方局和一二九师的表扬。

12月

4日 在河北威县作诗《祝贺刘伯承同志五十寿辰》。

本年 在冀南抗日游击战场上，读到范文澜著《中国通史简编》。

1943年（29岁）

初夏

冀南遭受严重的夏荒，军民的生存遇到前所未有的困难。冀南行署为了保存干部，将干部分为三批，留下一批，另两批派往太行或延安。当时流行的说法是："去延安的是建国干部，去太行的是反攻干部，留下来的是坚持干部（或咬牙干部）。"在此背景下，被冀南党委领导王任重派去北方区太行分区听候派遣，看是留太行高级党校学习，还是去延安参加党的整风运动。

7月

本月初 与中共冀南区党委组织科长刘国平等5位干部随同一支武装运钞队由冀南前往太行，从邯郸和黄粱梦中间过铁路。由于向导带错路，逼近敌人的炮楼，从碉堡北面连续跳了十多个高低不等的山崖后才脱离敌人的视线。走出敌占区后不久，忽然出现轻度咯血，但继续随部队急行军，两天后即7日到达目的地——八路军一二九师司令部所在地赤岸。在赤岸拿着介绍信找太行分局组织部干部科长刘建勋交谈好几次，并到师部医务室找医生检查身体，被诊断为右肺萎缩。刘建勋要求先到医院进行详细的检查，再决定去延安还是太行。

本月中旬 独自从赤岸经过麻田八路军总部，到达山西辽县桐峪镇隘峪口村八路军前方总部医院；突然大咯血，一天两三次，连续两三天，病情恶化。总部医院一个叫白云的日本医生（山田一郎）提出用白阿胶熬服，连服

3天终于止住大咯血。后经半个多月的治疗休养才能下床行走。

本月下旬 经八路军一二九师卫生部部长、八路军前方总部医院院长钱信忠及其夫人唐兮凤医生一起检查诊断，确诊为右肺正常，左肺血管“人工破裂”（系过敌人封锁线连续从悬崖陡坡跳跃、翻滚所致肺部内伤），肺部有结核，但不严重，不是结核病。必须休息一段时间把伤养好，不能再去接受轮训或参加整风。于是，在隘峪口村西北山上的石暴村住了下来。开始长达两年的养伤。其间，身体时好时坏，身体好转就看书、读报、写诗。

11月

又回到隘峪口八路军前方总部医院养伤，并在医院过党的生活。冀南党政的一部分人员也转移至太行，在那里集中整风审干。写《复杜佩珊处长》诗，还不时想着伤好后再回到冀南去投身抗日民族解放斗争。由于伤情严重，“东下平原”的理想一时难以实现，于是抓住所有能够利用的时间刻苦学习，甚至骑在毛驴上也背古文。

1944年（30岁）

春

再回到石暴村。

夏

读郭沫若《甲申三百年祭》，作诗三首。这三首诗后来发表在《诗刊》1984年7月号，一同发表的还有写于1962年的一首关于郭沫若《替曹操翻案》的诗，名为《〈甲申三百年祭〉书后四首》。

秋

读范文澜《汉奸刽子手曾国藩的一生》，开始收集一些资料，产生研究中国近代史的念头。

本年 母亲蔡氏去世。

1945年（31岁）

10月

身体暂时好转。从石暴村出发，二下太行，到达中共北方区领导机构所在地河南濮阳。被指派回到晋冀鲁豫边区政府冀南行署所在地威县，作为负责人之一，开始参与筹备拟名为建国学院的干部学校。

11月

晋冀鲁豫边区政府主席杨秀峰、副主席戎子和遵照中共中央指示，决定创办北方大学。

12月

晋冀鲁豫边区政府决定组成以杨秀峰为主任的北方大学筹备委员会，并初步确定北方大学应设理、工、农、医、文教、艺术、财经等学院，面向边区和新解放地区具有中等以上文化水平的青年招生，校址定在河北省邢台县，任命王振华、罗青为北方大学筹备处正、副主任。经中共中央推荐，边区政府任命范文澜为北方大学校长。

本月 在冀南威县作诗《邯郸道上》。

1946 年（32 岁）

2 月

5 日　筹备了一半的干部学校建国学院停止筹备工作。与曾经一同筹备建国学院的教育长张箕南，一起去筹备北方大学。此时边区政府已迁至河北武安，两人从威县出发，到边区政府所在地武安办理简单手续后，同赴邢台。

16 日　作《三十五年于邢台过灯节兼庆政治协商会闭幕》诗，反映根据地人民对民主建国的殷切期望。

下旬　受王振华、罗青指派，带一名通讯员去设在长治的军政大学参观“取经”，在高家庄连续参观访问 6 天。

本月　王凌波遗孀姜国仁来到北方大学，被安排在文教学院任教。

3 月

从高家庄返回邢台以后，很快写出参观书面报告。

4 月

中旬　范文澜由延安抵达邢台，宣布就任北方大学校长一职。刘大年被任命为教务处副处长（1946 年 4—6 月）。范文澜另拟办学方针，刘大年到长治军政大学取回的“经”没有得以实施。

5 月

被任命为北方大学领导干部小组成员，任期为 5—12 月。组长范文澜，组员 15 人。

6月

上旬 被任命为北方大学工学院副主任、支部书记，正主任为高太玄。在高太玄于同年9月9日因病离职后，成为工学院的实际负责人。主要是团结知识分子，主持政治思想工作，实施学生学文化、打基础的教育方针。

24日 中共中央在党内指示中指出：美国对华军事干涉日益露骨，国民党政府的美国殖民地色彩日益显著，必须发动群众与之斗争。

本月 与师力坤结婚。师力坤原名张毅果，1916年11月13日出生于河北邢台一个知识分子家庭。爷爷是秀才，父亲是教书先生，两个叔叔也都是有文化的人。外公姓师，是一个酒坊的主管，除有固定薪俸收入外，还有30多亩地。母亲是师家的长女。张毅果出生8个月后，父亲不幸去世，当时母亲只有22岁，便带着张毅果回到师家，此后一直住在师家。1937年6月，张毅果从孟夫唐任校长的邢台师范女子师范班（即河北第三女子师范）毕业，修完相当于高中的课程。七七事变前夕，以去北京上学为名，离家参加革命，后改名为师力坤。1937年10月，抗日战争爆发后，孟夫唐和共产党有联系，在山西南部招收流亡学生办训练班。师力坤参加抗日根据地的训练班，先后在河南修武县游击大队、八路军工作团工作。1938年10月，师力坤加入中国共产党。1946年2月，师力坤参与筹备北方大学，两人相识。结婚时，师力坤为北方大学校部秘书（1946年4月—1948年1月）。婚后，因刘大年身体状况不好，经范文澜决定，暂时休养一段时间。于是夫妇一起到师家住了一段时间，天天读书、看报、写文章，对中美关系产生了兴趣。身体也有所好转，后继续回到北方大学上班。

7月

5个历史教员在范文澜校长指导下成立历史研究小组，主要任务是编辑教材。那时，还不是历史教员。

8月

国民党调集大量兵力，由郑州向边区进犯，邢台处于战备状态。北方大学留校师生员工进行暑期补习教育。鉴于学生中存在着偏重文化、忽视时事政治学习的倾向，与秘书长罗青、教务长王振华、教务处副处长郭欠恒、附设班主任张箕南等 4 位留校老师，组成 5 人委员会，整顿与推动夏令学习。

9 月

上级决定北方大学向太行山区转移。

10 月

15 日 北方大学教务处负责人尹达来信，谈工学院历史课教学问题。

11 月

中旬 北方大学全校转移到山西潞城地区，分驻在以高家庄为中心的几个村内。

1947 年（33 岁）

1 月

3 日 因工作繁忙，影响到健康，患肺结核。范文澜建议移交工学院工作，以便休养。从此，边养病边开始收集中美关系史料，撰写《美国侵华史》初稿。到长治县用骡子拉了 4 大车王云五主编的《万有文库》等资料书；在范文澜指导下查阅了有较多原始资料的《李文忠公全集》和王芸生的《六十年来中国与日本》等书；查阅了能够找到的报纸、杂志、书籍，如商务印书馆的《东方杂志》，收集了不少电报、笔记等一手资料。资料收集好后，集中 3 个月时间专心写作，于这年秋写成《美国侵华简史》初稿。

8月

本月 北方大学成立历史研究室，任副主任，主任由范文澜兼任。历史研究室的主要任务是在范文斕的领导下，修订《中国近代史》和《中国通史简编》，并给文教学院、财经学院、工学院、医学院授课。

22日 长女刘潞出生在山西潞城北方大学历史研究室所在地。

9月

2日 范文澜在晋冀鲁豫边区政府汇报工作并参加领导干部会议时发言说："在历史研究室，刘大年写了一本美帝国主义侵略中国史。"

本年 冬，北方大学内部展开查成分、查思想、查作风的"三查运动"。刘大年成分是"地主"。

1948年（34岁）

1月

1日 作《元旦试笔兼为土改学习自勉》诗一首。

本月 师力坤任北方大学教务处秘书（1月至8月），原校部秘书处撤销。

5月

在晋察冀解放区张家口由成仿吾担任校长的华北联合大学与在晋冀鲁豫解放区长治由范文澜担任校长的北方大学决定合并，组成华北大学（1949年进入北京后更名为中国人民大学），由吴玉章任校长，范、成任副校长，校址设正定。两校合并、华北大学的筹备工作在成仿吾的主持下进行。

6月

本月底 带历史、经济两个研究室为第一批人员由邢台赶赴正定。这批教学人员连家属约20人，王冶秋、尚钺、李何林、叶丁易等人都在其中。

7月

1日 带领北方大学首批教职工抵达正定。成仿吾设席招待，热情讲话，祝贺两校合并。此后，北方大学校部及各学院陆续北迁，到正定与华北大学会合。

26日 北方大学北迁工作完成，会师后两校师生共同举行庆祝并校联欢晚会。

8月

1日 华北大学正式开学。原北方大学历史研究室改隶华北大学研究部，刘大年担任研究部领导成员、党支部副书记，历史系主任、历史研究室副主任。范文澜兼研究部主任、历史研究室主任。研究室设在正定西门内王士珍故居。姜国仁任历史研究室研究员。

12日 华北大学副校长成仿吾来信，谈搬家后的问题。

22日 华北大学二部主任何干之介绍史地系助理员尹胡来面谈。

25日 给艾思奇写信，报送教材提纲。艾思奇这时由中宣部临时派在华北大学兼职，担任研究部副主任、党支部书记，两人同在一个支部做领导工作。艾思奇当日回信，并请历史教研室提出预算。

本月 《美国侵华简史》初稿送请中共华北局审查。

9月

3日 给艾思奇写信，谈人才引进及历史研究室公约问题。艾思奇当日回信，同意引进人才，但认为公约需要党内讨论。

7日 华北大学教务长孟夫唐来信谈教学问题。

9日 艾思奇来信，请通知各室同志准备晚上研究部会议的意见。

15 日　中共中央宣传部副部长陈伯达给周恩来的助手王炳南写介绍刘大年去查《美国侵华史》资料的信，王炳南在介绍信上批示请中共党内国际问题专家柯柏年面谈。

24 日　艾思奇来信，吩咐一些工作方面的具体事情。

本月　接到华北局宣传部长周扬回信，说《美国侵华简史》稿子要请在中央宣传部工作的陈伯达看，已经转往中央机关驻地西柏坡，要自己去接头。艾思奇给陈伯达写信，介绍去当面听取意见，并请田家英给予帮助。于是，从正定县城骑快马到西柏坡村，见到陈伯达、田家英。在陈伯达介绍下，一连 6 天，先后访问了王炳南、柯柏年等几位外交家和国际问题专家，不过并没有搜集到什么资料。中间中共中央宣传部长陆定一找去谈话一次，以示鼓励，田家英一同前往。陈伯达对初稿没有提什么意见。田家英的意见集中在两个方面，即缺乏原始资料、叙述有简单化和不确切的地方。为了资料问题，田家英特地与主管档案的同志接洽，让查阅了当时属于机密的赫尔利在延安与毛泽东谈话的记录。

10 月

1 日　华北大学党委书记钱俊瑞来信，交代找李何林谈话等党务工作。

4 日　华北大学决定成立外语教研室，在教研室主任未到前，由该室研究员兼秘书戚云负责行政工作。钱俊瑞来信介绍外语教研室戚云“来接洽住房及其他行政生活问题”，并明确“业务指导由二部外语系以及行政上由您负责联系”。

9 日　华北大学二部（师范部）主任何干之来信说，二部社会科学小组取消后，小组 4 人入历史研究室进行中国社会史研究，并约定次日面谈具体事宜。

11 月

撰写《美国侵华简史》出版说明。

12 月

25 日　艾思奇阅读《美国侵华简史》，决定如何处置。艾思奇来信告知，并谈加强理论学习等问题。

1949 年（35 岁）

1 月

8 日　华北大学研究部法学研究室主任何思敬来信，谈搬运行李及其他交接事情，并请“保重身体”。

12 日　王冶秋自北平来信，介绍其到京后忙于制定接管计划、傅作义在北平“统治”情况，以及清华大学正式接管等事。

15 日　中宣部给范文澜来信，谈《美国侵华简史》稿审阅与出版问题。

本月　艾思奇认真审阅《美国侵华简史》后，同意出版，但提出几点修改意见，并将意见转达范文澜。范文澜随后向陆定一、陈伯达写信，同时面托中宣部将《美国侵华简史》稿寄来，以便根据艾思奇的意见做些修改，并打算和新中国书店接洽。

2 月

范文澜抵达刚解放的北平，函告有关《美国侵华简史》修改及出版情况。

3 月

1 日　在中宣部研究室主持中学历史课本编纂的张仲实就初、高中本国史教学来信谈课本问题。

3 日　旧伤复发，姜国仁来看望，见仍未止住吐血，向舒天现、王可风提出注意，并要他们向组织建议，调师力坤来看护几天。

5日 吐血未止，且有烧寒。

10日 要姜国仁捎信给中央防疫处李治中，并把痰送去化验。

11日 痰的化验结果是“痰内结核杆菌不少”。师力坤和王可风把化验结果誊写一遍，改为“有结核菌，但不多”。姜国仁强调应加紧营救，向组织上建议，看如何治疗和加紧营养。

16日 连续发烧，心生悲观：“这样发烧，活不了了！会像纪志翘似的死去呵！”

17日 姜国仁离开正定，前往北平参与清华大学、北京师范大学的接管工作。

19日 范文澜自北平来信，慰问病情。

23日 华北大学校长吴玉章来信，关心病情并请查核其《中国历史教程绪论》中讲“六经皆史”时引用的名字的真伪。

同日 姜国仁自北平来信，谈离别并嘱爱惜身体。

26日 吴玉章来信，谈还书事宜。

28日 范文澜、戴冠芳从华北大学副校长成仿吾处得知病情见轻后，来信嘱咐决心静养等。

31日 长子刘衡山出生于河北正定县华北大学四部所在地。

4月

华北大学迁入北平。历史研究室迁入北平王府井大街东厂胡同一号，对外称华北大学历史研究所。

5月

上旬 范文澜来信，谈《美国侵华简史》出版诸事。

10日 范文澜、荣孟源、王南、刘桂五为《美国侵华简史》撰写《前记》。

本月 抵达北平，住在先农坛休养一段时间，华北大学校部特批以小米若干斤换来的治疗肺结核病特效药雷米封，治疗肺病。开始与胡乔木接触。

8月

26日 中共中央宣传部副部长、人民日报社社长胡乔木从一位编辑手中看到华北大学自印的《美国侵华简史》，决定全文在报纸上连载。从8月26日至10月6日，《人民日报》的5、6或7版以“美国侵华史”为名连载，在全国产生很大影响。从此，全国各地开始翻印《美国侵华简史》。

30日 王冶秋致书商谈北平图书馆布置美国侵华史料展览情况。

本月 华北大学自印《美国侵华简史》内部交流版。全书只有90页，不到8万字。正文只有四个部分：一、追随或通过别国向中国侵略（1840—1905年）；二、逐渐走上独立侵略中国（1905—1917年）；三、争夺中国霸权（1917—1945年）；四、独占中国（1945年以后）。该书运用马克思主义的立场、观点和方法，从政治、经济、军事、文化诸方面纵向分析美国如何与其他资本主义国家既合作又竞争地掠夺中国各种利益的历史进程，注意了历史的整体性、阶段性、关联性和动态性。在当时亲美、崇美、恐美思想普遍存在而中共与美国的关系却已恶化的特殊时期，该书在思想界引起很大的震动，因而被推广。本年稍后，华北大学公开出版《美国侵华史》，并再版。

本月 作《病中喜闻华容解放》诗。

10月

6日 胡乔木审阅《介绍辛亥革命中的君主立宪派》后，来信告知相关情况。

10日 《介绍辛亥革命中的君主立宪派》在《人民日报》发表。

19日 中央人民政府委员会第三次会议任命郭沫若为中国科学院院长，陈伯达、李四光、陶孟和、竺可桢为副院长。

22日 中国人民解放军西南军区卫生部部长钱信忠回信，谈使用肋骨切除手术治疗肺病的问题，不主张切除肋骨。

11月

1日 中国科学院在北京成立，它是中国最高学术领导机构的综合研究中心。中国科学院办公地点暂时设在东厂胡同一号。

本月 新华时事丛刊本《美国侵华简史》由北京新华书店出版，次年3月再版。该版本被收入1950年出版的人民日报社等编的《反美侵略学习手册》中。

本年 在北京作《送人去东北》诗。

1950年（36岁）

3月

20日 中国科学院院长郭沫若、副院长竺可桢等与研究计划局副局长钱三强讨论中国科学院初建各所所长问题。被内定为中国科学院近代史所副所长。

22日 入列科学院所拟15个研究所及天文台、工学实验馆正、副负责人名单，上报政务院文化教育委员会转呈政务院请予任命。

5月

1日 华北大学历史研究室改隶中国科学院，称中国科学院近代史研究所，是为新中国成立后纳入中国科学院体制的第一个研究所。任中国科学院近代史研究所研究员。

6月

14日 《人民日报》发表李敏的《略谈“新华4丛刊”》，其中谈及《美国侵华简史》。

7 月

12 日 《人民日报》发表王城的《福斯特的〈世界资本主义的末日〉》，该文“附记”中推荐了三本关于美帝在中国的阴谋与罪行的书，其中有《美国侵华简史》。

10 月

3 日 中国人民大学正式成立，师力坤所在华北大学教务科转为中国人民大学教务科，不久师力坤调到中共中央宣传部干部处工作。

11 月

15 日 《人民日报》发表俞杰、樊百川的《推荐几种学习美帝侵华史的读物》，其中第二部为《美国侵华简史》。《大公报》上发表署名日木的《请读〈美国侵华简史〉》。

本年 任中国科学院近代史组专门委员。

1951 年（37 岁）

1 月

美帝侵华史列为中国科学院近代史研究所“1951 年已进行或准备进行的研究题目”。

3 月

25 日 《人民日报》刊登王大白的《评六种美帝侵华史》一文。文中说：“在我国出版物中，以正确观点全面地、系统地总结了一百余年来美国侵华政策和史实的第一本书，是刘大年在一九四八年十一月写成的《美国侵华简史》。”

5月

《新建设》第3卷第5期发表李光霖的《评刘大年著〈美国侵华史〉》一文，文后附有刘大年的《答复李光霖先生》。

7月

中国共产党中国科学院党组改组，担任中国科学院党组成员。恽子强任党组书记，丁瓒任党组副书记，党组成员还有范文澜、李亚农、曹日昌、汪志华、孙桐。中国科学院党员有20多人，只有一个支部，任中科院党支部副书记。此外，还兼政务院文委直属机关党委委员。

8月

4日 外交部亚洲司副司长陈家康看完《一八七四年美国与日本合作进攻台湾的经过》后，来信说“认为可以发表”。

本月 《美国侵华史》由人民出版社出版。该版本除了对《简史》进行修订外，还增加了“武装占领台湾作最后挣扎”和“抗美援朝运动兴起，中国人民进入伟大的爱国主义新高潮，为最后消灭美国侵略势力而斗争”等内容，252页，17万字。苏联接连对《美国侵华史》进行翻译，先后两次出版俄文版，即莫斯科外文出版社1951年版和1953年版，在苏联造成很大社会影响。1953年，苏联科学院决定授予其斯大林奖金。此后，苏联《大百科全书》第2版第21卷（中国卷）历史部分收录了该书内容，该书还被列入苏联历史学家祖波克的《美国史纲》参考书目。

9月

2日 《纪念“九三” 感谢苏联对中国抗日战争的友谊帮助》在《光明日报》发表。

20日 《大公报》发表曹锡珍的《评〈美国侵华史〉（刘大年著）》和

绍溪的《评刘大年著〈美国侵华史〉》。

11 月

本月 中国科学院北京区研究人员开始思想改造运动。

12 月

1 日 《一八七四年美国与日本合作进攻台湾的经过》发表在《新建设》1951 年第 5 卷第 3 期“学习《毛泽东选集》特辑（二）”。

8 日 中共中央发出《关于反贪污斗争必须大张旗鼓地去进行的指示》，中科院由此开展“三反”运动，在行政人员中进行“三反”教育，在研究人员中进行思想改造学习。

12 日 成立中国科学院研究人员学习委员会。郭沫若任学习委员会主任委员，李四光、竺可桢、吴有训、陶孟和四位副院长任副主任委员。制定了《中国科学院研究人员学习计划》，对具体的学习目的、时间、组织、方法和纪律作了规划。担任中国科学院研究人员学习委员会办公室主任，专管思想改造运动的日常工作。学委会成立后，先后访问竺可桢、罗常培、严中平、钱崇澍、杨钟健等人，听取他们对思想改造运动的意见。

18 日 中国科学院专门召开思想改造动员会，郭沫若院长在会上作《为科学工作者的自我改造与科学研究工作的改进而奋斗》的报告。

27 日 参加科学院思想改造学委会第三次会议，并作总结发言，获得副院长竺可桢的称赞。

本年 与吕振羽开始有工作联系。

1952年（38岁）

1月

10日 《人民日报》发表龚育之的《纠正科学刊物中脱离政治脱离实际的倾向——评〈科学通报〉第二卷》。郭沫若对《人民日报》批评《科学通报》很重视，亲自过问。竺可桢副院长还与编译局局长杨钟健一起到龚育之家里去了解情况。这件事促使科学院的领导重视把《科学通报》作为院的机关刊来办好，一方面调人充实编辑部，另一方面则加紧介绍苏联。

本月 《新建设》第1期发表孑江的《评〈美国侵华史〉》。

2月

25日 与竺可桢商讨四位副院长在思想改造中如何检讨事；决定先在院学委会上检讨，再在各单位代表小组会上先检讨再提意见，然后至学委。强调要注意政治思想和学术思想。

28日 参加竺可桢作首次检讨发言的会议。

本月 中宣部成立科学卫生处，负责联系中国科学院。科学卫生处成立后，中宣部在中科院成立了思想改造学习党组，刘大年任副书记，书记由科学卫生处第一负责人副处长赵沨担任。党组成员有恽子强、丁瓒、范文澜等。党组下设思改办公室，刘大年具体负责办公室工作，办公室工作人员有汪志华、张克明、刘桂五、何祚庥，还有中央统战部的徐云。思想改造运动共分三组进行。刘大年与刘桂五负责社会科学部分；何祚庥和徐云负责东区，主要是物理所和近代物理所；张克明和简焯坡负责生物、地学部分。刘大年在全面的工作上管得多一些，具有双重身份：一方面在院学委会主任委员郭沫若院长领导下工作，一方面在中宣部科学卫生处指导下工作，即负责传达中宣部的意见，并找院长、副院长谈学习计划、意见等。

3月

13日　中国科学院联络局副局长曹日昌来信，寄检讨底稿一份，请提意见。

4月

11日　竺可桢来信，寄文章，请提意见。

23日　竺可桢来信，寄检讨一份，请提意见。

5月

5日　中国科学院语言研究所所长罗常培来信请假。

22日　《人民日报》发表新华社的《奥夫钦尼科夫在苏联〈真理报〉上撰文　评介胡绳等关于美国侵华史的三部著作》。

6月

9日　郭沫若来信，谈四位副院长的文章发表问题，并请约丁瓒、曹日昌面谈。

15日　《科学通报》与全国科联的刊物《自然科学》合并，并成立《科学通报》第一届编辑委员会，任编委。恽子强任编委会主任委员，沈其益、葛庭燧为副主任委员。

18日　晚上，将次日即将发表的《学习斯大林关于基础与上层建筑的学说——纪念斯大林〈马克思主义与语言学问题〉发表两周年而作》送给郭沫若看。这是一篇主张西周封建说、反对郭沫若战国封建说的论文。

19—20日　《学习斯大林关于基础与上层建筑的学说——纪念斯大林〈马克思主义与语言学问题〉发表两周年而作》在《光明日报》发表，《新华月报》7月号转载。文章认为西周已经是封建社会——封建领主制阶段。在关于古史分期问题的学术争论中，主张西周封建说的当时还有范文澜、翦伯赞、杨向奎、徐中舒、王玉哲、王亚南、束世澂、李埏等。文章发表后，被主张西汉封建说的侯外庐约谈，侯外庐认为，学术争论应有自己的观点，不能以毛主席的话作为标准来研究历史。

20日　《人民日报》发表胡绳的《斯大林关于语言学的论文对于中国学术工作的意义》一文，该文也倾向于批判郭沫若的战国封建说观点。

本月　中央专门就在中国科学院进行思想改造运动的方针问题给华东局宣传部作指示，强调应采取更加慎重的方式等。

7月

14日　提出中国科学院思想改造计划，建议把检讨会分为三种：第一种是副院长、厅局长的检讨，限于各所长、副所长到会，不超过20人；第二种是各所所长、副所长的检讨，限定所中研究员、副研究员及若干代表到会；第三种是对于突出的人，全院指定人参加。院思想改造运动重新开始，历时7个星期，至9月初全部结束。根据科学院本身的特点，经向国务院文委请示，中科院学委会确定科学院的思想检讨，不必采取大规模的群众大会的方式，只用检讨会形式，由检讨者在各种小型会议上作报告，参加会议的人提意见，无须经会议通过。但要求做到严肃认真，真正在思想上提高自己。只有极少数人，可能因其思想作风的某些特点，需要别人着重帮助，可在不同的会上多次检讨。

16日　被中国科学院决定调任院编译局第二副局长。当时，编译局的局长是杨钟健。中宣部和《人民日报》接二连三地批评科学院的出版物，特别是《科学通报》的政治错误。于是，科学院党组将工作重点转移到编译局，中科院党组书记恽子强从原来办公厅副主任调到编译局任第一副局长。此外，还从地方上调来一些既懂业务、政治上又比较强的党员来充实编译局。

18日　中国科学院召开思想改造动员大会。郭沫若作报告后，陈伯达代表党中央对科学院全体研究人员作思想改造动员长篇报告。该报告的要点经过中共中央书记处的毛泽东、周恩来等5人审阅，报告之前也曾与郭沫若院长、几位副院长及院学委会的范文澜、刘大年、汪志华、恽子强、丁瓒等商量过。

8月

9日　针对《学习斯大林关于基础与上层建筑的学说——纪念斯大林

〈马克思主义与语言学问题〉发表两周年而作》，时任山东大学教授的杨向奎写成《关于西周的社会性质问题》，发表在山东大学主办的《文史哲》当年第5期上。杨也是主张西周封建说的，但对文章的史学方法提出了颇为尖锐的批评，认为“史料不足”，由此肯定西周的社会性质“实在有些大胆”；“在方法上大年先生也没有提出明确而扼要的主张，只是概念的玩弄，使人越看越不清楚”。

9月

8日 中国科学院思想改造运动进入第二阶段，即根据理论联系实际的基本精神，讨论各门科学工作的总方向和目前的方针任务、修订工作计划，以初步改进科学研究工作。

12日 致函郭沫若，提出进一步整顿《科学通报》的两个步骤，信中还告知次日编委会将要开会讨论。郭沫若在信上批示“同意”。

10月

15日 起草中国科学院研究人员思想改造学习总结报告。报告草稿讲三个方面的经验和体会：一、科学工作者的思想改造，必须坚持启发自觉，依靠群众，思想问题从思想上解决的方针。二、对科学工作者的思想批判，主要是要求划清思想界限。三、在思想改造开始以前，要做好一些准备工作，主要的是要大家做好思想准备工作。

17日 出席中国科学院第四次院务常务会议，听取计划局副局长丁瓒关于中国科学院访苏代表团筹备工作情况的报告，并讨论访苏代表团的计划提纲。丁瓒报告中提请刘大年代表历史方面参加访苏代表团。按照郭沫若、陈伯达、胡乔木的指示，中科院访苏代表团的主要任务确定为：（一）了解和学习苏联如何组织领导科学研究工作，特别是十月革命以后苏联科学从旧有基础上发展壮大的经验；（二）了解苏联科学的现状及其发展方向；（三）就中苏两国科学合作问题交换意见。

20日 与竺可桢谈编译局事宜，谈及将来工作主要方针，设立科学出版社，成立《科学通报》编辑室，培养翻译及编辑人员，邀请专人主持中国科学史等。

22日 致函政务院文教委员会副秘书长、中共中央宣传部副秘书长邵荃麟，谈中国科学院学委会的书面工作总结是否在《光明日报》上发表的问题。邵荃麟和教育部党组书记、副部长钱俊瑞均在信上批示不必发表的意见。

29日 范文澜来信，谈次日与苏联文化工作者代表团团员、列宁格勒大学副校长格·叶菲莫夫见面事，吩咐直接电话商约。叶菲莫夫是新中国成立后第一位访华的苏联历史学家。

本月 成立《科学通报》编辑室，兼任该编辑室主任。

11月

9日 出席由范文澜主持的、中国科学院举行的与苏联学者叶菲莫夫的座谈会。

本年 与科学处的何祚庥一起到中宣部汇报工作。对胡乔木说，日丹诺夫认为批评和自我批评是社会主义发展的动力，这个观点背离了马克思主义。

本年 与翦伯赞相识并交往。

1953年（39岁）

1月

14日 中央人民政府委员会第21次会议任命张稼夫为中国科学院副院长。张稼夫到任后兼任院党组书记。刘大年与张稼夫、范文澜、秦力生、郁文、恽子强、张庆林、刘咸一、彭庆昭等任院党组成员。

17日 张稼夫到任后就开始组建中国科学院访苏代表团。没有进初定的名单，但被范文澜以自己辞让名额的方式举荐为史学界的代表。

23日 次子刘醒吾在北京出生。

本月 近代史研究所分为三个研究组，第一组为经济史组，最初是研究中国资产阶级，刘大年担任组长；第二组为政治史组，最初是研究辛亥革命，荣孟源为组长；第三组是帝国主义侵华史组，后改为中外关系史组，邵循正为组长。简称经济、政治、外交三组，通称一组、二组、三组。

本月 《科学通报》成立第二届编委会，与沈其益同为副主任委员，恽子强为主任委员，王竹溪、张青莲、马杏垣、孙敬之、张景钺、吴征镒、钟士模、金荫昌、杨启嫌、许良英等10人为编委。

2月

6日 编译局局长杨钟健离京出差，临行前，来信委托代理“局事”，如在此期间访苏，则“似可托杨肇廉兄代行”，“仍请兄斟酌决定”，并希望出国后“仍保持联系，多赐教言”。信中开列当时存在的八个方面的问题，请“于离国前加以催促”，包括增加办公室、明确翻译室领导、名词室工作的安排、各种章则的整理、向文委反映机械名词情况、建立各片汇报制度、布置《科学通报》委员会及《科学通报》通信工作、刊物定价等。

9日 中国科学院院长郭沫若批文：“为了加强《科学通报》的编辑工作，业将原编辑委员会加以调整和扩大。仍聘先生为《科学通报》编辑委员会委员。此致刘大年先生。”

24日 中国科学院代表团离开北京前往苏联，进行为期近3个月的访问。该团以钱三强为团长，武衡为秘书长，张稼夫任中国共产党临时支部书记。代表团由19个学科的26位科学家组成，再加上翻译和工作人员17人，共有团员43人。

3月

5日 中国科学院代表团到达莫斯科后，恰逢斯大林去世，代表团参加了苏共中央安排的吊唁活动，与中国政府代表团和各国代表团等一起瞻仰了斯大林遗容。代表团在莫斯科期间，苏联科学院主席团为中国代表团组织了七个全面性的报告，内容包括苏联科学院发展的各个阶段、苏联科学院的组织机构及干部培养、苏联的科学计划工作、苏联科学家如何学习和运用马列主义方法论、苏联科学院生产力研究委员会的工作任务等。托布契也夫院士专门就干部培养问题与中国科学院访苏代表团举行了座谈。

10日 以《中国人民的伟大朋友和导师斯大林同志永垂不朽》为题，在苏联《火星报》上发表悼唁文章。

4月

10日 被中央人民政府政务院任命为中国科学院编译局副局长。

中旬 在莫斯科的访问结束后，中国科学院访苏代表团到列宁格勒，参观当地的大学、科研机构，以及有关的十月革命遗迹和纪念馆。

23日 在苏联科学院哲学历史学部作《中国历史科学现状》的报告，会议由苏联科学院副院长巴尔金主持，潘克拉多娃院士、涅契金娜通讯院士等100多人参加。报告完毕，还当场回答苏联学者提的问题。

25日 中国科学院作出关于加强《科学通报》工作的决定，指出必须加强并改组《科学通报》编辑委员会，并明确编委会的主要任务及相关分工。

27日 《科学通报》编辑委员会改组，成立新委员会，仍然担任委员。

5月

6日 中国科学院访苏代表团离开莫斯科，乘专列到基辅参观访问，又在乌兹别克共和国首都塔什干参观访问6天。由塔什干回国途经卢戈瓦雅、新西伯利亚和伊尔库茨克等地时，参观访问了伊尔库茨克和西伯利亚科学分院。

26日 中国科学院访苏代表团回到长春。为整理访苏记录和所得的各种材料，代表团在长春集中20天。与汪志华一起负责综合各学科的参观记录，起草《中国科学院党组关于中国科学院访苏代表团工作向中央的报告》，然后全体团员讨论报告草稿，武衡修改，张稼夫最后审阅定稿。在长春停留期间，曾到东北师范大学和东北人民大学作学术报告。

本月 在苏联科学院哲学历史学部作的《中国历史科学现状》报告俄译稿刊登在苏联《历史问题》当年第5期，并很快转刊于同月日本的《历史の诸问题》，收入日本同朋社于1953年12月出版的竹内实主编的《中国近现代年表》中。

6月

14日 《人民日报》发表记者柏生的《访中国科学院访苏代表团》，文中有“历史学家刘大年”“谈到苏联史学研究的现状时”的介绍。

17日 中国科学院访苏代表团返抵北京。此后，在京组织16个专题报告会和3个总结报告会，传达访苏情况和收获，并由中国科学院秘书处将27份报告汇编为《学习苏联先进科学——中国科学院访苏代表团汇刊》一书，于1954年7月由中国科学院出版发行。该书收录了刘大年撰写的《苏联培养科学工作干部的经验》和《苏联的先进历史科学》两篇文章。

7月

26日 中宣部将提出的中国历史问题研究委员会名单上报，共11人：“陈伯达、郭沫若、范文澜、吴玉章、胡绳、杜国庠（现在广州）、吕振羽（现在沈阳）、翦伯赞、侯外庐（现在西安）、刘大年、尹达（人民大学）。”毛泽东批准了这个名单，指定陈伯达担任委员会主任，并指出吕振羽在长春而非在沈阳。

本月 在苏联科学院哲学历史学部作的《中国历史科学现状》报告在《科学通报》第7期发表。

8月

5日 中共中央正式批准成立由中宣部提出的11人组成的“中共中央中国历史问题研究委员会”。

8日 中共中央宣传部正式发出通知：“为了领导中国历史问题的研究工作，中央决定成立中国历史问题研究委员会，并决定以尹达、吴玉章、吕振羽、杜国庠、范文澜、胡绳、侯外庐、陈伯达、郭沫若、翦伯赞、刘大年为委员，以陈伯达同志为主任。委员会会议召集日期另定。”

11日 《人民日报》发表《马克思列宁主义是历史科学的基础——苏联历史科学研究工作的特点之一》。

14日 《人民日报》发表《历史研究工作是革命斗争的一个组成部分——苏联历史科学研究工作的特点之二》。

15日 《人民日报》发表《批评与自我批评推动着历史科学的发展——苏联历史科学研究工作的特点之三》。

9月

15日 张稼夫以院党组名义将《中国科学院党组关于中国科学院访苏代表团工作向中央的报告》正式报送毛泽东主席和中共中央，并送交国务院。

21日 出席在文津街中国科学院召开的中共中央中国历史问题研究委员会第一次会议。会议由中宣部副部长兼中国科学院副院长陈伯达主持。中国历史问题研究委员会11名委员中只有杜国庠缺席。黎澍和佟冬列席会议。经过讨论，会议一致同意陈伯达所提出的中国历史问题研究委员会的工作、任务、方法和目前应做的准备工作，并决定出版《历史研究》杂志，组织一个编委会，由郭沫若作召集人。在会上，被指定与尹达具体负责《历史研究》杂志的创办工作。会议还决定出一批资料书，先标点重印分量比较小、通俗易懂的《纲鉴易知录》。

本月 在《科学通报》9月号发表《苏联培养科学工作干部的经验》，介绍苏联培养科学干部的方针和做法。

10月

8日 任中国科学院成立的筹建第一、第二两个历史研究所的五人筹备委员会委员，并兼秘书。范文澜任委员兼召集人，侯外庐、尹达、郁文任委员。从此开始具体操作三个历史研究所（包括原近代史研究所）的筹建工作。

11月

2日 中国科学院考古研究所所长、文化部社会文化事业管理局局长郑振铎来信，邀请刘大年与中国科学院副院长张稼夫两人中来一人参加该局及所属单位约1000人的庆祝十月革命大会并讲“访苏见闻”，为此，特派该局罗歌“持函面洽”。

19日 中国科学院党组向毛泽东主席和中共中央递交由院党组书记张稼夫主持起草的《中国科学院党组关于目前科学院工作的基本情况和今后工作任务给中央的报告》。报告指出：加强科学院的领导，在院务会议下成立学术秘书处，着重学术领导。院对各所分学部实行领导，拟设物理学数学化学、技术科学、生物地学和哲学社会科学四个学部，由各所所长和有关专家组成，只管学术领导，不管行政事务。

本月 近代史研究所开展“反小圈子”运动。在范文澜主持的批判会上作过发言。荣孟源、漆侠、沈自敏、何重仁受到错误批判。改革开放后因该运动受到处分的得到平反。

本月 在《科学通报》11月号发表《苏联的先进历史科学》一文，介绍历史学在苏联学术界的重要地位、苏联历史学的研究方法和突出成就。

12月

3日 中国科学院召开院务常委会，讨论东北分院编制问题及历史所负责人人选，被议定为近代史所副所长；中古史所陈寅恪（陈未就任，后改为陈垣）为所长，向达、侯外庐为副所长；上古史所郭沫若兼任所长，尹达为副所长。

上旬 接待即将赴广州协助办理聘请陈寅恪担任中国科学院历史第二所所长之事的北大历史系副教授汪篯，说明有关事宜。在陈谢绝应聘后，听取了汪篯的口头报告，并接收了带回的陈的两篇文章，后来又收到汪篯递交的书面报告，并转呈郭沫若。汪篯还带回陈的4首诗，交给北京大学副校长翦伯赞，由翦注释后刊登在中宣部的内部刊物上。两篇文章很快发表在1954年的《历史研究》上，即创刊号上的《记唐代之李武韦杨婚姻集团》和第2期上的《论韩愈》。

11日 和尹达前往上海，拜访复旦大学顾颉刚教授，邀请他担任中国科学院历史研究所研究员。同月，顾颉刚赴京联系出版业务，再次会晤，顾接受了科学院的邀请。

14日 郭沫若来信，谈汪篯报告和浦江清、杨向奎论文是否在《历史研究》上发表等问题，并同意在20日左右开一次编委会。

15日 郭沫若来信，谈14日全国政协委员何北衡来访事。

29日 北京大学教授季羡林来信谈评阅冯家昇《元代畏兀儿文契约二种》一文的意见，冯家昇该文后来发表在《历史研究》创刊号上。

30日 被中国科学院院务会议任命为近代史研究所副所长。

1954年（40岁）

1月

2日 与尹达一起在郭沫若家里讨论《历史研究》发刊词的写法，郭沫若亲笔撰写。

3日 郭沫若来信谈修改《历史研究》发刊词初稿事宜。

4日 郭沫若来信谈《历史研究》发刊词末尾修改事宜。

7日 郭沫若在陈公培提供的一个资料上批示："刘大年、尹达同志：这是陈公培同志开的名单，供您们参考。"那个资料列有可以考虑参加刊物编辑工作的人员的名单，又并排写了"史学研究"与"历史研究"两个刊名。

30日 中科院院务常务会议初步通过学术秘书处及学部主任、副主任名单。

本月 与尹达参考当时中国史学会主编的《中国近代史资料丛刊》总编辑委员会名单、历史问题研究委员会提出的人选，以及1950年科学院成立的专门委员会历史学科委员会下设近代史组和历史考古组的委员，确定了《历史研究》杂志首届编委会名单。刘大年与郭沫若、尹达、白寿彝、向达、吕振羽、杜国庠、吴晗、季羡林、侯外庐、胡绳、范文澜、陈垣、陈寅恪、夏鼐、嵇文甫、汤用彤、翦伯赞入选。

2 月

上旬 与范文澜、陈垣、尹达被郭沫若召集在文津街科学院院长办公室召开 5 人会议，确定《历史研究》第一任正副主编。自荐为副主编，提议尹达为主编，得到范文澜赞成，正副主编就这样定下来。郭沫若倾向于刘大年任主编。

中旬 《历史研究》杂志创刊。郭沫若亲笔题写“历史研究”，将刊物名称定下来，并在创刊号上发表了题为《开展历史研究，迎接文化建设高潮》的发刊词，阐述办刊的宗旨和方针。《历史研究》是我国有史以来第一家明确宣称要用马克思主义观点研究历史的刊物，同时又是一家主张“把范围放宽一些”，欢迎一切务实求真的科学研究成果的学术刊物，它的创刊，在中国史学发展的道路上，树起了一块新的里程碑。

18 日 中国科学院数学研究所所长华罗庚写成《斯大林永远地活在我们每个人的心中》后，来信表示不妥之处请予修改。该文发表在《科学通报》第 3 期。

22 日 北京市副市长、历史学家吴晗来信，谈 1953 年调入中国科学院近代史研究所的留美归国历史学者朱士嘉提出要求搞档案工作等事，并附上朱士嘉来信。

本月 去中南海来福堂胡乔木的住处汇报历史所筹备工作情况，胡乔木当即口授、由黎澍笔录给西北局一个电报，调西北大学校长侯外庐担任历史第二所副所长。大约十多天后，收到侯外庐一封长信，说他欣然奉命来京，询问两个历史所筹备情况，并提出自己的建议。于是，特为侯调京给他写信、索自传等，具体办理有关手续。

3 月

6 日 中共湖北省委第二书记、湖北省人民政府副主席刘子厚致信范文澜，说“郑位三同志同意刘大年同志最近来”。

9 日 侯外庐回信问调动具体时间，并介绍在西北大学从事校勘工作的索介然，希望能够随调，并“请能列入编制”。索介然后来与侯外庐一起来到中国科学院历史第二所工作。

20日　奉周恩来总理指示出发赴上海办顾颉刚调中国科学院历史所第一所事宜。抵达武汉后，听郑位三讲武汉工商业情况，约一周，由于全是口述资料，没有整理出来。再至上海，面见顾颉刚，谈调动事宜，并告历史研究所的办公处所已定。

29日　由沪返京前，特意带着范文澜给罗尔纲的亲笔信去看望罗，协商罗由南京太平天国史料编纂委员会调到中国科学院近代史研究所工作之事。来到南京，下榻中国科学院历史研究所第三所南京史料整理处。罗尔纲闻讯赶来见面，急不可待地问："今后还要不要考证？"回答说："谁说不要考证！你写考证文章来，我给你发表。"解开罗心里的疙瘩。当年，罗尔纲调京工作。

4月

1日　经中科院第十二次院务常务会议任命，兼社会科学部学术秘书。与中宣部一起具体负责社会科学部的筹建工作。

2日　下午，著名考古学家、中国科学院考古研究所副所长梁思永在北京逝世。参加吊唁和后来的葬仪。

8日　中国科学院召开第一次学部主任会议，会议主要讨论筹设学部的有关事宜，并宣布学术秘书处成立。与著名科学家钱三强、贝时璋、叶渚沛、钱伟长、柳大纲、张文佑、叶笃正等参加秘书处工作。

9日　《人民日报》刊载《中国科学院加强领导学术研究工作》，报道中国科学院成立秘书处和筹备学部事宜。

22日　顾颉刚来信谈调动事宜。

5月

5日　中央宣传部秘书长、中央党校一部主任胡绳来信，谈范文澜和傅衣凌稿子意见。范文澜在该信上批道："大年同志：胡绳同志的意见很好，我改了一些请你仔细看看，提出修改的意见。吴大琨文发表很好，以提倡批评风气。""吴大琨文"，指吴大琨著《与范文澜同志论划分中国奴隶社会与封建社会的标准问题》，载《历史研究》1954年第6期。

11日　在各学部分别召开学术秘书及学部正、副主任会议基础上，中国科学院举行数理化组、生物地学组、技术科学组和社会科学组四组学部座谈会。与吴有训、竺可桢、严济慈分别代表社会科学部、数理化学部、生物地学部、技术科学部作报告。会议主要讨论学部委员标准、名额和如何产生委员的方法等问题。

同日 中华书局总编辑金灿然来信谈被聘为中国科学院历史研究所第三所学术委员事。

17日 参加文化部召开的座谈会，讨论基本建设中清理保护历史文物的问题。

6月

3日 中国科学院正式成立历史研究所第一所、第二所，近代史研究所更名为历史研究所第三所。

17日 北京大学文学研究所所长何其芳来信谈学部报告修改事。

7月

《抗美援朝运动简记》在《中国科学院历史研究所第三所集刊》第1集发表，此文后来作为一章放在人民出版社同年再版的《美国侵华史》中。

8月

6日 中国科学院语言研究所所长罗常培来信谈语言学部委员人选事。

14日 罗常培来信，退回《历史研究》编辑部要求他审阅的稿子，建议送交其他专家审阅。

21日 中国科学院上海生物研究所所长贝时璋来信说，“遵嘱写了一篇感想”，“《科学通报》稿子，尚待以后努力”。

30日 就朱士嘉工作问题，北京市副市长吴晗给“范老、大年同志”来信，范文澜在该信上批道“朱对吴说的话不甚切实”等，要求写信跟吴晗解释一下。

本月 在《科学通报》8月号发表《中国科学院历史研究所第三所的研究工作》，介绍历史研究所第三所情况。

9月

29日 陈伯达来信谈中共中央历史问题研究委员会第二次会议事宜。

30日 代郭沫若起草致陈寅恪函，邀请他出任哲学社会科学学部委员。随后，郭沫若又向中山大学发出关于提名陈寅恪为学部委员的推荐信，陈欣然同意。

11月

2日 郭沫若将钱三强执笔的中国科学院筹备建立学部的报告修改后，来信请“再斟酌”。

3日 郭沫若来信谈《历史研究》稿件审阅事，推荐李平心的《居延汉简奴隶考》。

5日 参加中国科学院庆祝十月社会主义革命37周年大会。

本月 按照毛泽东同志的意见，成立标点《资治通鉴》及改绘杨守敬地图工作委员会。范文澜、吴晗为召集人，刘大年与翦伯赞、侯外庐、向达、尹达、黎澍、金灿然、王崇武、顾颉刚等为委员。

12月

2日 中国科学院院务会议和中国作家协会主席团举行联席会议，决定联合召开批判胡适思想的讨论会。联席会议推定郭沫若、茅盾、周扬、潘梓年、邓拓、胡绳、老舍、邵荃麟、尹达等9人组成委员会，由郭沫若任主任，商定从胡适的哲学思想、政治思想、历史观点、文学思想、中国哲学史观点、中国文学史观点及其他共9个方面开展讨论和批判。中国科学院推荐范文澜等担任讨论专题召集人。在这场运动中，刘大年作为以郭沫若为主任的批判胡适思想委员会的办公室负责人，负责组织大家写文章，开座谈会。当时胡适已不在大陆，批判运动并不针对任何具体的个人，而是抽象的思想理论，其目标是要从理论上解决问题，在学术领域弘扬马克思主义、批判资产阶级思想。从1954年12月底到1955年3月，由这个委员会主持的对胡适思想的批判讨论会，共举行21次。这期间，全国各地都有组织有计划地开展对胡适思想的批判，全国各省、市级以上报纸和学术刊物共发表几百篇批判文章。1955 年由三联书店出版《胡适思想批判论文汇编》共 8 册，收入文章 150 多篇，约 200 多万字。

5 日 为筹备学部事，钱三强来信要求先准备意见。

29 日 由中国科学院历史第三所党支部会议确定任宣传委员，周超任书记兼保卫委员，刘桂五任组织委员。

本年 《美国侵华史》增订版由人民出版社出版。

本年 祖母去世。

1955 年（41 岁）

1 月

13 日 《光明日报》发表金玉和的《对刘著〈美国侵华史〉的一些商榷》。

28 日 中国科学院召开筹备学部会议。作为学部筹备人员，报告社会科学学部选定的 3 篇论文。

本月 从本月开始至 3 月，中国科学院历史研究所第三所组织专业人员参加批判胡适派唯心主义思想的学术讨论。

3 月

15 日 外交部顾问陈翰笙来信就不能参加中国科学院学部筹备委员会联席会议请代为请假。

27 日 中国科学院经济所研究员、副所长严中平来信，谈编写近代经济史纲要和将一批鸦片战争英文资料整理成中文事。

28 日 中科院语言研究所副所长吕叔湘寄来在哲学社会科学部会议上的发言稿，并请审阅修改。

4月

5日 范文澜来信，不同意在学部成立会上宣读其在《集刊》上发表的文章。

本月 本月至6月，中国科学院历史研究所第三所组织专业人员参加对资产阶级唯心主义思想的批评工作，拟定若干题目，安排人员写作。

5月

18日 苏联科学院历史研究所将其编写的《世界通史》中有关中国部分送中国科学院几个历史研究所提意见，也送给了北京大学历史系。翦伯赞来信谈北大世界史教研室审稿情况。

20日 中国科学院经济研究所研究员、副所长巫宝三，寄《近代中国经济思想与经济政策资料选辑（1840—1864）》中对于思想家部分所写的说明，说“请教正”。

23日 主持起草的郭沫若在中国科学院哲学社会科学部成立大会上的报告稿经郭沫若审阅后，郭沫若来信谈修改意见。

31日 国务院全体会议第十次会议批准了中国科学院《关于筹组学部的经过和召开学部成立大会的报告》和《中国科学院学部委员名单》。中国科学院公示233位学部委员名单。刘大年名列哲学社会科学学部委员。

6月

1日 中国科学院在北京饭店举行学部成立大会，会议持续到10日。参加大会的除学部委员199人（有34人请假）外，还有科学院各所、高等学校及有关单位的负责人共500多人。应邀参加会议的有中央政府领导，民主人士以及苏联、波兰科学院代表团，捷克、匈牙利等国的科学家。这次大会听取并讨论院长郭沫若的工作报告，副院长张稼夫关于科学院第一个五年计划纲要草案的说明，以及4个学部的主任或副主任关于各学部的工作报告；通过科学院第一个五年计划纲要草案和各学部的1955年工作计划纲要，选出4个学部的常务委员会。大会听取了23个学部委员的发言，分组会议宣读了39篇学术论文。这次大会正式宣告成立物理学数学化学部、生物学地学部、技术科学部、哲学社会科学部，并明确规定各学部的主要任务。

学部成立大会上的报告，是在学术秘书处主持下起草的。根据分工，刘大年负责起草学部成立大会报告中的哲学社会科学部分。社会科学学部报告草稿主要讲三个方面的问题，即"五年来我国社会科学研究工作的情况""中国科学院社会科学各研究所目前的工作""社会科学学部今后的工作"。报告从初稿到修改稿都征求了各方面的意见。

3日 周恩来总理签署中华人民共和国国务院命令，公布中国科学院学部委员名单。正式成为哲学社会科学学部委员。

8日 王芸生赠书一册。

10日 中国科学院哲学社会科学部成立，郭沫若兼任学部主任。

30日 在中国科学院院务常务会议上，报告苏联专家谢尔久琴科对郭沫若院长提出的意见，以及对学部社会科学组的意见，尤其是对语言所的意见。

7月

本月 与丁名楠、余绳武合著的《台湾历史概述》在《中国科学院历史研究所第三所集刊》第2集发表。

本月 在第一次全国人民代表大会第二次会议期间，毛泽东向郭沫若提出一项希望——为县团级干部编写一部中国历史。郭沫若同意主编一部中国通史，范文澜则继续写他的《中国通史简编》，各讲各的观点，推进历史领域的百家争鸣。

8月

18日 中国科学院经济研究所研究员、所长狄超白来信，移送接到的日本国立大阪学艺大学一个学生给社会科学联合会办事处的原函及译文。

9月

29日 中国科学院编译局改为编译出版委员会，刘大年被聘任为编译出版委员会委员。

下旬 范文澜来信，谈出访民主德国之事。

30日 与季羡林随吕振羽任团长的中国出席国际东方学会议代表团访问民主德国，访问行程前后20天。

10月

22日 厦门大学校长、中国科学院哲学社会科学学部委员王亚南来信，希望“学部应和委员们建立起经常的联系往来”。

25日 被中国科学院聘请为本院历史研究所第三所学术委员会委员。

同日 《台湾一千七百年的历史》在《人民日报》发表。

本月 在《历史研究》第5期发表《从封建土地制度问题上看梁漱溟思想的反动本质》，此文后来经过修改并改题为《梁漱溟关于中国封建土地制度问题的观点》，收入1987年版的《刘大年史学论文选集》。文章批评梁漱溟否认中国历史上有长期的封建社会，否认旧中国有封建土地制度的存在；批评他认为中国“没有阶级”，只有所谓“职业分途”；认为要推动中国的历史前进，就必须“彻底废除封建土地制度，实行土地制度的民主改革”。

11月

11日 中共中央宣传部副部长张际春给“文澜、大年同志”写信，谈家乡前清贡生遗著出版事宜。

本月 历史研究所第三所学术委员会成立，共13人，与王崇武、刘桂五、罗尔纲、范文澜、荣孟源同为所内委员。

12月

20日 中国科学院哲学社会科学学部委员、中国科学院广州分院院长杜国庠来信，谈学部和出版机构所寄信件的地址问题，并索学部所刊行的相关书籍，以及转交工作费收据。

本年 历史研究所第三所开展批评胡适派唯心主义思想的学术讨论、对资产阶级唯心主义思想的批判以及肃反运动，执行计划工作的时间大为缩减，全年每人平均工作不到四个月。

本年　捷克斯洛伐克翻译出版《美国侵华史》。

本年　招收中国近代阶级关系方向副博士研究生金宗英。

1956 年（42 岁）

1 月

14 日　本日到 20 日，在中南海怀仁堂参加中共中央召开的关于知识分子问题的会议。会议由刘少奇担任执行主席，周恩来具体主持，在京的中央委员、候补委员，中央各部门和各省市自治区主要负责同志，以及重要的科学、教育、文化、卫生等单位的党员负责干部 1279 人参加。周恩来代表党中央作报告，着重传达和阐述毛泽东关于“向科学进军”的指示，肯定知识分子在社会主义建设事业中的地位和作用，以及如何加强党对知识分子的领导；提议由国家计划委员会负责，会同有关部门，制定 1956—1967 年科学技术发展的远景规划，争取 12 年后，使我国最急需的科学部门能够接近世界先进水平，并号召“一切文化教育部门都应该作出从一九五六年到一九六七年的发展规划，并且采取最有效的措施加以实现”。

2 月

8 日　拟出《编写中国历史教科书计划草案》，其四为“由郭沫若、陈寅恪、陈垣、范文澜、翦伯赞、尹达、刘大年七人组成中国历史教科书编辑委员会的编审小组，负责组织写稿和审稿工作，由郭沫若主持”。

16 日　就苏联科学院所编《世界通史》中关于中国部分的稿件送请中国有关方面提意见事，郭沫若来信谈对“通史意见”的看法，希望意见能够更为具体。

21 日　参加中国科学院和中华人民共和国文化部在北京联合举办的第一次考古工作会议，与郭沫若、王献唐、郑振铎同为会议执行主席。

24日 中央政治局会议批准成立国务院科学规划委员会。在这个委员会指导下，中国科学院开始制订“全国科学十二年远景规划”，向各方面征求意见，并成立自然科学规划办公室和哲学社会科学规划办公室。刘大年担任中国科学院哲学社会科学规划办公室主任，组织制订哲学社会科学十二年发展规划。上半年参与草拟全国科学规划工作会议规划草案。又与于光远共同起草1956年中国科学院哲学社会科学部副主任潘梓年在哲学社会科学部大会所作的工作报告，此稿发表在当年的《新建设》上。

29日 就应国务院外国专家工作局要求向苏联在华专家作关于“全国科学十二年远景规划”报告事，郭沫若来信请帮忙写一篇关于社会科学的研究计划的报告。

同日 故宫博物院副院长、古文字学家唐兰来信谈中国文字学的规划问题。

3月

5日 中国科学院经济研究所研究员汪敬虞来信谈《中国工业资产阶级的产生》文稿修改事。

7日 郭沫若来信谈修改其拟对苏联专家讲的《中国科学院和高等学校在哲学社会科学方面的科学研究工作计划》讲稿。

14日 国务院成立以陈毅任主任的国家科学规划委员会，开始制订1956年至1967年全国自然科学和社会科学十二年远景规划。

26日 郭沫若来信肯定送国务院专家工作局的报告写得好，并嘱迅速送交。

4月

2日 华东师范大学教授徐仑来信，谈上海高校历史研究特别是近代史研究诸事。

13日 中国科学院经济研究所副所长严中平来信，送拟发表的汪敬虞文章请审查。

5月

9日 中央政治局批准张劲夫任中国科学院副院长、院党组书记，接替张稼夫的职位。此后，中科院党组进行改组，刘大年不再担任院党组成员。

10日 何干之来信，送革命史讲义一本。

26日 参加周恩来与李富春、聂荣臻、郭沫若等在中南海怀仁堂举行的招待出席全国科学规划会议的科学工作者的酒会。

同日 出席中央宣传部部长陆定一在中南海怀仁堂作题为《百花齐放，百家争鸣》的报告会。这次报告会是刘少奇指示，陆定一受党中央的委托作的，听众是包括在京讨论制订科学发展和远景规划的200多位科学家在内的1000多位自然科学家、社会科学家、医学家、文学家和艺术家。报告对“双百”方针的内涵、提出的时代背景及有关政策进行了全面的阐述。

30日 中国人民大学中国历史教研室戴逸就该校科学讨论会上讨论其论文事给“范老、刘大年同志”写信，希望能够“莅临指导”，范文澜阅读后批道“你如去，请替我表示歉意”。戴文《中国近代史分期问题》后来发表在《历史研究》当年第6期。

本月 与丁名楠、余绳武合著的《台湾历史概述》由北京生活·读书·新知三联书店出版。这部书篇幅不长，仅5万余字。但它是新中国成立后大陆发行的第一部台湾历史读物，后来被授予中国科学院学术奖。30多年后，史学界普遍认为，《台湾历史概述》是20世纪五六十年代众多台湾史著作中比较有影响的一部。

本月 根据“中蒙1956年文化合作计划”，蒙古人民共和国派科学委员会历史研究室主任依斯札姆茨来中国，搜集有关蒙古历史的资料。依斯札姆茨到北京后，刘大年与侯外庐、翁独健等历史学家协助其工作。

6月

10日 主持规划讨论会召集人会议。

14日 毛泽东主席、周恩来总理和朱德、邓小平、陈云、聂荣臻、林伯渠等中央领导同志在中南海接见参加拟定全国十二年远景科学规划工作的专家们，并和他们合影留念。刘大年与哲学社会科学方面的专家骆耕漠、夏鼐、狄超白、费孝通、白寿彝等出席。

7月

1日 郭沫若邀请50多位史学家和哲学家座谈编写中国历史和哲学史教科书问题。会上确定，编写历史教科书作为高教部的任务，委托中国科学院负责。随后中国科学院组成以郭沫若为首的中国历史教科书编辑委员会，刘大年与郭沫若、陈寅恪、陈垣、范文澜、翦伯赞、尹达等七人组成中国历史教科书编审小组。

15日 中国人民大学胡华送《六大以前——党的历史材料》，来信说“用完后还望仍掷交我”。

28日 中国科学院院务常务会议决定撤销学术秘书处。

本月 毛泽东指示标点前四史，每史附杨守敬的地图。刘大年负责范文澜拟定的召开标点前四史会议的组织工作。会后成立一个标点工作委员会，负责召集人员，后推举范文澜、吴晗为召集人。

8月

18日 于光远就稿费事来信，劝收下稿费。

21日 中央宣传部出版处处长、中国科学院历史研究所第三所学术委员会委员黎澍就出研究生考试题目来信。

9月

7日 中国科学院语言研究所研究员、中国科学院哲学社会科学学部委员陆志韦来信，送许地山父亲遗草一册。

10月

7日 中国科学院生物学地学学部委员、教育部教育研究机构负责人陈元晖函告教育科学规划即将寄送的消息，并说“想研究中国教育思想史，希望能常得到你的指教”。

10日 中国科学院语言所副所长吕叔湘来信谈哲学社会科学发展规划

草案中的俄语和西语部分的修订问题。

15 日　因要到政协礼堂参加鲁迅逝世 20 周年纪念大会的主席团，范文澜来信请主持次日的学术会议，并交代相关工作。

17 日　中国科学院哲学社会科学部准备在哲学所举行座谈会，讨论如何根据中共八大精神展开科学研究工作。范文澜来信商量请假问题。

20 日　主持中国科学院历史研究第三所学术委员会第三次会议。会议审议通过 1957 年工作计划纲要，指出计划在“如何组织和推动全国的近代史研究工作和如何与其他单位合作、更好地运用所外的研究力量等”方面注意得不够，“而这些都首先需要经常了解全国研究工作的情况、注意有关的出版物和在刊物上发表论著，对各种学术问题发表意见并组织讨论。因此所内可考虑由一二人专门做这方面的工作”。关于中国近代史、近代思想史学术会议，名称改为“中国近代、现代史学术会议”，建议在筹办委员中增加外地高等学校的代表，并讨论了论文范围。关于《培养研究实习员的暂行办法》，会议给予肯定。

29 日　陈毅、李富春、聂荣臻联名向周恩来并中央送呈《关于科学规划工作向中央的报告》，随报告送去《1956—1967 年科学技术发展远景规划纲要（修正草案）》（蓝皮书）和《哲学社会科学规划草案（1956—1967）》（白皮书）等附件。这是我国历史上的第一个科学技术发展规划和第一个哲学社会科学发展规划。

11 月

15 日　出席纪念孙中山诞辰 90 周年学术讨论会，并在会上发言。

12 月

22 日　中共中央同意国务院科学规划委员会党组关于征求《1956—1967 年科学技术发展远景规划纲要（修正草案）》的意见的报告。十二年规划工作正式完成并立即付诸实施。十二年规划工作推动了中国科学院院属哲学社会科学研究机构的发展，中国科学院很快建立了几个新的研究所。

27 日　吕叔湘参加政协视察组到上海，来信问其弟吕浦的材料寄到历史研究所第三所后的处理结果。

28 日　中国科学院历史研究所第三所党支部举行换届选举会，当选为支部委员。

本年　德意志民主共和国翻译《美国侵华史》，并在柏林出版。

本年　德国洪堡大学东亚研究所汉学教授拉契涅夫斯基自莱比锡回信，感谢对其工作的支持，希望两所之间的合作不断发展。

1957 年（43 岁）

1 月

年初　根据毛泽东希望为县团级干部编写一部中国历史的指示，中国科学院确定由历史研究所第一、二、三所承担，1958 年列入国家计划，定名《中国史稿》，由郭沫若领导。古代部分三册由第一、二所承担，尹达负责；近现代部分两册由第三所承担，刘大年与田家英分别负责。

2 月

5 日　顾颉刚来信介绍西安交通大学近代史教研室黄永年等 3 人到北京搜集资料。

25 日　郭沫若发来中国人民大学学生胡庆均要求内部出版其《大凉山彝区社会调查报告》信，望能征求范文澜的意见。

春　王芸生前来征求修改《六十年来中国与日本》一书的意见，决定“中改”。

3 月

19 日　全国政协副主席、全国工商联主任委员陈叔通来信，告知“前奉手示已转刘厚生先生”。刘厚生是陈叔通朋友，正联系出版《张謇传》。

4月

2日 罗尔纲给“范所长、刘副所长”写信，谈《忠王自传原稿》真实性的争论问题。

25日 罗尔纲来信，希望能够在本月底《历史研究》编辑部开的会上审查其《忠王李秀成自传原稿的真伪问题及史料问题》一文。

5月

14日 陈叔通回信，谈出版刘厚生《张謇传》事。

23—30日 参加中国科学院学部委员第二次全体会议。

6月

2日 范文澜给中科院党组书记、副院长张劲夫写信，说：“我们所此次在放鸣中，大大暴露了我和大年同志在领导工作上的弱点。”“我和大年同志的意见如下：（1）我今后仍将致全力于写作上，领导我所的工作，仍像过去那样，由大年同志负担。（2）大年同志不能老是不读书，必须给他每周三四天工夫去做本人的研究工作（这是建立领导威信的必要条件），再有一两天做领导各组的研究工作（包括参加各组业务讨论和找研究人员谈话）。他现在的情形，他可以面陈，确实是整天忙碌，顾此失彼，出了大力却收效有限。”“针对上述情形，我们请求调给我所一位副所长。”“我因事不能前去见您，兹由大年同志将详细情形面陈，请赐指示为盼！”此后不久，任历史研究所第三所领导小组长，以副所长名义实际主持近代史研究所工作，所长范文澜专事著述。

29日 就一读者询问史学界讨论有关太平天国革命性质及对曾国藩、李鸿章评价问题的来信，翦伯赞来信说“请您指定一位了解此事的同志代复”。

本月 中国科学院历史研究所第三所组织开展反右运动，范文澜来信谈反右运动相关事宜。

7月

2日　中国科学院院党组向中央宣传部报告，建议成立哲学社会科学部“分党组”，与裴丽生、尹达、何其芳被提名为哲学社会科学部分党组成员。

13日　陈叔通来信，谈《张謇传》稿费事及刘厚生态度的变化。

8月

9日　中共中央宣传部批复同意哲学社会科学部建立分党组报告。

22日　中共中国科学院党组通知哲学社会科学部分党组即日开始工作。工作重点从此转向哲学社会科学方面，并通过学部与中宣部保持密切联系。与孙冶方、何其芳等4人经常列席中宣部部长办公会议。

24日　就中国科学院拟成立世界史研究所之事，北京大学杨人楩教授来信，称有些“看法”，询问何时面谈方便。

9月

12日　苏联《历史问题》副主编波里索夫给郭沫若来信约稿，郭沫若10月2日在信上批示：“即送刘大年同志，请他组织一下。”

10月

11日　《驳一个荒谬的“建议”——批判荣孟源反马克思主义的历史学观点》在《人民日报》7版发表，文章错误地对荣孟源进行批判。1995年致函《刘大年论著目录》的编者张显菊，明确指出这篇文章的观点是错误的。

11月

11日　范文澜来信，请次日带关于荣孟源的一些材料去翦伯赞处。

12月

14日 外交部顾问陈翰笙寄新作《1857年印度大起义时期英国人的态度》。

1958年（44岁）

1月

2日 政协全国委员会副主席包尔汉给中国科学院历史研究所第三所来信，送“最近加以修正的关于阿古柏的一篇文章”请审阅。

上旬 在北京大学历史系系主任翦伯赞主持的历史讲座上发表“关于尚钺同志为《明清社会经济形态的研究》所写的序言”的演讲，从论点、论据和史学方法几个方面对尚钺的学术观点进行批评。演讲内容受到范文澜的称赞，后写成近2万字的论文，以《关于尚钺同志为〈明清社会经济形态的研究〉一书所写的序言》为题发表在同年《历史研究》第1期、以《关于尚钺同志为〈明清社会经济形态的研究〉一书所写的序言——北京大学“历史问题讲座”第七讲》为题发表在《北京大学学报》（哲社版）第1期；在范文澜的直接支持下，北京高等教育出版社于8月出版此文单行本；后又收入三联书店1960年2月出版的《中国资本主义萌芽问题讨论集续编》。关于这次对尚钺的批评，1981年5月，在上海举行的中国史学会第二届理事会第二次会议上，曾指出“简单化，抓住书本上某些词句代替论证，是因为缺少辩证法，缺少马克思主义”。1997年，在纪念翦伯赞的一篇文章中又说道：“1958年，他（指翦老）主持的北大历史学讲座，邀我讲过评尚钺同志中国资本主义萌芽研究的问题。题目不用说是我自己定的，事后也没有问过主持人的看法。尚著论点如何，自然可以讨论。但我的评论带有教条成分，1981年我在上海举行的中国史学会理事会上作过自我批评。”

25日 罗尔纲来信，就推荐为苏联的《历史问题》杂志写一篇关于忠王自传原稿问题的文章事请提意见，还对范文澜的鼓励、苏联科学院别列留柏斯基的高度评价作了说明。

28日　《人民日报》刊登《批评尚钺的历史观点》，介绍论文《关于尚钺同志为〈明清社会经济形态的研究〉一书所写的序言》的主要观点。

2月

10日　受国务院科学规划委员会主任聂荣臻聘请，担任该委员会历史组组员。

本月　中国人民大学教授尚钺写成《与刘大年同志谈学术批评》长文。

3月

7日　参加中国科学院哲学社会科学部所属研究所高级人员的"反浪费、反保守"运动动员会。

13日　参加人民日报社举办的讨论哲学社会科学工作如何实现跃进问题的座谈会。

18日　《提倡艰苦劳动的学风》在《人民日报》发表。

本月　中国科学院历史研究所第三所组织开展"反浪费、反保守"运动，发动职工以大字报的形式发表意见。指出本所根本问题为政治与业务、红与专问题，其次为思想保守问题，再次为官风官气问题。

4月

5日　出席国务院科学规划委员会召集的，有中国科学院历史研究所、考古所和首都高等学校历史系、出版机关等历史考古工作者参加的座谈会，并在会上宣读中国科学院历史研究所第三所今后五年工作计划。翦伯赞主持会议，范文澜就历史科学如何贯彻"厚今薄古"方针的问题发言。

22日　尚钺来信，谈《与刘大年同志谈学术批评》及《历史科学为谁服务》文稿诸事。

6月

16日 受国务院科学规划委员会主任聂荣臻聘请，担任该委员会地方志组组员。

25日 尚钺来信，谈《历史科学为谁服务》稿、历史研究所第三所的规划以及《与刘大年同志谈学术批评》文稿诸事。尚钺的《与刘大年同志谈学术批评》一文在投《历史研究》时未能发表，但被打印成册，后来收录在内部读物《尚钺批判》中。

7月

5日 《要着重研究“五四”运动以后的历史》在《人民日报》发表。倡导史学工作者贯彻“厚今薄古”的方针。

上旬 纪念戊戌变法60周年学术讨论会筹备会在北京举行，范文澜、吴玉章在会上发言。参加筹备会的，除学术界外，还有黄炎培、陈叔通、章士钊、康同璧、梁思成、梁令娴等。全国人大常委会副委员长、中国民主建国会主任委员黄炎培在会上写便条请假，并提一些对纪念方法的意见。

本月 国务院科学规划委员会办公室印发《一九五六——一九六七哲学社会科学规划纲要（修正草案）》。

8月

10日 顾颉刚来信，谈准备戊戌变法60年纪念会论文事。

9月

23日 就答复中国新闻社向范文澜约写关于配合外交斗争的稿件事，范文澜来信请求“找适当的一位同志写稿”。

28日 参与组织和筹备中国史学会和中国科学院历史研究所第三所联合举办的纪念戊戌变法60周年学术讨论会在北京举行，所写研究论文《戊戌变法六十年》在会上印发。这次会议由范文澜主持，参加的有60余人，11人提交了论文。

29日 《戊戌变法六十年》在《人民日报》发表。

10月

22日 率领中国科学院历史研究所第三所40余人，到全国第一个人民公社——河南遂平县嵖岈山人民公社学习，进行劳动锻炼和社会调查，12月底陆续返京。

本月 中国人民大学戴逸给“范老、大年同志”写信，送《中国近代史稿》第一卷，请予指导和批评。

本月 《研究历史应当厚今薄古》在《历史研究》第5期发表。

12月

4日 中华书局总编辑、中国科学院历史研究所第三所学术委员会委员金灿然来信，求寄1959年的跃进规划。

13日 中国科学院语言研究所所长罗常培病逝。范文澜因事不能前去吊唁，来信要求刘大年与范夫人戴冠芳前往。

本年 历史教科书编写问题列入国家计划，在郭沫若的领导下与尹达、侯外庐、田家英分工负责各册。年底，筹备工作大体就绪，各分册开始草拟编写提纲。

本年 为迎接新中国成立十周年大庆，根据中宣部要求，组成《中华人民共和国十年史》编写组，负责组织编写工作，余绳武、蔡美彪、曲跻武、从翰香、王宗一、管大同、李普、王汝丰和李文海等参与。十余人工作两年编成书稿，但未出版。

本年 中苏科学院订立双方学者互访计划。同访问北京的苏联中国研究所副所长杜曼代表各自的单位，拟制出一个共同搜集出版中俄关系史资料的草案。经双方科学院批准，执行了一段时间。春夏间，历史学博士齐赫文斯基作为近代史研究所的客人来访，从此相识。

本年 作论“厚今薄古”诗《唐宋风骚不管它》。

1959年（45岁）

1月

14日 莫斯科大学东方语言学院中国语文教研室汉语教学老师李必新来信，谈对《历史研究》1955年第5期上的《从中国封建土地问题上看梁漱溟思想的反动本质》一文中“陶煦”生平的疑问。

2月

中旬 春节假后，主持的多卷本《中国近代史》编写工作正式启动。确定全书框架，决定分3卷，拟定各卷章节大纲，作出具体分工。

16日 代范文澜起草致西藏工委副书记王其梅并请转西藏工委信，请求“供给一些西藏地区近百年来的政权、宗教、阶级关系、外国的侵略、人民反侵略斗争等方面的资料”，以作编写中国近代现代史用。

3月

2日 致函西藏工委秘书长牙含章，求寄西藏方面的参考书籍。

3日 牙含章来信，送《达赖喇嘛传》一本。

6—13日 召开《中国史稿》提纲草案征求意见座谈会。参加座谈的有中外历史学家60余人。中宣部副部长周扬到会讲话，讲了重视研究历史、怎样写历史、个人写作与集体写作、百家争鸣等问题。郭沫若先后两次讲话，强调在不同意见中尽可能采取辩证的方法取得“同”，不能让小异长期“异”下去，必须努力求共“同”；他还指出了编写任务的艰巨等。会后，编写工作全面展开。

23日 《人民日报》发表郭沫若的《替曹操翻案》。针对这篇文章，刘大年1962年写过一首诗，并于当年夏初与郭沫若等谈中国科学院哲学社会科学部工作之余游颐和园时面呈。

5月

26日 在湖南调研、参加长沙县委工作的中共中央宣传部出版处处长黎澍来信，询问上周中共中央宣传部召开的涉及学术界反右倾的会议的情形。

6月

6日 中国科学院历史研究所第三所成立审查干部领导小组，张维汉任组长，刘大年与刘桂五、程红宇、刘述之为成员。审干工作于本月结束。

10日 罗尔纲来信，谈给太平天国纪念馆编的《太平天国文献第四集艺术》已付影印，但缺少序文，后自己写“讨论草稿”作为替代，望提修改意见；又谈及其预备党员转正事。

26日 全国人大常委会副委员长、政协全国委员会副主席黄炎培来信，谈其自传《八十年来》第二部分第一时期修改本。

27日 与黄炎培面谈。

7月

13日 黄炎培来信谈借书、马歇尔诗等事。

14日 致函黄炎培，并奉上他需要的两本参考书。

15日 黄炎培收到书后回复，并誊写1947年元旦写的马歇尔三绝句之一。

本月 尚钺《有关中国资本主义萌芽问题的二三事》发表在《历史研究》第7期。

10月

《中国近代史研究的几个问题》在《历史研究》第10期发表。论文在分析中国近代社会经济生活、社会经济矛盾的基础上，对中国近代史的起点、太平天国革命的性质以及中国近代史分期等问题提出自己的主张。

11 月

25 日 侯外庐送绝密“19 号 59 年 11 月 3 日党京 423 号文件”一件。

12 月

组织开展学术路线问题的讨论，在职工大会上作动员。

本年 反右倾运动时，师力坤被下放到河北农村。

1960 年（46 岁）

1 月

15 日 主持中国科学院历史研究所第三所大会。会上，与刘述之谈 1959 年跃进奖金评选办法，并宣布中国科学院决定，将历史研究所第一、第二所合并为历史研究所，第三所改为近代史研究所。

2 月

22 日 国务院副秘书长齐燕铭来信，送《异辞录》两册，说“阅后仍请还我”。

本月 中国科学院近代史研究所召开大会，讨论《近代史研究所八年规划草案（初稿）》。

3 月

21 日 王芸生来信，谈修改《六十年来中国与日本》问题。

23 日 范文澜来信，请派人去哲学社会科学部分党组要回 1959 年 8 月中央在庐山召开的政治局扩大会议和八届八中全会所发的会议文件，并要求抽空重看一遍，特别是其中的“好些重要史料”。

29日 罗尔纲来信，谈“命贾熟村同志回京给郭院长收辑太平天国资料”事。

本月 中国科学院近代史研究所领导小组就组织调整、人事安排呈报学部分党组审核批准。其中“机构的调整和人员的安排”中说“领导小组成员的分工，刘大年多照顾学术秘书处、干部培养处和各研究组的工作”。

本月 《近代史研究所领导小组致分党组的函》提出本年度本所计划完成的主要工作。

本月 在中国科学院近代史研究所大会上发言，谈学习毛泽东思想的重要意义，指出史学工作者要高举毛泽东思想的旗帜，反对现代修正主义，反对史学界的修正主义倾向，保卫马克思主义。

4月

12日 王芸生来信，请定期约集有关同志一起谈谈如何修改《六十年来中国与日本》。

19日 参加中国科学院学部委员会第三次会议。

5月

4日 中国科学院近代史研究所制定《近代史研究所1960年写书计划》，确定集中所内研究力量，集体编写5本书，即《中华人民共和国史》、《五四运动简史》、郭沫若主编的《中国史稿》近代部分、多卷本《中国近代史》第一和第二卷，写出若干篇批判资产阶级学术思想的论文和编辑翻译3部供批判用的资料书。

24日 晚上，中国登山队首次登上珠穆朗玛峰。或有感于此而作《论诗》。

6月

18日 王芸生寄《六十年来中国与日本》一书的修改提纲。

7月

3日 王芸生来信，寄纪念日本投降文初稿，请予指正。

26日 王芸生来信，寄经过修改的纪念日本投降文，请再审阅。

8月

25日 本日至28日，在山东济南参加由山东省历史学会和中国科学院山东分院历史研究所联合举办的纪念义和团运动60周年学术讨论会，并在会上宣读论文《义和团运动说明了什么》。

30日 《义和团运动说明了什么》在《人民日报》7版发表。

9月

上旬 苏联主办第25届国际汉学家会议，同时召开苏联东方学会议，要求中国派代表团与会。外交部长陈毅认为在苏联撤退在华专家不久、中苏分歧尚未公开的情况下，应该参加苏联单方的会议。于是，很快组成中国学术代表团，刘大年被任命为副团长，翦伯赞为团长，包括历史、语言、文学方面的学者。后来苏联通知两会合并，中国代表团取消赴苏参会计划。

中旬 经国务院外事办公室主任廖承志提议，以中国科学院近代史研究所副所长名义邀请赴苏联参加第25届国际汉学家会议和苏联东方学会议的日本学者井上清一行访苏结束后访华。

23日 代表中国科学院接待应邀首次访华的日本京都大学教授井上清。第一次与井上清见面。

24日 主持井上清在中国科学院近代史研究所的座谈会。

10月

7日 陪同中国科学院院长郭沫若接见日本历史学家井上清。下午，与郭沫若、胡耀邦、阳翰笙、区棠亮、郑森禹、王明远、朱子奇、赵安博、林林、杨正等陪同周恩来总理接见6个日本代表团及井上清等日本朋友。

同日 山西省委书记、省长王世英来信，谈山西写的《阎锡山统治山西罪恶史》初稿已印出，希望能够大力支持该书的修改工作。

12月

21日 中国人民大学教授何干之来信谈中国人民大学与中国科学院近代史研究所协作写中日关系史一事。

24日 致函近代史研究所副所长张维汉、黎澍，谈何干之提出的协作写中日关系史事。

本年 负责接洽抢救梁启超等人遗稿事。

本年 中国科学院哲学社会科学部划归中央宣传部直接领导。

本年 师力坤被从中宣部调到国家文联下属的中国戏剧家协会，任党办主任。“文革”后期从“五七干校”回来后，又被分配到中央美院。

1961年（47岁）

1月

上旬 出席中国科学院哲学社会科学学部委员会第三次扩大会议，并在会上发言。这次会议在总结几年来我国哲学社会科学工作的成绩和经验的基础上，讨论了当前我国哲学社会科学工作的任务和进一步贯彻“百花齐放、百家争鸣”方针的问题。

本月 年初，中共中央宣传部布置编写高校文科教材，中国史教材由郭沫若主编。教育部召开的文科教材会议建议把郭沫若主编《中国史稿》的初稿作为大专院校历史系的试用教材。刘大年改变计划，将“大书”多卷本《中国近代史》改为“小书”《中国史稿》第四册，重新制定章节大纲。

2月

7日 范文澜来信劝到桂林安心休养。此后，即赴桂林休养，修改《论康熙》。

21日 《我们要熟悉中国近代史》在《人民日报》发表。

3月

18日 参加筹备的由中共中央高级党校、中共中央马克思恩格斯列宁斯大林著作翻译局、《历史研究》编辑部、北京历史学会联合主办的纪念巴黎公社90周年集会在北京举行。

21日 和郭沫若、范文澜、尹达、黎澍等就中国历史的编写问题交换意见。

4月

本月 作《桂林仰止堂》诗二首。

月底 从桂林休养回来，去北京潭柘寺，督促修改《中国史稿》第四册编写工作。

夏 列席在北京民族文化宫召开的中国近现代史学史座谈会。

5月

7日 代表近代史研究所接受黄炎培赠送的私人藏书。

30日 中国史学会和北京历史学会在北京人民大会堂广西厅联合举行纪念太平天国革命110周年学术讨论会。这次会议由中国科学院近代史研究所筹划组织。

6月

6日 中共中央高级党校历史教研室来信征求修改“一九五九年班中国历史教学计划（草案）”意见，主要是要确定近代史部分的讲题、参考书、讨论次数以及各个时期的时间比例等问题，并附“五九班部分学员对学习中国历史的要求和意见”，供审改计划参考。

15日 《历史研究》第3期发表《论康熙》。论文针对1958年“史学革命”中抬头的“打破王朝体系论”和“打倒帝王将相”的“左”倾思潮而作，阐述评价历史人物的基本方法。《论康熙》发表后，很快在国内外引起反响。

20日 参加民族历史研究工作指导委员会举行的座谈会，并在会上发言。

同日 中共中央高级党校历史教研室来信寄中国历史选读书目草案一份。

23日 中央高级党校党委会来信，告知派教务处副处长罗扬实、历史教研室讲师陈慧生前往商谈中国近代史课程讲授事宜，并商洽具体的教学计划等事。

同日 被中央高级党校党委会聘为该校中国历史教授。

29日 《人民日报》刊登《刘大年著文论康熙》。

7月

23日 应内蒙古自治区主席乌兰夫之邀，参加由吕振羽、范文澜、翦伯赞、韩儒林、翁独健、王冶秋、金灿然、秋浦等人组成的历史学家考察团赴内蒙古考察。考察团由历史学家、历史文物工作者、古籍出版工作者组成，历时近两个月（从7月23日到9月14日），行程达15000余里。这次考察由国家民委组织，考察团先到内蒙古首府呼和浩特考察两周。

8月

上旬 回到北京停留几天，接着又到哈尔滨市考察。遇到时任哈尔滨市市委书记的当年冀南行署老领导任仲夷，受任仲夷单独邀请游松花江，畅述往事。此后，考察团过齐齐哈尔，抵达呼伦贝尔盟，在呼伦贝尔盟的海拉尔市停留较长时间，又到中苏交界处的边境城市满洲里。

9月

上旬 提前从东蒙回来。开始撰写《辛亥革命与反满问题》，组织和筹备辛亥革命50周年讨论会的学术部分，请辛亥老人到北京政协开会，了解情况，并制造声势。

13 日 王芸生寄《吴胡张时期的旧大公报》未完稿三个分册。

10 月

15 日 《辛亥革命与反满问题》在《历史研究》第 5 期发表。文中的一些论点曾经引起过争论，如清初反满斗争是否都是从属于地主阶级内部斗争、太平天国反满观念是否单薄等，但主要观点在国内受到重视，此文于 1992 年获“1949—1992 年中国大陆孙中山学术研究与文艺创作优秀成果学术论文一等奖”。国外的反响则比较激烈，苏联反对的意见非常激烈，从此成为苏联史学界长期反对的头号靶子。1980 年，齐赫文斯基在苏联《近现代史》第 1 期发表《中国资产阶级民族主义——辛亥革命的思想体系》一文，指名批评《辛亥革命与反满问题》，并注明该文是提供给 1980 年 8 月在罗马尼亚举行的第十五届国际历史科学大会的，将中苏之间的史学争论和分歧国际化。

16—21 日 参与筹备组织的纪念辛亥革命 50 周年学术讨论会在武汉召开。因事留在北京，未能出席会议。

22 日 《辛亥革命与反满问题》在《人民日报》摘要发表。

11 月

17 日 看到《辛亥革命与反满问题》后，复旦大学蔡尚思教授来信，寄来为上海史学会作的中国现代思想史专题报告之一，请予指教。

12 月

月底 北京市历史学会举行年会，讨论中国古代、近代史中的若干问题。康熙的评价问题是年会的一个重要讨论议题，《论康熙》在会上受到热议。

本年 会见日本历史学家。

1962年（48岁）

1月

23日　《人民日报》5版发表李原、史向沁的《北京市历史学会举行年会　讨论中国古代史、近代史的若干问题》，介绍1961年12月北京历史学会进行年会期间的学术讨论情况。

24日　应巴基斯坦历史学会的邀请，与北京师范大学历史系教授白寿彝和近代史研究所副研究员谢琏造组成中国历史学家代表团，离开北京，取道昆明、仰光，前往巴基斯坦。代表团出国前，外交部和对外文委负责人向代表团分析中巴关系当前形势，确立行动方针，安排相关事宜。

28日　率领中国历史学家代表团到达东巴基斯坦首府达卡（今孟加拉首都），参加从2月1日起举行的巴基斯坦历史学会第12届年会。中国驻巴基斯坦大使馆派文化秘书参加代表团工作。

本月　《中国史稿》第四册初稿全部改完。

2月

1—4日　巴基斯坦历史学会第12届年会在达卡召开。在4天会议中，有两天半是宣读论文，其他是开幕式、闭幕式、参观及茶会等。外国代表，除中国外，有苏联、印度、泰国、马来亚、黎巴嫩、法国、意大利、西班牙、美国共10个国家，15位代表。中国代表宣读的《新中国的历史科学》（刘大年）和《中国穆斯林的历史传统》（白寿彝），受到最大的欢迎。达卡和卡拉奇的重要报纸在对会议的报道中，以最大篇幅报道中国代表的论文。报道的标题有：《七世纪已经存在的中巴关系》《新疆同样有犍陀罗艺术》《中国教授阐明同巴基斯坦的联系》《中国穆斯林的丰富传统》《北京学者详述同巴基斯坦的古老关系》等等。中国代表团的祝词和闭幕式上的发言，也都在巴方的媒体有醒目报道。

1 日 巴基斯坦总统阿尤布 · 汗在东巴省督举行招待会时，单独接见中国代表团，并照相留念。

5—24 日 中国代表团在巴基斯坦参观访问。在达卡、拉合尔、白沙瓦、卡拉奇等地参观访问达卡大学、旁遮普大学、白沙瓦大学和卡拉奇大学，参观达卡、拉合尔、白沙瓦和卡拉奇的博物馆。其中，旁遮普大学是全巴规模最大、历史最老的大学，拉合尔博物馆是最大的博物馆。在白沙瓦大学历史系作题为《中国历史科学工作的一些情况》的演讲，白寿彝作《新中国的穆斯林》演讲。在卡拉奇参加历史学会、信德文学社、乌尔都文发展局、伊克巴尔研究所组织的招待会。在各地，访问著名的历史学家和历史教师，还参观一些古迹。访问过程中，还回答了一些不了解中国的学者提出的一些非常好奇的问题。在卡拉奇停留期间，中国大使出面举行招待会后，巴方学术团体仍连续举行每次数十人参加的招待会，每次会议都赠送大量出版物。

25 日 结束对巴基斯坦的访问，带着受赠的 430 多册书，乘飞机离开卡拉奇，3 月 5 日抵京。总计在巴境活动 28 天，加上在京准备与旅途往返共 57 天。

3 月

7 日 向中国科学院哲学社会科学部分党组及对外文委党组递交出访巴基斯坦工作报告。

4 月

15 日 《新中国的历史科学——一九六二年二月在巴基斯坦历史学会第十二届年会上作的报告》在《历史研究》第 2 期发表。

26 日 诗作《访问巴基斯坦十首》在《人民日报》发表。中国外交部副部长耿飚后来说，巴基斯坦驻华大使用中国电台将《访问巴基斯坦十首》发回国内，以示友好。

8 月

21 日 《中国史稿》第四册最后的校正稿出来时，将出版社唯一的一份清样稿送给郭沫若审查修改，并附书信一封谈编写过程中的若干问题。

26日 郭沫若就《中国史稿》第四册清样稿回信，认为该书“写得扼要、明确、流畅，有吸引力。反帝反封建的一条红线，像一条脊椎一样贯穿着，这是所以有力的基本原因”。

9月

近代史研究所编制《近代史研究所1963—1972年十年工作规划》。确定近代史研究所今后的工作方针，提出研究工作、资料工作和干部培养工作的目标。

10月

18日 北京师范大学白寿彝教授来信，谈给巴基斯坦历史学会写的信稿及处理巴方赠书、给巴历史学会写文章诸事。

本月 主持撰写的、由郭沫若主编的《中国史稿》第四册由人民出版社出版，被指定为高等学校教材，是20世纪60年代有影响的近代史著作。书的分量小，但是它流行很广，初版后供不应求，1964年再版。这部书的创新之处在于将历史作为一个整体运动来看待，突破了以往近代史著作纪事本末体和偏重于政治史的局限，这就为近代史研究构筑了一个新的框架，这个框架至少在20世纪60年代为众多的史学家所接受和传播。

11月

9日 廖承志和高碕达之助签署关于发展中日两国民间贸易的《中日长期综合贸易备忘录》。周恩来总理出席签字仪式。备忘录的签订不仅大大促进了中日贸易关系的发展，而且开辟了中日间半官半民接触和交流的窗口。

29日 著有《马克思主义外衣下的中国历史学》一书的美国汉学家费维凯给中国科学院近代史研究所写信。范文澜为此来信请转学部请示。

12月

中、下旬 本月15、17、19、21、24日，给中共中央高级党校一九六一年班讲授中国近代史，分绪论、太平天国革命运动、义和团运动、辛亥革命、结束语五个部分。1963 年 1 月，中共中央高级党校历史教研室根据刘大年讲课记录整理成《中国近代史讲稿（记录稿）》，1964 年 5 月在内部印刷使用。

29 日 新疆维吾尔自治区人民政府主席包尔汉寄《论阿古柏政权》修改稿。

本月 北京生活 · 读书 · 新知三联书店再版《台湾历史概述》。

本月 《中国近代思想史的一页》在《新建设》12 月号发表。这是为即将出版的《鸦片战争时期思想史资料选辑》一书所写的序言《鸦片战争时期的士大夫思想》，发表时题目作了更改。

1963 年（49 岁）

2 月

18 日 全国政协副主席包尔汉来信谈《论阿古柏政权》一文，望提意见。

4 月

30 日 北京大学教授、历史系主任周一良 28 日从巴基斯坦回北京，寄去年访问巴基斯坦时照片 2 张。

5 月

3 日 全国人大常委会副委员长、政协全国委员会副主席、中国民主建国会主任委员黄炎培就捐书事给“文澜同学、大年同志”写信。

7 日 就黄炎培赠书事，范文澜来信建议主动见面，“与张崇山同志同去，以后事情可由张直接处理”，以便得到更多赠书。

6月

15日　在《历史研究》第3期发表《中国近代史诸问题》。论文对古今中外众多史学家的史学观点进行评述，集中阐述如何从普遍联系与发展演变的视角进行独立研究分析，揭示历史发展的客观规律性，为现实社会服务的问题。这是从历史研究的目标、对象选择、方法、理论诸方面对历史研究如何成为一门科学的理论思考。

18日　《人民日报》5版刊登《〈历史研究〉载文论述坚持历史科学党性等问题》，介绍《中国近代史诸问题》一文中关于坚持马克思主义历史科学党性的观点。

本月　本月开始至9月，近代史研究所组织开展“五反”运动。

7月

9日　《关于中国近代史研究的根本任务和需要研究的一些问题（简介）》在《文汇报》发表。

8月

2日　参加中国人民对外文化协会会长楚图南欢迎日中友协学习活动家代表团的宴会。

13日　参加中国人民对外文化协作副会长丁西林欢送由团长大塚有章率领的日中友协学习活动家代表团的宴会。

15日　戚本禹的《评李秀成自述——并同罗尔纲、梁岵庐、吕集义等先生商榷》和罗尔纲的表态文章《关于我写李秀成自述考证的几点说明》同时在《历史研究》第4期发表。此前，为了保护罗尔纲，不顾田家英的劝告，商得黎澍同意后，致函罗尔纲，要他写篇表态文章，以争取主动。

31日　下午，参加中国人民对外文化协会副会长朱光举行的热烈庆祝中国、朝鲜、日本三国学术界知名人士签订关于促进学术文化交流共同声明的招待会。

9月

14日 针对戚本禹发表的明显带有政治批判调子的《评李秀成自述》，中共中央宣传部副部长周扬召集学部、近代史所及《新建设》杂志负责人开会。与侯外庐、黎澍等一同参加会议，并负责该座谈会的具体组织工作。

20日 在中国科学院近代史研究所主持评价李秀成自述的“学术座谈会”，侯外庐、翦伯赞、范文澜、邓拓、李新、林涧青等参加会议。座谈会决定由近代史所写篇文章，对戚文作出回答；同时提议请罗尔纲写自我批评的文章，以争取主动。

22日 前往机场迎接应中华人民共和国科学技术协会和世界科协北京中心邀请前来我国参加世界科协北京中心第一次科学讨论会筹备会的阿尔及利亚、缅甸、日本、马里、尼泊尔和尼日利亚的7位科学家。

24日 分别前往机场和车站迎接应中华人民共和国科学技术协会和世界科协北京中心的邀请来我国参加1964年科学讨论会筹备会议的日本、加纳、几内亚、墨西哥、蒙古、巴基斯坦和索马里的11位科学家。

27—30日 参加在北京举行的由范长江组织的1964年北京科学讨论会筹备会议。应邀出席会议的有中国、阿富汗、阿尔及利亚、澳大利亚、巴西、缅甸、锡兰、古巴、加纳、几内亚、印度尼西亚、日本、肯尼亚、朝鲜民主主义共和国、马里、墨西哥、蒙古、尼泊尔、尼日利亚、巴基斯坦、索马里、越南民主共和国等22个国家的科学家。经过激烈的争论、磋商，筹备会议确定北京科学会议于1964年8月在北京举行，会期7到10天，并确定会议的议程和邀请参加的人员，还公布《一九六四年北京科学讨论会筹备会议公报》，明确会议的精神。

10月

4日 任中国日本友好协会理事。

26日 本日至11月16日，出席中国科学院哲学社会科学学部委员会第四次扩大会议。

月底 写成《李秀成评价问题》，《历史研究》排出校样稿16000字，准备在第6期发表。校样稿出来后分别送给周扬、田家英以及主管理论工作的康生等审阅。康生的理论秘书杨甫看完后，说文章总体上符合唯物论辩证法。但康生看后，起初不表态，后来才说是折中主义，莫名其妙。周扬认为文章有一定道理，建议送给毛主席看看。田家英认为要慎重。

本月 与时任政协文史资料委员会主任的杨东莼被胡乔木找去商量如何加强近代社会历史调查。

本月 苏联科学院院士齐赫文斯基与P.维亚特金一起在《历史问题》杂志上发表《论中国历史科学的若干问题》一文，就《中国近代史诸问题》和《论康熙》中的一些论点进行批评，指责论著中表现了中国大国中心主义。此后，苏联报刊多次举出《论康熙》加以批驳，一个学术问题的争论变成了政治性的争论，并由此导致中苏史学界长期的不正常的争论。

11月

1日 中华书局出版中国科学院近代史研究所近代史资料编辑组编辑的《鸦片战争时期思想史料选辑》，刊载刘大年撰写的序言《鸦片战争时期的士大夫思想》。

23日 就出访日本等事，范文澜来信谈相关事情。

24日 参加以张友渔为团长，江隆基、侯外庐为副团长的中国访日学术代表团，任代表团秘书长。代表团成员9人，涵盖法学、教育、历史、考古、古典文学、语言、气象、半导体等学科领域，连同秘书、翻译共11人。代表团当日从北京出发，南下广州，后经香港转日本。

28日 中国学术代表团抵达日本东京开始对日本进行访问。先后访问东京、仙台、横滨、静冈、名古屋、丰川、天理、千叶、京都、奈良、滋贺、和歌山、大阪、神户、广岛、山口、福冈等17个城市；访问日本学术会议；参观和访问25所大学和一些研究机构、学术团体；访问日中友协、华侨总会、在日朝鲜人总联合会和京都分会；拜访京都府知事和京都市长，应邀参加横滨市长的宴会；参观2所华侨学校和2所朝侨学校。共作100多次学术报告和群众性演讲，进行100次左右的座谈会，接见十多次记者的访问，两次拜访日共中央。

30日 这天开始，先后在东京、京都、神户等地作《论中国近代史上的人民群众》学术讲演，阐述人民群众在历史上的地位和作用问题，说明

“人民群众是历史活动的主体，是决定历史前进方向的力量”。在各地演讲时，由小峰王亲先生、一濑裕子女士等担任翻译。在演讲中所强调的“人民斗争史观”在日本也是被议论的一大话题，得到了日本年轻人的共鸣。

本月 日本《亚洲经济旬刊》（アニッア经济旬报）译载《中国近代史诸问题》（中国革命史の诸问题），当年的《东洋学文献类目》对此作了记录。

12月

1日 日中友协机关报《日本与中国》发文介绍说：活跃在研究战线最前沿的刘大年先生是中国科学院哲学社会科学学部委员兼近代史研究所副所长。他“于朝鲜战争前后，在对美帝国主义远东侵略的历史进行彻底批判的同时，迄今为止还在反右斗争及其他各种重大历史时刻不断提出历史学的新课题，并就开拓研究的前景作了具有影响力的论述。此外，他还就资本主义萌芽（《尚钺批判》）、人物评价（《论康熙》）以及太平天国、辛亥革命的评价等重大问题，发表了颇具分量的论文，显示了其广阔的研究视野和积极论战的研究态度”。

17日 日本历史教育工作者协会大阪支部集会欢迎中国学术代表团。在会上就历史和历史教学中的若干问题作即席讲话，与日本历史学者进行商讨。

26日 中国学术代表团由日本启程回国，28日回到广州。

本月 《李秀成评价问题》在发表前撤稿。

本月 招收近代中国政治史方向硕士研究生石芳勤。

1964年（50岁）

1月

8日 参加撰写署名为“中国学术代表团团长张友渔，副团长江隆基、侯外庐”的《中国学术代表团访日工作总结报告》，总结访日情况，在其所留“第二稿”中提出3条建议：增加中日学者之间来往；加强资料交换工作；给日本华侨学校一些援助。

本月 近代史研究所创刊史学界内部参考刊物《外国史学动态》(月刊)，主要刊载国外重要史学论著的摘译或全译、专题综合报道、学术动态。编印9期后停刊。

本月 在日本东京演讲时的报告摘要以《中国近代史中人民大众——人民大众在历史上的地位和作用》为题刊载在日本杂志《大安》1月号上。

2月

5日 收到日本京都民科历史支部委员会寄来的1月出版的《为了新的历史科学》，针对约稿回信建议将“在贵处讲过的《历史研究如何为人民群众服务》一稿”“把第三节全部删掉以后摘要揭载”。

7日 根据胡乔木的建议，与杨东莼一起致信中科院哲学社会科学部分党组、全国政协党组并转中央宣传部、中央统战部，提议由学术界和政协合作开展近代中国社会历史调查工作，成立“近代中国社会历史调查工作委员会”。该委员会很快得到批准。

上旬 春节前不久，与田家英、王冶秋、黎澍等七八人发起一个小集会，祝贺范文澜70寿辰，每人拿出人民币5元，在四川饭店聚餐一次。

25日 《论中国近代史上的人民群众》在《历史研究》第1期发表。

29日 《访问日本四首》在《光明日报》发表。四首诗分别表达美国主张用文化奴役日本的“赖肖尔公式”正在走向破产、中日两国人民的团结是任何力量都阻挡不了的、日本人民一定能够取得自己的胜利以及看到美国驻日军事基地的感想等思想感情。

本月 日本《历史地理教育》杂志2月号刊登1963年12月在日本历史教育工作者协会大阪支部集会欢迎中国学术代表团时发言的记录草稿。

3月

12日 关于翻译某书事，季羡林来信磋商。

17日 与何其芳谈诗。

18日 致函何其芳，继续谈何的几首旧体诗，并寄去《访问巴基斯坦十首》和《访问日本四首》。

20日 何其芳回信，感谢所提修改意见，并评价《访问巴基斯坦十首》和《访问日本四首》说“只觉得似乎用故实稍多，显得有学者气”。

21日 修改《历史研究》排出的校样稿《李秀成评价问题》。此稿修改后曾交到戚本禹手中。后来，已准备写检讨的戚本禹受到江青的鼓励，又写《怎样对待李秀成的投降变节行为？》，逐一反驳《李秀成评价问题》修改稿的观点。文章写成后马上送到钓鱼台。康生等面授机宜，要戚本禹抓住叛徒问题，用李秀成影射彭德怀。

23日 《光明日报》“学术简报”发表《刘大年在〈历史研究〉上撰文〈论中国近代史上的人民群众〉》。

4月

3日 近代中国社会历史调查工作委员会成立，杨东莼为主任，刘大年与黎澍一起为副主任。该委员会以中华书局为办公地点，制订了一个包罗甚广且相当详细的调查计划。

7日 上海社会科学院编《学术界动态》第9期载《刘大年同志谈当前历史科学的任务》和《刘大年同志对我院撰写〈上海的一百年〉等文的意见》。

同日 就迎接国庆15周年编写中国近代史论文选事，中国人民大学教师戴逸来信，从时间问题、篇幅问题、组织问题和选文标准等方面进行详细说明，并希望面谈。

5月

21日 组织和筹备的全国近代史学术讨论会，从本日至6月3日，在北京民族文化宫举办。中心议题是开展社会调查，推动近现代史研究。吴玉章出席小组会，周扬、田家英在大会上作报告，黎澍主持会议。来自全国高校及科研机构的230多位学者与会，提交论文73篇，围绕中苏中俄历史及边界、反对修正主义、中国近代历史等问题进行讨论。6月1日—3日，主持中国近代史规划会议，与各省市自治区学者商讨学科建设和重大课题。

25日 全国政协委员、曾任杨虎城将军秘书的米暂沉，来信谈资本家千人传写作事。

6月

13日 与张友渔、王学文、孙冶方、聂真、黄一然、管大同等有关部门负责人及经济学界著名人士，前往机场迎接应中国科学院哲学社会科学部的邀请来我国进行学术访问的以日本京都同志社大学总长住谷悦治教授为首的日本经济学家代表团。

14日 与张友渔、王学文、薛暮桥、周而复、姜君辰、于光远、孙冶方、聂真、黄一然、管大同、侯外庐等各有关部门负责人及经济学界著名人士，出席中国科学院哲学社会科学部欢迎应邀来我国访问的日本经济学家住谷悦治、丰崎稔、吉村达次的宴会。

17日 全国人大常委会副委员长、中国科学院院长兼哲学社会科学学部主任郭沫若，会见并宴请以日本京都同志社大学总长住谷悦治教授为首的日本经济学家代表团，刘大年在座。

18日 中日友好协会会长廖承志会见并设宴招待来我国进行访问的住谷悦治、丰崎稔、小椋广胜、吉村达次等四位著名日本经济学家。刘大年参加会见及宴会。

19日 参加周恩来总理接见来我国进行友好访问的住谷悦治、丰崎稔、小椋广胜、吉村达次等四位著名日本经济学家的活动。

本月 与周扬磋商，撤回《李秀成评价问题》全部底稿。中宣部给各地打电话，发布通令：今后凡是歌颂李秀成的文章和戏剧，也不要发表和演出。

7月

27日 《人民日报》转载戚本禹《评李秀成自述》。

28日 《光明日报》转载戚本禹《评李秀成自述》。一场围绕李秀成评价问题的争论在全国展开。

8月

1日 参加在北京展览馆举行的中央机关和北京市党员干部会议，听取刘少奇作四清工作报告。会后，近代史研究所决定去甘肃省张掖县参加“四清”，与张崇山、祁式潜主持筹备工作。

5日 参加中日友协副会长周而复为欢迎以日中友协副理事长岩村三千夫为首的日中友协学习活动家代表团举行的宴会。

10日 1964年北京科学讨论会筹委会通知出席本月12日的1964年北京科学讨论会第一次代表团会议。

19日 下午，北京科学讨论会预备会开始。

20日 经过团长联席会议、主席团会议、全体会议，北京科学讨论会预备会于下午结束。晚上，中国科协主席李四光举行招待会。

21日 北京科学讨论会正式开始。参加这次会议的有亚洲、非洲、拉丁美洲、大洋洲44个国家和地区的科学家367人。以中国科学院近代史研究所副所长名义，作为历史学的代表参加代表团。在大会开幕式上，中国科学院院长郭沫若致题为《四大洲的科学家在新的基础上团结起来，把科学文化推进一个复兴繁荣的新时期》的欢迎词，中华人民共和国国务院副总理聂荣臻在大会开幕式上致题为《只有实现彻底的民族民主革命任务，科学事业才能够真正为人民掌握》的贺词。

22日 北京科学讨论会开始学术活动，至29日，共进行7天。参加哲学历史学科委员会的学术讨论。在哲学历史学科委员会历史分组上宣读学术论文《帝国主义对中国人民的侵略与中国人民反对帝国主义的斗争——一八四〇年中英鸦片战争至一九四九年中华人民共和国成立》。

23日 下午，中国共产党中央委员会主席毛泽东接见出席北京国际科学讨论会的中外学者全体代表。会议期间，中华人民共和国国家主席刘少奇、中华人民共和国全国人民代表大会常务委员会委员长朱德、中华人民共和国国务院总理周恩来以及邓小平、彭真、陈毅、聂荣臻、谭震林、陆定一、罗瑞卿、林枫、杨尚昆、叶剑英、郭沫若、包尔汉、张治中等国家重要领导人也适时接见了大会主席团成员及全体代表。会议期间，在会议议程安排之外，郭沫若、范文澜与中外历史学家一起合影留念，合影后，郭、范一起主持招待外国历史学家的宴会。刘大年在招待宴会上作《十五年来中国的历史研究工作》报告，介绍我国历史研究者的研究目的、十五年来取得的成绩以及今后的努力方向。

25日 《帝国主义对中国的侵略和中国人民反对帝国主义的斗争》在

《历史研究》第4期发表。

31日　北京科学讨论会举行闭幕式。晚上7时，中华人民共和国国务院副总理陈毅举行招待宴会，庆祝会议圆满成功。

同日　北京科学讨论会秘书处发布《一九六四年北京科学讨论会公报》。

9月

1日　《人民日报》4版发表新华社8月31日讯《四大洲二百七十位在京科学家联合签名抗议美侵略越南　坚决支持越南南方人民的正义斗争　美国政府必须严格履行日内瓦协议》。名列科学家签名名单。

17—22日　在湖南省第三届人民代表大会第一次会议上当选为第三届全国人民代表大会代表。

本月　北京科学讨论会闭幕后，根据分工，负责陪同以生物学家松浦一任团长的日本代表团数十人去西安和延安参观访问。到西安后，越南、印尼、非洲国家学者也从其他参观地来西安会合。陕西省省长举行盛大宴会招待各国科学家代表团，陕西科委副主任朱婴也参加招待宴会。在招待会席终时致词，被朱婴听出乡音。次日，终于见到青少年时代时时景仰的革命活动家朱婴，并进行长谈。

本月　作《西安赠日本友人二首》，即《赠相浦杲》和《赠岸阳子》。

10月

6日　近代史研究所成立“四清”临时支部委员会，任支部书记。

9日　前往机场迎接应中日友好协会和中国科学院邀请来我国进行学术访问的以广岛大学名誉教授、广岛神经生物学研究所所长铃木直吉博士为首的日本学术代表团。

10日　陪同中日友好协会名誉会长、中国科学院院长郭沫若会见以广岛大学名誉教授、广岛神经生物学研究所所长铃木直吉博士为首的日本学术代表团全体成员，以及正在我国进行学术访问的日本考古学家小野胜年博士。

17日　上午，参加董必武副主席接见日本学术代表团团长铃木直吉和代表团成员的活动。日本学术代表团成员是：武藤守一、目加田诚、四手井纲彦、森鹿三、小川太郎、鸟居久靖、北山康夫、内田道夫、市川博。

24日 率近代史研究所职工103人从北京出发，前往甘肃张掖县参加“四清”工作，范文澜到车站送行。

30日 到达张掖县，在张掖编队，担任工作副队长。

11月

12日 自张掖县到乌江公社，住张寨大队贫农家里。

25日 作《张掖县乌江村史题记》二首。

12月

13日 《人民日报》2版公布《中华人民共和国第三届全国人民代表大会代表名单》，由湖南省推选为全国人大代表。从此，连续当选为第三届至第七届人大代表。

14日 由张掖至兰州，准备回北京。

21日 本日至1965年1月4日，在北京参加第三届全国人民代表大会第一次会议，会后返回张掖县乌江公社。

本年 《中国史稿》第四册由人民出版社再版。

1965年（51岁）

2月

1日 北京市副市长、中国科学院哲学社会科学学部委员吴晗来信，说“总理最近指示，要把吐蕃、朵甘、乌斯藏、西藏几个名词的语源弄清楚”，“请你协助”。

3月

2日 整理日本《历史地理教育》杂志2月号刊登的发言记录草稿，以《回答日本历史学者的问题》为题在《人民日报》6版发表。引起毛泽东的注意，认为文章中所说的“世界历史发展的中心应当是世界人民革命斗争的主要潮流所在的地方”，讲得很对；但对于如何评价历史人物，则提出了一个问题：“照这么说，剥削阶级的历史人物还是没有什么作用啰！”毛泽东的意见由《人民日报》总编辑吴冷西向主管该报理论宣传的副主编陈浚作了传达。此后，中宣部科学处负责人林涧青和《人民日报》理论部负责人沙英先后转告了毛泽东的意见。毛泽东对关于世界中心问题的论述的肯定，是从当时国际国内的政治形势出发考虑的；对评价历史人物的观点的疑问则指出了当时史学界在讲剥削阶级人物时存在着的简单化的倾向。文章关于世界中心问题的论述引起苏联学术界的激烈反对，以前因《论康熙》《辛亥革命与反满问题》而引起的中苏学术争论在这以后更加激化，乃至只要一谈到中国问题，就点名批评。

4月

8日 离开甘肃张掖县乌江公社回北京，准备出访巴基斯坦。

5月

4日 和夏鼐组成中国历史学家代表团于5月4日离开北京，前往巴基斯坦首都卡拉奇参加巴基斯坦历史学会第15届年会。

5日 到达卡拉奇，当天即向中国驻巴基斯坦使馆汇报国内的指示和准备工作的情况。使馆派员一人协助工作。在开幕前中国代表团拟出了中国史学会贺电和另一篇论文摘要。使馆同志加班加点，翻译打印。

7—10日 巴基斯坦历史学会第15届年会在卡拉奇举行。会期4天：3天开会，1天会外活动。在开幕会上正式介绍的来宾有中国、阿联酋、伊朗3国的代表，另有一个以私人身份参会的印度代表。开幕式上，以中国历史学家代表团的名义向大会致祝词。会议期间，向大会提交了学术论文《亚洲历史怎样评价？》，并在大会上宣读了论文摘要。中国代表团贺词、中国史学会贺电和《亚洲历史怎样评价？》的全文先后在巴官方最大的英文报纸《黎明报》刊登。会议期间，几次接受巴联合通讯社和报纸记者的访问，还应约为广播电台作录音广播。中国使馆在开会期间也举行招待会，招待到会的全体代表。

12 日 中国代表团向使馆汇报开会经过，总结工作。

13—22 日 中国历史学家代表团先后访问邦布尔、海德拉巴、信德大学、慕恒佐大罗、塔克西那、白沙瓦、拉合尔和达卡。访问期间，巴历史学会秘书长哈克、白沙瓦大学考古系主任达尼、巴考古局长 E. A. 汗等纷纷表达了访华的要求和愿望。

23 日 中国历史学家访问巴基斯坦代表团回到北京。

本月 作《第二次访巴四首》。

6 月

15 日 《亚洲历史怎样评价？》在《历史研究》第 3 期发表。

7 月

8 日 《亚洲历史怎样评价？》在《人民日报》发表。

8 月

周恩来指示中宣部研究编写清史工作、制订清史编写规划。中宣部副部长周扬召开部务会议，宣布中央正式决定纂修清史。成立 7 人清史编纂委员会，与关山复、尹达、刘导生、佟冬、戴逸等人一同担任委员，郭影秋任主任。在中国人民大学建立清史研究机构。因不久发生了“文化大革命”，修史计划夭折。

9 月

16 日 与张崇山带领职工前往江西省丰城县参加“四清”工作。1966 年 1 月 16 日返回北京。搜集了很多家谱、族谱，准备着手研究，但是这些材料在“文革”中全部丢失。

10月

25日　《人民日报》公布新华社讯《孙中山诞辰一百周年纪念筹备委员会名单》，为271名委员之一。

本月　《中国近代史诸问题》论文选集由人民出版社出版。这是第一部史学论文集，辑录写于1957年冬至1965年夏的12篇较有代表性的论文。这部书比较全面地反映了作者在社会主义改造完成以后至“文化大革命”前这十年的学术活动，表达了作者多年来所形成的学术观点，其中有些观点曾在国内外产生较大反响，引起争论甚至非议，反映了作者敢为人先、勇于探索的治学风格。1978年5月，该书以《中国近代史问题》为书名再版，此后曾被作为一些高校中国近现代史专业研究生招生考试的指定参考书目之一。

11月

5日　《北京周报》英文版、日文版第45期译载《亚洲历史怎样评价?》。

1966年（52岁）

3月

5日　《北京周报》德文版、法文版第10期译载《亚洲历史怎样评价?》。

10日　陪同中国科学院院长郭沫若会见印度尼西亚国家文化研究所副所长、历史学家李德清博士。

20日　毛泽东在杭州召开的中央政治局常委扩大会议上讲话，谈到学术问题和教育界问题时说：现在，大学、中学、小学大部分被资产阶级、小资产阶级、地富出身的人垄断了。没有5年至10年的工夫批评一下，讲点道理，真正培养、教育出一批接班人，就都要控制在他们手里。

23日　《人民日报》2版刊登新华社22日讯《艾思奇同志治丧委员会名单》，为委员会成员。

27日　《人民日报》发表署名“史绍宾”的《坚持历史科学的革命方向》一文，号召批判以吴晗为代表的“资产阶级史学路线”，翦伯赞也被公开点名批判。

本月　除《历史研究》编辑部、参加研究中俄关系人员以及老弱病残勤人员以外，参加过三期农村“四清”的有4人，参加过两期的有42人，参加过一期的有58人，尚未参加的有3人。经向中共华北局第一书记李雪峰请示，并得到河北省邯郸地委同意，确定在邯郸专区永年县建立近代史研究所农村基地。实行一部分人参加“四清”运动，一部分人试行半劳半研，两班轮换。与黎澍、张崇山、李新、刘桂五5人组成全所领导小组，负责领导全所工作。

5月

6日　范文澜作为八届中共中央委员，参加中共中央为开展“文化革命”而召开的中央政治局扩大会议。与黎澍收到范文澜来函，信中说：“‘运动’发展到惊人的程度，问题之广之深，简直不可想象。（对吴晗）作文论调要提得很高才对。”信末又加了两句：“我的草稿，匆匆写出来了，请你们提意见，加以删改。高的调门不必减低，说理不妥处可改。”

11日　与黎澍收到范文澜来函，信中说：“有人从康老那里听说，郭老发表了谈话，得到主动，范某也该主动有所表示才好。我那稿子，比起目前形势来，已经大大落后了。希望嘱打字员快打出来（李新同志说，末后史笔一段删去了，我以为还是保留为好），快派专人送来，以便交康老请批示。”

中旬　“五一六”通知前，在北京民族文化宫西头地下室，康生主持、张春桥宣布一项决定：所有刊物，只要当天没有发行的，一律要转载姚文元的《评三家村》，不照办者自己负责。《历史研究》由此改出月刊，提前出版第3期，转载姚文元文章，并刊登大量批判吴晗的文章。执笔写成由多人提供材料和部分初稿的《吴晗的反革命面目》，署名“刘大年”发表。1995年8月9日，在致近代史所研究人员张显菊的信中明确指出，这篇文章的观点是错误的。

18日 范文澜来信，说："昨天我晤陈伯达同志，他直言相告，大意说我倚老卖老，没有自我批评，郭老批评就主动了，保封建皇朝，不要以为有些知识就等于马列主义。更使我惊心的是说：'你年老了，不能要求你有多的马列主义。'似乎我要学也不成了。我看情况很不好，昨和黎澍同志谈，请他大大加增自我批评的文字，请他立在敌对方面大加抨击，否则将来自有人出来抨击，打倒老朽昏庸之辈。大势所趋，不可有姑息原谅之心。请你助黎澍同志加强批评。愈过头愈好，不过头，别人会来补的，那就麻烦了。以后所内和学部有学习会请通知我参加，置身事外，是大罪状之一，不可不防。'人应保晚节，但晚节也不容易保'。应爱护我为幸！"

31日 江西省丰城县张巷公社农民道二夫妇来信，谈生产和生活情况，表达感动和感激之情。

同日 江西省丰城县张巷公社农民茂太夫妇写一封长信，表达想念和感激之情，并谈及其儿子生根的情况。

同日 范文澜送《关于〈历史研究〉的自我批评》印稿一本，说"你看是否尚须修改"，并建议"最好找个时间，约请黎、李、钱等同志讨论一下，再加修改"。

6月

1日 《人民日报》发表社论《横扫一切牛鬼蛇神》，提出："横扫盘踞在思想文化阵地上的大量'牛鬼蛇神'和'破四旧，立四新'。"

2日 与黎澍遭受《人民日报》发表北大哲学系聂元梓等七人的造反大字报。

3日 《人民日报》头版发表社论《夺取资产阶级霸占的史学阵地》不点名批评，被诬称是历史学界的"东霸天""西霸天"。

同日 《人民日报》2版发表署名为"史绍宾"的《吴晗投靠胡适的铁证——一九三〇年至一九三二年吴晗和胡适的来往信件》一文。

同日 《人民日报》3版发表署名为"史绍宾"的《为什么替吴晗打掩护》一文，严厉批评近代史研究所在"全国范围内对吴晗的批判进行得这样激烈、这样广泛"的形势下，"在个别当权者的领导下，却冷冷清清，不见动静"，甚至对前来查阅胡适与吴晗资料的人故意推托搪塞，这分明"是一场尖锐的阶级斗争”。

4 日 学部党组在首都剧场召开批判政治部主任杨述《青春漫语》大会，会议发言转到批判学部党组，大会主席团难以控制，发生争抢麦克风现象。因为《人民日报》社论的发表，坐在主席台上的刘大年受到冲击。此事件标志着学部“文化大革命”的开始。

15 日 以中组部办公厅主任王瑞琪为首的“文化大革命”工作组进驻近代史所，近代史研究所部分青年在驻所工作组支持下夺了近代史所领导的“权”，并成立了由造反派主持的“文化大革命领导小组”。

18 日 近代史研究所党支委改组。

本月 与黎澍被定性为所谓“三反分子”，受到以大字报、大会形式的揭发批判。与黎澍、李新等人先后遭到批斗，被勒令交代破坏“文革”、反对学习毛主席著作、执行修正主义路线的“罪行”。

7 月

16 日 “中央文革小组”成员关锋、戚本禹来近代史研究所与部分人谈话，煽风点火，揭盖子，指名要求揭发批判的刘大年、黎澍。

本月 在所谓“红色风暴”，“横扫一切牛鬼蛇神”的浪潮中，作为所谓“党内走资派”“反革命修正主义分子”受到多次批判。家中堆满了各式各样的纸帽子。为免遭红卫兵剃阴阳头，自己先把头发剃净。

8 月

与黎澍等 7 人被安排开始每天打扫厕所半日等劳动改造。劳动改造之外，躲在家中，不与任何人来往。

10 月

23 日 《人民日报》发表署名“晋群新”的《〈历史研究〉是资产阶级史学的反动堡垒》一文。编者按提出要“夺回被资产阶级霸占的史学阵地”。文章指责黎澍伙同刘大年围攻戚本禹，还批评《论康熙》一文“是借古讽今歌颂封建皇帝的一个典型”。

1967年（53岁）

1月

8日　《人民日报》发表《人民日报》编辑约稿、近代史研究所“文革小组”几位年轻人撰写、署名“晋群新”的《周扬、刘大年之流是叛徒的辩护士》通栏大标题文章。从此，在近代史所定性为“反革命修正主义”，被完全打倒，靠边站。同时，房子被封，人被隔离，只能接受改造和专政，完全失去自由。

1968年（54岁）

2月

上旬　“中央文革小组”成员戚本禹被隔离到秦城监狱，学部大批判指挥部逐渐解体，学部各派群众组织互相打派仗。所内外群众的批判有所减少。开始读书，主要读马列著作和历史书，如《马克思恩格斯全集》《列宁全集》，以及《资治通鉴》和“二十四史”的人物传记，后来边读边写批注。

12月

首都工人、中国人民解放军驻近代史研究所毛泽东思想宣传队进驻近代史研究所。

1969年（55岁）

上半年

工人、解放军宣传队在近代史研究所所内搞群众组织大联合，消除派性，为清查“五一六反革命阴谋集团”做准备。

7月

30日　得知范文澜去世后，向工宣队告假，独自来到北京医院太平间凭吊。医院工作人员破例允许进入太平间和死者告别。从太平间出来，坐在门口的台阶上默默流泪。

8月

1日　范文澜遗体告别仪式在八宝山革命公墓举行，因被打倒、尚未“解放”，被明令不能参加。范文澜生前曾嘱咐死后将骨灰撒入钱塘江，但刘大年无法去完成这一遗嘱，直到获得“解放”后才有机会到钱塘江大桥上去凭吊。

10月

近代史研究所以首都工人、中国人民解放军驻近代史研究所毛泽东思想宣传队名义向周恩来总理写报告，请示范文澜著作修订和续编工作。周恩来批示：“这是毛主席交付的工作，很重要。”并指示陈伯达过问一下，将情况向政治局报告。

11月

15日 中国科学院学部宣传队根据毛泽东关于吉林柳河“五七干校”的批示，在河南省信阳地区息县组建学部“五七干校”。首批人员出发。

本年前后 师力坤下放到河北团泊洼文化部干校。

1970年（56岁）

1月

9日 近代史研究所以首都工人、中国人民解放军驻近代史研究所毛泽东思想宣传队名义向陈伯达报送《关于修改增补〈中国近代史〉上册的报告》，表示要抽调5人，对范文澜生前已作修改的《中国近代史》上册再进行修改增补工作，争取在本年4月底前完成送审。待上册基本完成后，再增加一定人力，着手编写下册。

5月

20日 与黎澍、李新及近代史研究所大部分人员，包括被隔离的部分重点审查人员，赴河南省息县学部“五七干校”劳动改造。按照军队编制，近代史研究所与考古研究所编为一连，白天劳动，从事干校建设，晚上进行清查“五一六”的运动。近代史研究所人员编为第一、二排，分别从事打砖坯和盖房的劳动。考古所人员被编为第三、四排，任务是种地、烧窑。被编入第二排八班，参加干校盖房子的辅助劳动。1971年1月，移至明港。

1971年（57岁）

4月

上旬　在全国出版工作座谈会期间，姚文元提出标点“二十四史”建议（“文革”前只有“前四史”得到标点出版），以“作为研究批判历史的一种资料”。周恩来总理在姚文元信上批示：“‘二十四史’中除已有标点者外，再加上《清史稿》，都请中华书局负责加以组织，请人标点。由顾颉刚总其成。”

15日　因耳旁长瘤，借要做手术以回避担任清查“五一六”分子组长，被批准从“五七干校”回京治疗。被郭沫若以讨论《中国史稿》继续写作问题为名留在北京，参加中华书局组织的标点“二十四史”工作，具体标点其中的文苑、儒林人物传。“二十四史”于1973年底校点完毕，1978年全部出版。

本月　作《过郑州》《还京》及无题诗3首。

5月

下旬　被郭沫若找去了解井上清情况，这是“文革”开始后第一次去见郭沫若。

31日　陪同周恩来、郭沫若会见日本哲学家松村一人及夫人松村玉，历史学家井上清、藤田敬一和经济学家小林义雄。此前，井上清在访问要求中提出要见刘大年，中国科学院院长郭沫若将其列入接待人员名单中，并上报周恩来总理批准。《人民日报》报道了这次会见，当时，这就意味着政治上获得“解放”。

6月

1日 到机场给日本哲学家松村一人及夫人松村玉，历史学家井上清、藤田敬一和经济学家小林义雄送行。他们前往我国南方访问，然后回国。

13日 到机场迎接由团长白石凡、副团长宫川寅雄率领的日本文化界代表团。

14日 参加全国人大常委会副委员长、中日友协名誉会长郭沫若举行的欢迎由团长白石凡、副团长宫川寅雄率领的日本文化界代表团的宴会。

16日 中断接待日本客人活动，被国务院军宣队工作组人员找去追查故宫档案泄密问题。50年代中期，中国科学院语言研究所苏联顾问谢尔久琴科要找中俄关系史方面的材料，主要是想要早期档案，陈伯达为此给范文澜写过一封信。当时刘大年身为中国科学院学术秘书处秘书，写信跟故宫打了招呼，故宫因而提供了一些古老的档案资料，不存在泄露国家机密的问题。

27日 为了迎接美国总统安全事务助理基辛格的秘密访华，中央指示故宫博物院重新对外开放，江青、张春桥、姚文元要求"以阶级斗争为纲"写一份新的《故宫简介》。周恩来总理看了送审稿后，批示郭沫若主持对新《故宫简介》的审查。上午，在故宫漱芳斋召开由郭沫若和王冶秋主持的专家审稿会议，刘大年与夏鼐、白寿彝、林甘泉、许大龄、黎澍、史树青等13位专家参加会议。会议要求专家仔细审阅故宫博物院为重新开放编写的简介及所附材料，或提意见，或作补充修改，一个半小时交卷。散会时刘大年交了一张点墨皆无的白纸。

12月

在全国出版工作会议期间，周恩来就江青批写的关于范文澜、郭沫若同志的《中国通史》《中国近代史》继续发行和继续编写的意见，批示"同意"，"请出版口办"。国务院办公室向出版口和驻哲学社会科学部军宣队负责人传达了周恩来的批示，指示组织落实。郭沫若主编的《中国史稿》重新上马。

1972年（58岁）

1月

6日 陈毅元帅逝世。闻讯作《陈毅同志挽词》。

15日 近代史研究所召开约30人参加的会议。由原副所长张崇山宣布负责《中国史稿》第四分册的修改及范文澜著《中国近代史》下册的编写工作。刘大年在会上发言，并对此任务作了一些说明。此后即约集几位研究人员（包括后来从干校回京的人员）开始从事《中国史稿》近代史部分的扩大编辑工作。由于当时政治运动一场接一场，根本没有时间从事正常的学术活动，《史稿》的编写工作在很长一段时间无法真正落实。

7月

7日 因基辛格来访，中美关系解冻，由团长、美国约翰霍布金斯大学应用物理学研究中心副主任、微波物理学家任之恭教授，副团长、麻省理工学院流体力学、天文物理学家林家翘教授率领的美籍中国学者参观团来访，刘大年前往机场迎接。

11日 主持学术报告会，请美籍学者刘子健作宋元时期科技的报告。

12日 近代史研究所全体人员从河南“五七干校”撤回北京。

同日 陪同全国人大常委会副委员长、中国科学院院长郭沫若，外交部副部长乔冠华，中国科学院副院长竺可桢、吴有训，中华全国科学技术协会副主席周培源，会见并设宴招待正在中国参观、探亲的美籍中国学者参观团和美籍中国学者访问团全体成员。

14日 晚上，陪同国务院总理周恩来，外交部副部长乔冠华，国务院科教组组长刘西尧，中国科学院副院长竺可桢、吴有训，中华全国科学技术协会副主席周培源，会见正在中国参观、探亲的美籍中国学者参观团和美籍中国学者访问团全体人员。

27日　近代史研究所召开讨论开展业务工作问题座谈会，军宣队队长李翔主持。刘大年与黎澍、李新、刘桂五、姜克夫、曲跻武、王晶垚、余绳武、林海、朱信泉出席会议。会议商定，刘大年与余绳武负责修订郭沫若《中国史稿》第四分册和续编范文澜《中国近代史》下册。

9月

21日　中国人民解放军驻近代史所军宣队提交《关于近代史所刘大年同志的结论请示报告》，建议予以“解放”。

22日　住所军宣队宣布“解放”刘大年、黎澍的决定。

同日　北京大学周一良教授来信，介绍一名中国近现代史研究生，请代打听近代史研究所“是否需要补充人员”。

27日　和黎澍在近代史研究所全所会上对执行了“修正主义路线”等问题作检查。

11月

17日　在近代史研究所全所“临时领导小组成立大会”上，被军宣队宣布为该小组组长。主持所内业务工作。

1973年（59岁）

2月

16日　参加汇报《中国近代史》下册进度的组内会议。

3月

15日　出席中日友协会长廖承志欢迎以安藤彦太郎为团长、武野武治为副团长的日本文化界友好访华团举行的宴会。

31日 召集修改《中国史稿》第四分册的研究人员会议，听取汇报，要求加紧工作。

9月

在近代史研究所全所“批孔”会上讲话：（一）批孔是为了革命的前进，反对保守和倒退。历史上凡主张革新的人都批孔，凡主张倒退的人都尊孔。（二）近代史业务工作中应贯彻批孔。

10月

4日 所内讨论四届人大候选人名单，学部总共7人入选候选人名单。

11月

13日 近代史研究所召开全所会议，军宣队李翔传达上级决定：除夏鼐外，学部的人一概不能参加外事活动；撤销学部业务行政领导小组，原正、副组长关山复、刘导生回群众中参加运动，接受教育。

12月

12日 近代史研究所举行全所会议，军宣队窦维田宣布暂停所“临时领导小组”的活动，所内一切工作归军宣队一元化领导，业务工作因此而停顿。发言说，此决定得到领导小组的一致拥护。

1974年（60岁）

3月

21日 军宣队宣布《中国史稿》第四册扩大编撰工作停止进行。原工作人员一律转到《中国近代史》下册的编写。

4月

主持讨论范文澜《中国近代史》下册编写提纲，重新进行分工。积极推动此项工作。

9月

30日 参加周恩来总理在人民大会堂举行的庆祝中华人民共和国成立25周年的四千人招待会。

本月 作《贺国庆二十五周年》。

10月

24日 就有关普列汉诺夫的“能量”“动能”“位能”的意义、关于运动和静止、关于作用和反作用等问题，钱伟长来信对所提问题进行详细解答。

25日 钱伟长再次来信就“动能”和“位能”等概念作补充说明。

12月

16日 根据军宣队的安排，先后在学部及所内作斗私批修、典型引路的整党报告。此后被任命为中共近代史研究所党总支书记。

1975 年（61 岁）

1 月

13—17 日 四届人大一次会议在北京召开，当选为第四届全国人民代表大会常务委员会委员。从此，连任第四届至第七届全国人大常委会委员。

19 日 《人民日报》公布《中华人民共和国第四届全国人民代表大会第一次会议主席团和秘书长名单》，为 218 名主席团成员之一。

2 月

1 日 看到四届人大召开信息，湖南长沙国学专修学校同学彭传彭来信叙旧。

3 月

12 日 以全国人大常委会委员身份参加在中山公园中山堂举行的孙中山逝世五十周年纪念活动。

4 月

7 日 在人民大会堂参加董必武的追悼大会。

5 月

1 日 参加首都各界庆祝“五一”国际劳动节的联欢活动。

6 月

13 日 下午，到机场欢迎以泰国众议院议长巴实 · 干乍那越为团长、沙瓦·堪巴谷为副团长的泰国18个政党组成的国会议员访华团。晚上，参加中国人民外交学会副会长周秋野举行的欢迎泰国国会议员访华团宴会。

16日 晚上，应邀出席泰国国会议员访华团举行的告别宴会。

本月 接待日本学术代表团，作《吉川幸次郎率日本学术代表团访问中国，为北京公报后中日文化交流又一盛举，赋赠一律》。

本月 军宣队作出“开门办所”决定，和近代史研究所人员在北京南韩继生产大队参加麦收劳动，接受贫下中农再教育。白天劳动，晚间做社会调查。近代史研究所还组织劳动小分队赴北京内燃机总厂、北京胶印厂劳动锻炼。

7月

27日 曾任南开大学教授兼中文系主任的李何林来信，谈拍摄《鲁迅生平》电影急需借阅拍摄相关图书资料事。

本月至10月 参加《毛泽东选集》第五卷的注释工作。

9月

30日 参加中共中央副主席、国务院副总理邓小平主持的，以中共中央副主席、国务院总理周恩来名义举行的盛大招待会，热烈庆祝中华人民共和国成立26周年。

11月

15日 因看到《人民日报》上对国庆招待会的报导，曾在河北曲周四区抗日区公所工作的关东华（当时已改名关维新）来信叙旧。

12月

21日 下午，参加康生追悼大会。

本年 齐赫文斯基发表《中国历史学中的大汉族霸权主义》，断言满族人不是中国人，清朝是外国对中国的统治。散布新“反满论”。

本年 参加会见美国华人科学家高级访华团。

本年 与何其芳会见澳大利亚华人学者。

1976年（62岁）

1月

15日 在人民大会堂参加周恩来追悼大会。作《周恩来总理挽辞》。

7月

11日 在人民大会堂参加朱德追悼大会。

20日 晚上，出席中国人民外交学会负责人谢黎举行的欢迎由副议长勒内 · 亨格尔率领的卢森堡议员团和卢中友协主席阿道夫 · 弗朗克的宴会。

9月

18日 在天安门广场参加毛泽东追悼大会。

10月

6日 晚上，江青、张春桥、姚文元、王洪文被抓捕。这一消息在当时还属“绝密”。当晚，王冶秋来访，二人谈到第二天凌晨。

22日 参加首都军民举行的粉碎“四人帮”反党集团庆祝活动。

11月

30日 参加四届人大常委会第三次会议。会上，吴德副委员长报告了粉碎“四人帮”反革命集团斗争的问题。

12月

1日　四届人大常委会第三次会议开始进行分组会议。两天分组会议中，60多名委员纷纷发言愤怒揭发批判“四人帮”反革命集团篡党夺权的罪行。

2日　在第四届全国人民代表大会常务委员会第三次会议上发言，说“四人帮”阴谋篡党窃国，肆意篡改马列主义、毛泽东思想，大搞修正主义，用唯心论、形而上学毒害人们。从政治上、思想上、理论上清除“四人帮”的毒害，大力宣传马列主义、毛泽东思想，这是哲学社会科学工作者当前的重大战斗使命。在发言中批判了“四人帮”把自古至今的阶级斗争史篡改为“儒法斗争史”的罪恶目的，实质上是篡改党在社会主义历史阶段的基本路线和基本政策，并且借批儒为名，妄图打倒一大批中央和地方的党政军负责同志。

12日　复旦大学教授周谷城来信，称赞“在人大会上发言”“义正词严，必广为流布”。

26日　陪同中国科学院哲学社会科学学部负责人刘仰峤会见日本历史学家井上清教授。

本年　在郭沫若召集的《中国史稿》编写工作会议上提出，《中国史稿》中国近代史部分分量比较大，希望能够独立出版。郭沫若同意这个意见。此后，《中国史稿》近代部分被称为《中国近代史稿》。

1977年（63岁）

1月

13日　与黎澍会见来访的日本历史学家、日本学者“第二次中国研究者友好参观团”。

24日　陪同全国人大常委会副委员长乌兰夫会见日本历史学家井上清教授。

2月

18日　出席政协全国委员会举行的春节联欢会。

3月

15日　晚上，出席全国人民代表大会常务委员会举行的欢迎由西萨摩亚立法议会议长利奥塔・勒乌卢艾亚利・伊图乌・阿里率领的西萨摩亚议会代表团的宴会。

18日　陪同西萨摩亚议会代表团乘专机由北京抵达南京访问。

19日　陪同西萨摩亚代表团到扬州参观访问。

20日　陪同西萨摩亚议会代表团从南京抵达上海。

同日　周谷城写《写字有感》七律一章，“呈大年同志一阅以凑趣”。

22日　陪同西萨摩亚议会代表团从上海乘专机到达海口市。

25日　陪同西萨摩亚议会代表团乘专机从海南岛抵达广州。

26日　本日开始，陪同西萨摩亚代表团在广州参观毛泽东当年主办的农民运动讲习所旧址、中山医学院和聋哑学校。

28日　上午，前往火车站为西萨摩亚议会代表团回国送行。

4月

哲学社会科学部临时领导小组部署清查“四人帮”的帮派体系运动。近代史研究所成立清查“四人帮”帮派体系领导小组，李新任组长。刘大年被作为近代史所“帮派体系”的总后台，再次受到错误批判，吐血住院。

5月

1日　参加首都各族人民庆祝“五一”国际劳动节的游园联欢活动。

6月

20日　姜国仁来信，寄诗稿油印本，其中收录作于1948年的《元旦试笔兼为土改学习自勉》。

9月

9日　在毛主席纪念堂北门前广场，参加由中共中央、全国人大常委会、国务院和中央军委召开的隆重纪念毛主席逝世一周年及毛主席纪念堂落成典礼大会。

15日　《毛主席指引我们研究中国近代史》在《光明日报》发表。

29日　晚上，陪同中国社会科学院负责人刘仰峤会见并宴请以日本著名进步历史学家井上清为团长、日本东京大学教授阪本楠彦为副团长的日本社会科学工作者友好参观团。

30日　晚上，参加中共中央主席、国务院总理华国锋在人民大会堂举行的热烈庆祝中华人民共和国成立28周年的盛大招待会。

10月

15日　下午，参加国务院副总理王震会见以日本历史学家井上清为团长的日本社会科学者友好参观团的活动。

12月

13日　本日至26日，参加中宣部召集的宣传文化界党内外人士座谈会，并在会上发言。会议主要是征求对当时宣传工作和拟于次年召开的全国宣传工作会议的意见。

16日　姚雪垠来信，托荒芜送《李自成》第一卷修订本《前言》稿，请指正。

17日　中国社会科学院文学研究所研究员荒芜来信，谈给姚雪垠长篇历史小说《李自成》的《前言》提意见事。

1978年（64岁）

2月

26日 本日至3月5日，参加第五届全国人民代表大会第一次会议。

28日 《人民日报》公布《中华人民共和国第五届全国人民代表大会代表名单》，名列其中。

3月

1日 参加中国社会科学院批判“四人帮”炮制“两个估计”的座谈会，并在会上就“肃清‘四人帮’流毒、发展哲学社会科学”作发言。

5日 在五届人大一次会议上当选为第五届全国人民代表大会常委会委员。

4月

20日 被中国社会科学院党组任命为近代史研究所所长、党委书记，任期至1982年7月。

5月

论文集《中国近代史诸问题》由人民出版社再版，更名为《中国近代史问题》。该书为当年恢复高考后首届研究生招生部分高校中国近现代史专业的指定参考书目。

6月

3日 参加中日友协副会长赵朴初欢迎日本历史学家井上清和夫人、日本《现代亚洲》半月刊主编白西绅一郎的宴会。

12日 五届全国人大常委会副委员长郭沫若逝世。

18日 在人民大会堂参加郭沫若追悼大会。

22日 出席对外友协会长王炳南招待哥伦比亚参议员卡洛斯·奥尔梅斯·特鲁希略和哥伦比亚自由青年联盟全国总协调员何塞·维森特·马尔盖斯的宴会。

7月

10日 给中共中央组织部部长胡耀邦写信，谈因编辑《范文澜集》需要查阅范文澜档案中的自传、履历等材料事。

本月 1975年6月写的赠吉川幸次郎的诗始由井上清转去，同年秋天吉川寄来和诗《刘大年先生贶大作依韵奉酬》。

8月

1日 致函中共中央组织部工作人员林坚，介绍曾任范文澜秘书的潘汝瑄去阅读有关范文澜的材料。

12日 参加在人民大会堂举行的中共中央委员、中央军委常委、军委秘书长罗瑞卿的追悼大会。

9月

7日 近代史研究所增设经济史、文化史等新的学科研究部门。

20日 致函中国社会科学院院长胡乔木，谈邀请日本汉学家吉川幸次郎访华的意义。

21日 就《范文澜集》编辑事，致函时任全国人大常委会副委员长的周建人，望能“写点片段回忆或提供来往书信等资料”。

28日 近代史研究所成立第二届学术委员会。与丁名楠、刘桂五、孙思白、李新、余绳武、严中正、罗尔纲、胡华、胡绳、荣孟源、瞿同祖、黎澍、蔡美彪、戴逸组成近代史研究所学术委员会，并任主任委员，李新、戴逸任副主任委员。任期至1985年9月18日。

本月 主持的《中国近代史稿》第一册由人民出版社出版。全书计划分3册，始于1840年，迄于1919年。该书原为郭沫若主编的《中国史稿》第四册，是具有中国近代通史性质的著作。

本月 1939年写的《东征口号》四首在《诗刊》9月号发表。

10月

18日 就出版《范文澜历史论文选集》事致函胡乔木，送“编辑说明”“全书目录”和《范文澜历史论文选集序》等材料，请予指示和给序言提修改意见。

11月

2日 参加在八宝山革命公墓礼堂举行的中共中央统战部副部长、政协全国委员会秘书长、中国社会科学院顾问齐燕铭追悼大会。

12日 致函人民出版社总编辑王子野，谈《中国近代史问题》再版时漏下“社会主义阵营”一句的处理问题。

14日 中国社会科学院党组向中共中央宣传部呈报《关于郭沫若著作编辑出版委员会和筹建郭沫若纪念馆的请示》，建议将“《郭沫若文集》编辑出版委员会”改为“郭沫若著作编辑出版委员会”，增补刘大年、胡愈之、林林、郑伯奇、魏传统为委员。

12月

24日 在人民大会堂参加彭德怀、陶铸追悼大会。

28日 《当代的历史课题》在《光明日报》发表。

本月 提出创办《近代史研究》。

本年 任中国社会科学院研究生院教授。

本年 与丁名楠、余绳武合著的《台湾历史概述》由生活・读书・新知三联书店香港分店出版。

1979年（65岁）

1月

6日 应聘出任在广州成立的中南地区辛亥革命史研究会顾问。该研究会为群众性学术团体，于1978年成立，会址在华中师范大学内。有理事单位26个。主要任务是积极开展学术讨论，推动辛亥革命史的研究，促进出成果、出人才。

18日 致函中国社会科学院副院长邓力群并党组，建议即将担任《中国社会科学》主编的黎澍继续兼任近代史所副所长；请党组任命郭冲为近代史所总支书记；为赴日讲学请假备课期间，近代史所经常工作由李新主持。

同日 《人民日报》刊登《辛亥革命史研究会在广州成立》。

2月

被中国社会科学院聘为本院近代史研究所学术委员会委员。

3月

10日 北京大学教授、《世界文学》主编曹靖华来信，谈拟收录在《范文澜历史论文选集》一书中曹所撰《往事漫忆》一文有关事宜。

本月 经提议，王学庄、张海鹏向全国各地有关方面陆续发出信函和调查表，吁请同盟会老人、会员亲友和有关部门支持、协助，获得普遍响应，许多会员亲友还提供了珍藏多年的会员照片、证件、遗稿、手迹等文物。这是继1954、1955年中国科学院近代史所展开的对同盟会调查之后的又一次调查。将保存的那时候的调查资料全部交给张海鹏。

4月

6日 同杨天石、王学庄与来访的日本文学研究所狭间直树座谈。

13日 同余绳武、丁名楠、瞿同祖与美国学者赫登白克等3人座谈。

27日 同余绳武、丁名楠与来访的美籍华人林汉生、曾伦赞座谈。

本月 主编的《范文澜历史论文选集》由中国社会科学出版社出版。为该书撰写序言《范文澜同志的科学成就》，实事求是地评价了范文澜的史学成就。

本月 找丁守和与钱宏谈话，要他俩主编《近代史研究》。说：《近代史研究》要办，所里决定由你们二位主编，今年下半年出刊，怎么办，出季刊还是双月刊，多大篇幅，还找什么人，你们考虑，先拿出办法来。

5月

25日 在南京主持召开太平天国史学术讨论会，并在开幕式上作《关于历史前进的动力问题》主题演讲。该会由北京太平天国历史研究会和南京史学会联合举办，是粉碎“四人帮”以后中国社会科学界第一次召开国际学术会议，也是“解放三十年来，史学方面规模最大的一次全国性学术讨论会”。为了开好这次学术讨论会，几次找负责会议的戴逸和李侃谈话，介绍如何在学术交流中对待国际朋友，如何在国际上进行学术交流的经验，并亲自到南京去解决一些实际问题。

7月

13日 中国社会科学院为包括刘大年、黎澍、蔡美彪等在内的800多名科研人员和干部恢复名誉。

14日 《人民日报》刊登《严格按政策清理冤假错案和历史遗留问题 社会科学院为八百多名科研人员和干部恢复名誉》。

本月 本月或8月，王芸生来寓所告知《六十年来中国与日本》一书修改进展，说一、二卷即将杀青。建议比较现实的做法是压缩原定的“中改”计划，剩下各卷基本维持原状，只做最必要的修改。

8月

20日　下午，陪同华国锋总理会见马耳他共和国议会议长卡尔西东·阿吉乌斯和由他率领的马耳他共和国议会代表团。

23日　在河南省郑州中州宾馆与朱婴的弟弟、河南省委组织部副部长朱轮相见并交谈。

31日　朱轮于郑州来信叙旧，请教罗章龙反对王明成立的非常委员会的性质等事。

9月

20日　给日本东京大学校长向坊隆写信，谈赴日讲学事宜。

10月

9日　为赴日讲学作准备事，致函中国社会科学院副院长邓力群请假，并请核阅因调查同盟会事给中央统战部写的报告。

10日　接受日本东京大学校长向坊隆的邀请，赴日本东京大学研究生院讲学，并任该校特聘教授。成为“文革”后中国社会科学院第一位出国讲学和访问的学者，国内最早出国讲学和访问的学者之一。东京大学专门成立由研究院评议委员会濩雅夫、原东洋文化研究所所长佐伯有一、前校长加藤一郎以及田中正俊教授等5人组成的接待委员会。当日，与在故宫博物院专门研究清代宫廷历史的女儿刘潞，一起抵达日本东京，住进了六本木的国际文化会馆。抵达日本后对方告知：讲学工资出于文部省学术振兴会聘请诺贝尔奖金教授基金项下，条件是必须完成讲课任务。讲课内容确定为《中国近代史研究的现实意义和指导思想问题》和《论辛亥革命的性质》。确定每星期讲一次，讲6个星期。授课对象为东京大学研究生院攻读中国明清史、近代史的研究生，东京大学和其他大学有关的教授、副教授等约30人，主持者为田中正俊教授。为方便讲学，和女儿在东京后乐园附近租借一座公寓住了下来。由于讲课采取交流式方法，学员先根据讲稿进行预习，预习后将梗概、所提问题译成中文，然后根据反馈问题调整授课内容，反复讨论，授课时间比预期大为延长。此外，与讲课同时穿插进行的还有在其他大学、研究所、学术团体，包括早稻田大学、法政大学、读卖新闻社、中国研究所、京都大学人文科学研究所、东京大学东洋文化研究所等举行的 11 次讲演会、座谈会，内容包括中国近代史研究的现状和抗日战争时期的自身体验等。

本月 《近代史研究》创刊，《范文澜同志的科学成就——〈范文澜历史论文选集〉序》和《关于历史前进的动力问题》两篇文章在创刊号发表。

12 月

3 日 中国社会科学院宗教研究所所长任继愈来信，请买一部梵汉字典，并请代为问候日本的学术界朋友。

8 日 出席日本举行的《宋庆龄选集》出版纪念会，并讲话。

11 日 《人民日报》报道《〈近代史研究〉杂志创刊》。

13 日 日本《读卖新闻》夕刊发表以《中国的历史研究：以解放思想为立足点，通过实践探求真理》为标题的访谈录，刊登座谈纪要、照片以及《重携书剑访东邻》诗稿、照片等。

20 日 日本东京法政大学教授小峰王亲为联系到北京作研究面呈信函，恳请给予便利。

24 日 在东京大学教授、前东洋文化研究所所长佐伯有一等陪同下，参观镰仓孙中山避难隐居的地方。返回横滨时，绕道藤泽鹄沼海岸瞻仰聂耳纪念碑，参观孙中山早年居住过的地方。《朝日新闻》横滨版以《刘氏巡礼孙中山先生的遗迹》为标题刊登参观访问消息和照片。

26 日 在东京大学讲完最后一课。

29 日 久保田文次作向导，参观东京《民报》旧址、孙中山故居、黄兴故居、同盟会旧址。

本月 中国社会科学院院长胡乔木到罗马尼亚访问，罗共总书记齐奥塞斯库向胡乔木提及 1980 年第 15 届国际历史科学大会要在罗马尼亚的布加勒斯特举行，这是在东欧社会主义国家第一次召开全世界的历史科学大会，希望中国支持。胡乔木回国后，委托中国社会科学院党组副书记、中国社会科学院秘书长梅益负责筹备组建中国史学家代表团，准备参加第 15 届国际历史科学大会，但明确不能以政府机构中国社会科学院的名义往外派团。

本年 继续进行《中国近代史稿》第二册的修改和第三册的编写工作。

1980年（66岁）

1月

6日 与东京史学界的朋友市古宙三、坂野正高、佐伯有一、田中正俊等20多人举行座谈。座谈时谈到“国无常仇”的问题。

9日 在日本东京大学举行答谢宴会。校长向坊隆对讲学作高度评价，说，经常聘请外国教授，送往迎来，没有见到像这次反应热烈的，对胡乔木及中国社会科学院表示感谢。并称，讲稿如果愿意出日文本，他们可以协助。随后结束在日本的讲学，与女儿刘潞一起回到北京。

15日 出席中国社会科学院召开的关于重建中国史学会的座谈会。应邀出席会议的有健在的中国史学会第一届理事会理事、知名专家和有关研究机构的负责人16人。大家一致赞成重建中国史学会。与梅益一起被会议推定负责筹备召开中国史学界代表大会。在会上就如何进行重建工作，提出了较为完整的方案，得到与会者及中国社会科学院领导的赞同。筹备工作随即全面展开。会议召开前夕，刚从日本回国，梅益找来磋商，说明胡乔木的意思，于是决定尽快恢复重建已经中断活动多年的中国史学会。

17日 《关于历史前进的动力问题》在《人民日报》摘要发表。

22日 给中国社会科学院党组撰写访问日本报告，总结访问的收获与缺点，提出相关建议。

23日 《宋庆龄选集》日文版译者、曾任宋庆龄日本基金会副理事长的仁木富美子来信，并寄《宋庆龄选集》出版纪念会时所拍摄照片。

本月 在日本东京接到王芸生两封急信，请给《六十年来中国与日本》写序。回国后去医院看望王芸生，并允诺为《六十年来中国与日本》写读后记。

本月 齐赫文斯基在苏联科学院《社会科学》英文版第1期和《近现代

史》第1期，接连发表《中国历史学中对大汉族霸权主义的辩解》《中国资产阶级民族主义——辛亥革命的思想体系》两篇文章，评论辛亥革命的性质。后一篇文章指名批评《辛亥革命与反满问题》等文的观点，并注明是提供给1980年在罗马尼亚举行的第15届国际历史科学大会的。

2月

4日 出席在人民大会堂举行的中国社会科学院迎春茶话会。

本月 致函田中正俊，就访日期间“谈当八路军和研究近代史的经历”事，指出：“如果一定形诸文字，我希望能够过目，作些必要的补充、订正。”

3月

30日 致函安藤彦太郎及夫人安藤阳子，祝贺日本人文社会科学交流协会成立后取得的工作成绩，并邀请他们来北京小住一段时间。

4月

5日 菲律宾历史协会代表团应中国人民对外友好协会邀请来华访问。陪同中国社会科学院副院长张友渔会见代表团全体成员。在随后举行的座谈会上向菲律宾朋友介绍中国近代史研究的现状。

8日 上午，重建中国史学会的代表大会进行预备会议。预备会议选出大会主席团。下午，来自全国各地的125名史学家、史学工作者齐集北京京西宾馆，重建中国史学会代表大会隆重开幕。中国社会科学院副院长张友渔致开幕词。中共中央书记处书记、中国社科院院长胡乔木出席并作重要讲话。

9—12日 重建中国史学会的代表大会继续在京西宾馆举行会议，开展的主要议程：第一，选举新的中国史学会理事会；第二，通过新的中国史学会章程；第三，讨论和研究中国史学会今后的工作。刘大年与郑天挺、周谷城、白寿彝、邓广铭一起当选为中国史学会第二届理事会主席团成员，是主席团成员中最年轻者。主席团设执行主席，一人一年，轮流主持史学会工作。

大会还讨论通过了林甘泉起草、刘大年修改定稿的《中国史学会代表大会致台湾历史学家书》。

17日　致函全国人大常委会副委员长兼全国人大常委会法制委员会主任委员彭真，就《婚姻法》中关于婚龄的规定谈自己的想法，主张男女婚龄比草案上的各提高2年，以控制人口，为建设现代化强国这一主要任务服务。

26日　全国人大常委会法制办公室回信："您对婚龄问题的意见，彭真同志已批送有关同志研究，作为修改婚姻法的参考。"

27日　武汉师范学院中文系张国光来信谈就宋江历史问题与邓广铭进行学术争论事。

30日　《中国近代史研究的现状》在《近代史研究》第2期发表。

5月

5日　给张国光回信，告知文稿已转光明日报苏双碧，请与他直接联系。

9日　张国光回信表示感谢，并称论文已油印寄学术刊物参考。

13日　与季羡林会见印度学者古普塔。

17日　参加刘少奇追悼大会。

22日　致函日本东京大学教授近藤邦康，谈其来中国研究近代思想史事宜。

24日　与黎澍前往天津会见日本历史学家井上清。

6月

21日　会见美国学者加斯特。

26日　会见香港大学服务中心主任多尔芬。

29日　《评国外看待辛亥革命的几种观点》在《近代史研究》第3期发表，批驳齐赫文斯基的相关观点。

7月

1日　《承先启后　责无旁贷——祝中国史学会重建》在《光明日报》

发表。

6日 保定农业专科学校戴广田来信，说："读了您为中国史学会成立撰写的文章，感到深受教益和鼓舞。"

7日 《王芸生先生和他的〈六十年来中国与日本〉》在《人民日报》发表。

21日 致函《光明日报》总编辑杨西光，商调《史学》编辑苏双碧。

同日 《大公报》上海版文教记者张蓬舟来信，谈《人民日报》7日载《王芸生先生和他的〈六十年来中国与日本〉》一文收录王芸生遗著8卷以及续编《近五十年中国与日本》事宜。

同日 当选为中国社会科学院院务委员会委员。

8月

3日 给张蓬舟回信，表示同意对《王芸生先生和他的〈六十年来中国与日本〉》一文的处理，并祝张续编《近五十年中国与日本》早日告成全功。

5—8日 在南开大学历史系参加有中外学者120多人与会的明清史国际学术讨论会。会议论文《研究清史的科学意义》呼吁史学界要加强对清史研究的科学性，通过科学的历史研究来回答现实中提出的一些非常重大的问题。该文收入明清史国际学术讨论会秘书处论文组编的《明清史国际学术讨论会论文集》中，天津人民出版社1982年7月出版。

9日 给戴广田回信，鼓励他"坚持下去，必有成就"。

本月 根据中国史学会的决定，以夏鼐为团长的中国学者代表团作为非正式成员国代表应邀参加在罗马尼亚布加勒斯特召开的第15届历史科学大会。在这次会上，中国代表团向国际历史科学委员会提出了入会申请。

9月

13日 在中国史学会常务理事会第二次全体会议上汇报纪念辛亥革命70周年学术讨论会的筹备工作情况。筹备工作包括确定会议主题和征集论文，以及邀请和对待海外学者的原则等。经多方征求意见，反复讨论，确定学术会议的主题为“辛亥革命和中国资产阶级”，并围绕主题列出约20个重要问题。向大专院校、社会科学研究机构，包括不在这些部门工作的历史学者，发出300多份征文通知，并在征文通知中明确提出论文要评选。

30日 美籍华人历史学家、芝加哥大学历史学讲座教授何炳棣来信，谈次年纪念辛亥革命国际讨论会筹备事，寄美国方面被提名人及其传略。

10月

6日 中国社会科学院党组决定，刘大年任中国社会科学院近代史研究所党委书记。

7日 任辛亥革命70周年纪念筹备委员会委员。

10日 会见应邀前来磋商出版《顾维钧回忆录》事宜的顾菊珍、钱家其。会谈时，明确表示：“顾老先生的回忆录，是研究中国近现代史珍贵的历史资料，要全文翻译，全文出版，我们一字不删，一字不改。”会谈后，经王玉璞联系，利用天津政协袁东衣领衔的翻译中心，很快成立了一个前后有60多人参与的庞大翻译组，其成员大多是新中国建立前在天津海关、洋行里工作过的老人，熟悉的语种包括英文、法文、日文、意大利文、西班牙文等。

20日 会见日本历史学家井上清，就筹备辛亥革命70周年学术讨论会问题交换意见。

11月

5日 会见日本“滔天会”第二次访华团成员宫崎蕗苳、藤井昇三、光冈玄、北冈半治、江田和雄。

1981 年（67 岁）

1 月

12—14 日　12 日，湖南省政协副主席、黄兴长子黄一欧病逝。次日，接到“黄一欧治丧委员会”从长沙发来的电报。14 日，发电报请湖南省政协将所写挽词转“黄一欧治丧委员会”，挽词为：“名著两代，辛亥遗老无多位；书迟一步，民报旧址问何人！”

20 日　参加中美两国历史学家的会谈。美国方面出席的是韦克曼、德巴瑞、亚当斯、简慕善。其中，简慕善教授时任美中学术交流委员会委员、美国驻华使馆学术顾问，韦克曼（即魏菲德）时任美国加利福尼亚大学伯克利分校历史学教授、美国学术团体理事会中国文明委员会委员。

2 月

3 日　宋庆龄副委员长住宅秘书室就 2 日询问宋庆龄与孙中山结婚时间、地点等事信件回复，并转达宋庆龄阅信后的批语。

9 日　参加由全国人大常委会副委员长阿沛 · 阿旺晋美率领的中国人大代表团，应邀前往哥伦比亚、圭亚那、巴巴多斯、特立尼达和多巴哥进行友好访问。代表团成员还有全国人大代表杨春茂、吴肇光以及全国人大常委会办公厅外事室主任彭华。经东京抵达温哥华。

10 日　游览温哥华市容，参观北温哥华高地。加拿大参议员、前议长普瑞先生特意从渥太华赶来，在白求恩出发赴中国的码头附近招待中国代表团一行。在领事馆见 96 岁的温哥华华人耋年会会长卢宝贤。

11 日　由加拿大温哥华飞往墨西哥首都墨西哥城。

12 日　抵达哥伦比亚首都波哥大。晚上，参院议长举行宴会，刘大年与市长、教育厅长等六七人讨论苏联、越南、古巴、毛泽东、（中国）台湾、社会主义中国文化等议题。

13日 参观访问哥伦比亚第三大城市考卡山谷省首府卡利。

14日 参观哥伦比亚安蒂奥基亚省，访问省会麦德林市。麦德林市市政大楼的9幅壁画引起刘大年注意。

15日 飞往玻利瓦尔省卡塔赫纳市参观访问。

16日 继续在卡塔赫纳市参观访问。晚上起飞赴波哥大。

17日 在波哥大拜会参众两院议长、总统、代外长。参观盐城。中国驻哥伦比亚大使举行招待会。与华侨交流，了解哥伦比亚华侨情况。

同日 《中国近代史研究从何处突破?》一文在《光明日报》发表。中国史学会中国历史学年鉴编辑部编《中国历史学年鉴（1981）》（人民出版社1981年版），也收录了这篇文章。文章提出近代经济史研究是当前深入研究中国近代史的最重要课题和突破口，是“筑础”的工作。实际上提出了历史研究中解决如何、怎样的问题比从理论到理论的争论更重要。这对于尊重唯物论、转变学界学风起了良好的作用，也为近代政治史与经济史、文化史等研究的结合指明了方向。这一主张迅速在中国社会科学院近代史所内组织落实，正式成立了近代经济史研究室。

18日 在哥伦比亚参众两院议长陪同下，为西蒙·玻利瓦尔半身像献花圈。然后，旁听参众两院的会议，出席两院的招待会。

19日 离开波哥大，飞往委内瑞拉首都加拉加斯。参观加拉加斯市中心伟人广场和埋葬玻利瓦尔的国家公墓。委内瑞拉两院议长出面款待。

20日 经特立尼达和多巴哥首都西班牙港，飞圭亚那首都乔治敦。参加圭亚那总统生日晚会。

21日 连续参加圭亚那女市长、副总统、议长等组织的4个会议。在乔治敦参观游览。

22日 参观圭亚那凯丘国家公园。参加圭亚那国庆活动。

23日 参观圭亚那国庆团体操。参观中华会馆。

本日 《人民日报》刊登《伯纳姆总统会见阿沛·阿旺晋美》。

24日 参观中国援建圭亚那的砖瓦和纺织二厂。与74岁华裔、前财长杜仲交流，了解圭亚那华侨情况。

25日 参观圭亚那大米厂、糖厂。会见总统。了解圭亚那土地制度情况。

26日　瞻仰圭亚那民族英雄科菲纪念碑后飞抵巴巴多斯。

27日　中国驻巴巴多斯使馆谈巴巴多斯国家情况。

28日　在使馆开支部大会。

3月

1日　参观游览巴巴多斯全岛。

2日　会见巴巴多斯总督，会见总理。出席总理招待会，观看专场文艺演出。

同日　香港大学中文系中国历史教授赵令扬来信，谈将“依时”参加辛亥革命70周年学术讨论会并提交论文事。香港大学文学院院长李鄂也于同日写了类似回复函。

3日　由巴巴多斯议长陪同参观圣乔治独立广场公园、布里奇顿乔治·华盛顿故居、布里奇顿港口岸边的奴隶市场、议会大厦等。中国驻巴巴多斯大使馆举行招待会，巴巴多斯总理出席。巴巴多斯两院议长举行招待晚宴。

4日　飞赴特立尼达和多巴哥首都西班牙港。

同日　《人民日报》刊登《我人大代表团拜会和会见巴巴多斯领导人》。

同日　美籍华人史学家何炳棣来信，谈蒙邀参加辛亥革命70周年国际学术讨论会事出乎意料，需数周后答复。

5日　会见特多（特立尼达和多巴哥）总统、外长，并开始参观访问。出席特多外长晚宴会，与外长长谈。

6日　与特多两院会谈。参观工业基地。出席中国大使招待会。

7日　从西班牙港飞往多巴哥。与石健代办交流，了解特多及其附近国家历史。

8日　游览多巴哥全岛。了解反殖民主义历史。参观特立尼达华人活动地方和当地学校。

9日　飞往委内瑞拉首都加拉加斯。与陈代办交流，了解委内瑞拉历史和现实政治生活。委内瑞拉两院议长陪同参观委内瑞拉议会建筑。对议会大厅整面墙大壁画印象深刻。

10日　飞往墨西哥首都。过境巴拿马，了解巴拿马情况。游览墨西哥城市中心。参观查普特佩克山历史博物馆和总统府。

11日　参观日月金字塔，参观墨西哥议会两院。

12日　踏上返回航程。

14日　中国人大代表团结束对南美4国的访问，回到北京。晚年，根据访问过程中记下的日记，写了《拉丁美洲的英雄玻利瓦尔》，去世后发表在2001年6月15日的《人民日报》上。

15日　澳洲国立大学远东史系傅因彻来信，谈应邀参加辛亥革命70周年学术讨论会事，包括论文准备情况和“会议结束后并希望能到北京和南京阅览第一历史档案馆的有关资料”等。

18日　英国伦敦大学非洲与东方学院柯文南博士（C.A.Curwen）于中国南京来信，表示愿意来中国参加辛亥革命70周年学术讨论会。

21日　日本中国研究所所员、冈山大学副教授石田米子来信，谈将代表中国研究所参加辛亥革命70周年学术讨论会。

24日　美国加州大学圣巴巴拉分校“研究讲座”徐中约教授就应邀参加辛亥革命70周年学术讨论大会事写长信，谈“不拟宣读论文”，请联络国内相关学者，为夫妇访华签证提供便利，以及航寄新近出版的《剑桥中国史》等。

4月

1日　《横滨东京孙中山遗迹访问记（一）》在《文物》第3期发表。

7日　致函国家出版局副局长王子野，谈是否出版法籍华人陈庆浩拟编印的《越南史料丛书》事。

13日　王子野回信谈出版《越南史料丛书》“确实是个难题，不能决断”。

同日　柯文南来信谈太平天国研究和拍摄英国从广州拿走的两广总督衙门的大批档案事，建议“最好还是由中国社会科学院通盘解决问题”。

17日　全国人大常委会办公厅外事室徐宗熙来信，寄《人大代表团出访拉美四国的报告》及新华社驻哥伦比亚分社、中国驻圭亚那使馆所拍摄的照片。

5月

1日 《横滨东京孙中山遗迹访问记（二）》在《文物》第4期发表。

7—10日 中国史学会第二届理事会第二次会议在上海举行。在会上作《历史与现实》的发言。发言分析历史研究中出现怀疑马克思主义指导思想的主客观方面的原因，并对以前研究工作中出现的一些偏差作批评和自我批评。会议期间，还汇报了纪念辛亥革命70周年学术讨论会筹备情况，主要是论文评选情况，说明以学术水平作为论文是否入选的唯一标准。

7日 厦门大学副校长傅衣凌教授来信，问“在京时谈及纪念康熙收复台湾三百周年事，不知已否请示廖公？”

12日 被中国大百科全书出版社聘为《中国大百科全书》中国历史编辑委员会委员。

25日 晚上，正在北京访问的哥伦比亚参议院副议长伊萨萨和卡德纳斯受哥伦比亚国会的委托，授予叶剑英委员长金质特级十字勋章。授勋仪式后，哥伦比亚驻华大使马里奥·圣多明戈和夫人为代表团访华举行了招待会。刘大年出席了授勋仪式和招待会。

29日 任宋庆龄治丧委员会委员。

6月

5日 致函中国社会科学院副院长宦乡，谈大陆与台湾之间进行学术交流事。

13日 国务院学位委员会第二次会议通过国务院学位委员会学科评议组成员名单，任历史学评议组委员。

本月 《孙中山——伟大的爱国主义者与民主主义者》在《近代史研究》第3期发表。

7月

15日 下午，参加中国社会科学院院部召集的学习《关于建国以来党的若干历史问题的决议》部分专家、学者座谈会。在会上发言。发言摘要

《历史唯物主义的力量——〈关于建国以来党的若干历史问题的决议〉发言摘要》在7月18日的《光明日报》发表。

16日 就日本宋庆龄基金会副理事长仁木富美子在6月11日的《人民日报》发表《献给宋庆龄同志》诗词事，致函仁木富美子，称赞该诗词“真切感人”，并称很高兴能在20日在北京见到她。

同日 德意志民主共和国莱比锡卡尔·马克思大学校长拉特曼（阿德曼）教授来信，邀请参加该校非洲和东方学系拟办的学术座谈会，并请在德意志民主共和国逗留两周。

18日 《人民日报》以《首都著名社会科学家座谈学习六中全会文件　用〈决议〉指导整个社会科学研究》为题，对15日中国社会科学院院部举行的座谈会进行报道，并刊登部分发言摘要。

本月 在东京大学的讲稿结集出版，题名为《赤门谈史录——论辛亥革命的性质》，由人民出版社出版。该书收录在日本讲学基础上写成的《中国近代史研究的现实意义与指导思想问题》《论辛亥革命的性质》《中国近代史研究的现状》，并附录《承先启后　责无旁贷——祝中国史学会重建》《王芸生先生和他的〈六十年来中国与日本〉》《横滨、东京孙中山遗迹访问记》及其《追记》。《赤门谈史录》出版后，很快流传到国外，在苏联、日本等国受到重视。

8月

23日 《人民日报》刊发《刘大年代表纪念辛亥革命70周年学术讨论会组委会欢迎台湾学者参加学术讨论会》。

28日 香港大学文学院林启彦来信，称非常乐意出席纪念辛亥革命70周年学术讨论会，告知其将转任香港浸会学院基础课程部（历史组）的副讲师，很愿意为内地学界与浸会学院之间建立密切的学术交流贡献力量。

29日 《〈横滨、东京孙中山遗迹访问记〉追记》在《文物》第8期发表；《历史与现实——在中国史学会理事会上的发言》在《近代史研究》第4期发表。

9月

6日 《爱国主义和民主主义的杰出代表——孙中山——纪念辛亥革命七十周年》在《文汇报》发表。

14日 给德意志民主共和国卡尔·马克思大学校长拉特曼教授回信，说“不能出席十月二十三日举行的纪念爱德华·埃克斯教授九十诞辰和莱比锡东亚学研究所建立三十周年科学座谈会”（埃克斯，一译爱吉士）。后来调整工作，按时参加会议。

16日 致函时任国务院侨务办公室主任的廖承志，送纪念辛亥革命学术论文两篇，“陈请审阅”和指示。后来，《论宋庆龄》一文没有公开发表，而关于孙中山的文章末尾驳“三民主义统一中国”的一段内容得以保留。

18日 与黎澍、余绳武等会见日本京都大学人文科学研究所狭间直树。

下旬 《孙中山——伟大的爱国主义者》在《红旗》第18期发表。

10月

3日 《人民日报》刊登署名“傅能华”的《〈纪念辛亥革命专号〉出版》。

10日 《人民日报》公布《参加辛亥革命七十周年纪念大会各界人士名单》，名列筹委会委员。

12日 家乡湖南省华容县丝绸厂全体职工来信并赠送被面。

12—15日 中国社会科学院近代史研究所承办、中国史学会和湖北省哲学社会科学联合会共同举办的纪念辛亥革命70周年国际学术讨论会在武汉举行。参加讨论会的有来自29个省、市、自治区的史学工作者127人，以及来自中国香港地区和澳大利亚、加拿大、朝鲜民主主义人民共和国、印度、法国、日本、罗马尼亚、泰国、英国、美国10国的学者、专家44人，共计171人。这次学术讨论会会前收到论文200多篇，其中经评审提交会议讨论的81篇，外国学者提交论文25篇。12日上午举行开幕式。以大会组织委员会主任身份致开幕词。12日下午开始大会宣读论文。13日会议分经济、政治、人物评价、会党、思想文化5个小组进行讨论，讨论13个专题。经评审入选的论文《孙中山——伟大的爱国主义者与民族主义者》在会上进行交流。

13日　《人民日报》刊登《纪念辛亥革命七十周年学术讨论会开幕一百多位中外学者齐集武昌，研究辛亥革命史。屈武到会热烈祝贺，刘大年、梅益、韩宁夫、郑天挺也讲了话》。

20日　《人民日报》刊登署名“晓桥”的《〈赤门谈史录〉出版》。

21日　应莱比锡卡尔·马克思大学邀请，与南京大学赵瑞蕻教授参加该校东亚学研究所成立30周年座谈会。早上从北京起飞，飞越太原、乌鲁木齐、喀喇昆仑至往卡拉奇，下午在卡拉奇机场短暂停留后，飞赴贝尔格莱德，途经沙特阿拉伯、约旦、叙利亚、土耳其、地中海等地。

22日　飞赴东柏林。莱比锡卡尔·马克思大学（1991年改回莱比锡大学）讲师毛来福先生、中国驻德意志民主共和国大使馆政务参赞田健、文化专员马君玉等在机场迎接。赴萨克森州的莱比锡。与李希特讲师共进晚餐，了解学校教师工资等级以及汉学家情况等。

23日　与莱比锡大学教授长、历史学家阿德曼（即拉特曼）校长等见面，送书、字等礼物。参加纪念爱德华·爱吉士教授诞辰90周年和东亚学研究所成立30周年学术讨论会的学者共约40人，与赵瑞蕻为仅有的外国客人。应邀在开会时致词，闭幕时作简短讲话。

24日　在莱比锡参观。

25日　由爱丽嘉·陶勃陪同，参观哥德堡古斯塔夫·阿道夫广场、苏军大兵营所在地魏森费尔茨、萨尔河、歌德纪念馆等地。与爱丽嘉交谈中了解莱比锡大学的科研教学工作，并记录相关内容。

26日　与赵瑞蕻拜见莱比锡大学副校长别扎，听他介绍大学情况，并接受赠书。会见中，别扎还提出希望中方能够请他们去交流。下午至柏林，洪堡大学亚洲系中国历史政治经济教研室主任费路等车站相迎。与石德克教授交谈。

27日　与赵瑞蕻至洪堡大学亚洲系、中国部历史科参加主题为“资本主义萌芽”的座谈会。石德克教授等20余人在座。在会上介绍20世纪50年代以来中国资本主义萌芽问题的讨论过程，以及争论焦点和一致点等。访问民主德国科学院历史所。与副所长海测尔等交谈两小时，主张加强交流，并送书。费路教授、柯公然助教陪同观看距洪堡大学数百米的勃兰登堡门、希特勒总理府遗址等。晚上，与在民主德国党中央工作的前柏林大学讲师考夫曼博士交谈，谈及中美关系、中苏关系以及中德关系等。

28日　由费路教授陪同访问历史工作者协会。会见历史学全国委员会执行副主席木克教授，了解学会情况。讲辛亥革命问题，讲到“反满问题”时，引起热烈反应。费路教授在会谈中建议双方合作进行某些项目的研究，还介绍了西柏林与东柏林之间争论、交流的一些问题。

29日　与赵瑞蕻在费路陪同下，离开东柏林赴勃兰登堡州首府波茨坦。途中参观马丁·路德宗教改革宣布《九十五条论纲》的教堂。

30日　与赵瑞蕻参观莱比锡人种学博物馆。前往南郊公墓给爱吉士教授墓献花。

31日　参观瓷都麦森。

11月

1日　赴莱比锡市西北、依尔姆河畔的魏玛，参观依尔姆河公园。

2日　访问莱比锡大学日耳曼语系。到莱比锡大学历史系系主任区克教授处告别。区克表示对中国与西方交往不满意，回答中国为什么与西方交往和“文化大革命”是否会再发生的问题。

3日　经柏林飞贝尔格莱德。

4日　至老贝尔格莱德城外，参观阿瓦拉山无名英雄碑、克里波格丹要塞。其间，参观一工人家庭，感觉比中国强多了。瞻仰铁托墓。晚上，与赵瑞蕻搭乘飞机踏上回国旅程。

10日　广东省社会科学院历史研究所所长张磊来信，谈广东准备在1983年举行有关康梁和维新运动的讨论会事，并送书一册。

16日　何炳棣来信，谈参加纪念辛亥革命70周年学术讨论会事。

18日　美国俄勒冈大学周锡瑞来信谈未能出席辛亥革命讨论会的原因。

20日　给年轻时好友刘浴生的弟弟刘文渊写信，鼓励努力向前看，并回忆与刘浴生奔赴延安的往事。

23日　中国档案学会成立大会暨第一次档案学术讨论会在北京举行。被中国档案学会聘为顾问。

29日　给家乡丝绸厂党委和全体职工回信，祝贺丝绸厂兴建，并退回所送被面。

12月

3日　白寿彝来信，寄提案草稿，希望得到支持，同意在提案上署名。

7日　致函赵瑞蕻，谈访问民主德国的相关情况，问“我们商议的搞一个接触到的德方人士名单，不知已否就绪”。

17、18日　为筹备中国史学会1983年首届学术年会，中国史学会专门召开二届三次常务理事会会议。被与会者推举主持会议。

28日　《人民日报》报刊论文摘要专栏刊登在本年《近代史研究》第4期发表的《历史与现实》论文摘要。

30日　上海市台湾同胞联谊会创会会长、日本问题和中国台湾问题专家郭炤烈来信，感谢在东京受到照顾。

1982年（68岁）

1月

3日　给美国俄勒冈大学周锡瑞回信，谈航空邮件延误影响出席纪念辛亥革命70周年学术讨论会事。

2月

10日　中国史学会发布《关于中国史学会学术年会讨论会主题的一些参考意见》，公布中国史学会二届三次常务理事会就召开1983年首届学术年会所作的决定，并发布相关论文选题指南。

17日　《观王森老苍松图》诗作在《光明日报》发表。

3月

5日　日本名古屋大学森正夫来信谈来中国社会科学院近代史研究所、

历史研究所等地作两三周的自费访问事宜。

9 日 致函中国社会科学院领导梅益、宦乡，谈美国密苏里大学教授谢文孙来函并电话邀请赴美参加 1982 年亚洲学年会事，并寄送给谢文孙回信请审改。

17 日 给日本名古屋大学森正夫回信，表示近代史研究所本年接待外国学者的计划早已过满，以后有机会再留意。

20 日 致“美国亚洲研究协会领导人、会议主席、各位先生”函，放弃赴美参加亚洲学年会的机会，改推胡绳赴会。

4 月

16 日 与余绳武、瞿同祖、钱宏、丁名楠等会见应邀来访的美国学者刘广京。刘广京在近代史所作《美国三十年来研究中国近代史的趋势》的报告。

本月 《王芸生先生和他的〈六十年来中国与日本〉读后记》被收入三联书店出版的《六十年来中国与日本》第 8 卷附录中。

本月 担任中国史学会执行主席，筹备中国史学会 1983 年年会。

5 月

28 日 写《四川江油李白纪念馆来函索书，敬谢未能，寄还纸张，打油代柬》。

29 日 上午，参加由中共中央、全国人大常委会、国务院举行的纪念中华人民共和国名誉主席、中国共产党党员宋庆龄同志逝世一周年的仪式。

本月 张书生赠诗一首，并谈“赠张孝骞大夫诗”感想。

6 月

11 日 晚上，出席全国人大常委会副委员长阿沛 · 阿旺晋美在人民大会堂举行的欢迎哥伦比亚参议院议长古斯塔沃 · 达赫尔和夫人的宴会。

12 日 会见日本中央大学市古宙三、东京大学佐伯有一。

17 日 因身体略有不适，不能参加市古宙三在中国的生日聚会，特致函给市古宙三、佐伯有一。

24日 致函华东师范大学青年史学社，祝贺他们“完成学业，走上新的战斗岗位”，并希望为马克思主义历史科学奋发努力。

下旬 就福建省郑成功研究学术讨论会事宜，给厦门大学副校长傅衣凌教授复电。

7月

1日 致函林增平，推荐北京师范大学历史系中国近代史专业毕业生杨鹏程，并谈及1983年中国史学会学术年会论文写作事宜。

3日 中国人民大学教授吴大琨给中国社会科学院世界经济与政治研究所所长钱俊瑞写信，对中国社会科学出版社出版的中国社会科学院近代史研究所周天度编辑的《救国会》一书的史料问题提出质疑。

4日 钱俊瑞给“大年、绳武同志”写信，请转吴大琨质疑《救国会》史料信给周天度阅，认为《救国会》一书“基本上很好”。

14日 代表中国史学会常务理事会写成《致郑成功收复台湾三百二十周年学术讨论会的信》。

15日 因李白纪念馆负责同志“两次来函索书”，回信并写《诗人李白逝世一千二百廿周年　江油纪念馆属题》诗一首。

19日 致函中共中央政治局委员、中央对台工作领导小组组长邓颖超和国务院侨务办公室主任、中央对台工作领导小组副组长廖承志，送关于出版《顾维钧回忆录》问题的纪要一件，请审阅并予以关注。

25日 廖承志在关于出版《顾维钧回忆录》问题的信上批道“可以出版顾维钧长篇回忆录”等语。

26日 本日至8月1日，福建省郑成功研究学术讨论会在厦门大学举行。会上，100多名中外学者就郑成功收复台湾和郑成功的抗清活动等问题展开热烈的争论。

28日 中共中央政治局委员邓颖超在关于出版《顾维钧回忆录》问题的信上批道“可请廖公与有关方面商酌办理”等语。

30日 致函顾菊珍，告知《顾维钧回忆录》的翻译出版进展情况。

31日 致函全国人大常委会副委员长、西藏自治区人民政府副主席阿

沛 · 阿旺晋美，介绍即将举行的学术年会的主题，请“指示或委托有关的同志”，“组织在西藏自治区或在其他地方工作的藏族同志撰写几篇文章，并出席讨论会”。

8月

3日 《致郑成功收复台湾三百二十周年学术讨论会的信》在《人民日报》发表。

4日 应中国电影评论学会和北京电影制片厂邀请，和首都学术界以及电影界知名人士一起观摩中日合拍的影片《一盘没有下完的棋》，并在座谈时讲话。《人民日报》8日发表《斗志诚坚共抗流——首都学术界、电影界知名人士座谈〈一盘没有下完的棋〉摘要》。

10日 中国史学会纪念抗日战争胜利37周年学术座谈会在近代史研究所召开。在会上发言，对日本文部省通过审定教科书篡改历史的行径予以揭露和抨击。

14日 《历史是伟大的教师——纪念抗日战争胜利三十七周年》在《光明日报》发表。这是首次特意写关于抗日战争的文章。

同日 《光明日报》编辑苏双碧来信，谈《历史是伟大的教师——纪念抗日战争胜利三十七周年》排版时删去几百字事，并说：“文章刊出后，今天评报栏上认为，尊作是近来批判日本文部省篡改历史最深刻的一篇，反映还好。”

29日 下午，参加全国人大常委会委员长叶剑英会见法国国民议会议长路易 · 梅尔马兹和夫人以及由议长率领的法国国民议会执行局代表团的活动。

31日 晚上，应邀出席法国国民议会议长路易 · 梅尔马兹在法国驻华大使馆举行的答谢宴会。

下旬 《读书》杂志乘部分近代史专家在承德避暑山庄举行学术讨论会之机，邀请几位同志座谈胡绳的《从鸦片战争到五四运动》这部著作。人民出版社编辑林言椒认为，“六十年代影响最大的，我看恐怕就是郭沫若主编、实际上是刘大年写的《中国史稿》第四册，和翦伯赞的《中国史纲要》第四册”。

本月 在近代史所组织了一次专门针对日本修改教科书问题的大型讨论

会。在会上指出，教科书问题将会是一场长期的斗争，不能掉以轻心，并要求近代史所中外关系研究室的张振鹍和邹念兹密切关注教科书事件的事态发展。近代史所编纂的《学术动态》专门有一期介绍这次讨论会的情况。

本月 在《近代史研究》第4期发表《戊戌变法的评价问题》。

本月 从王府井大街东厂胡同一号搬家到木樨地24楼508室。

10月

中共中央政治局委员胡乔木到东北访问，回来后就提出要建立抗日战争纪念馆，得到吕正操将军的支持。最初负责筹建具体工作的是时任北京市副市长的白介夫，后来刘大年被请去一起筹备。

11月

10日 参加由中国史学会举办的首都史学界纪念郭沫若诞辰90周年报告会。在报告中谈如何学习郭沫若的问题。《人民日报》次日以《首都史学界举行报告会　纪念郭沫若同志诞辰九十周年》为题对报告会进行报道。

20日 参加以全国人大常委会副委员长朱学范为团长的中国人大代表团访问澳大利亚和新西兰，12月11日结束。任代表团副团长。团员有全国人大代表马宾、全国人大常委会委员那木拉、全国人大代表王炜钰。代表团当日到达香港。

21日 白天在香港住处休息。晚上飞赴澳大利亚。

22日 中国人大代表团到达悉尼。澳大利亚参议院议长哈罗德·扬和中国驻澳大利亚联邦大使林平到机场迎接。游海湾植物园。

23日 从悉尼飞堪培拉。在北澳国立大学座谈会上，应该校远东史教授王赓武邀请致词。后参观首都建筑，并至总督府拜访总督尼尼安·斯蒂芬爵士。出席议会旁听会。出席中国驻澳大利亚大使招待晚会，与澳大利亚高级人士接触，谈最关心的中苏关系。

24日 领队至维多利亚州供电局“洛阳”煤电等开发基地参观访问，随后抵达墨尔本。团长朱学范等则由悉尼直接去维多利亚州首府墨尔本。

25日 会见澳大利亚外交部长、众院议长，后游览市容。至广播电台，团长朱学范和大使林平回答众议院议长提出的国际热点问题。众议院议长委托两位副议长主持晚宴，刘大年在宴会上发言。

26日 参观新南威尔士州农业研究中心。在市长招待会讲话，受到好评。

27日 参观新南威尔士州维路那农场。

同日 山东省社会科学院研究员孙祚民在《学术月刊》第11期发表《关于太平天国政权性质的讨论及其意义——与刘大年同志商榷》，表示不同意1980年《近代史研究》第2期刊发的《中国近代史研究的现状》中“对个别人主张太平天国政权是又一个封建政权的看法，不能接受”的批评。

28日 在悉尼市游动物园。晚上，想起恩格斯所说的“请求鸭嘴兽原谅”，记日记。

29日 在悉尼参观中国音乐厅，游海湾。参观议会建筑及议员、议长办公室。晚上，在中国驻悉尼领事馆举行答谢宴会。

30日 飞新西兰北部海边城奥克兰。飞新西兰首都惠灵顿。晚上，使馆举行招待会。时值中国南极考察委员会主任武衡率队访问新西兰，曾经一同访问苏联的两人再次见面。

12月

1日 中国人大代表团在新西兰首都惠灵顿参加6个节目。在新西兰议长哈里森主持的54人宴会上即席讲话。会见新西兰工党领袖罗林和社会信用党领袖比瑟姆。在惠灵顿旅馆写《同马列谈话》提纲。

2日 拜会新西兰总督贝蒂、总理马尔登。后飞新西兰北部风景区罗托鲁阿。参观新西兰第二湖博物馆。晚上，在更籍广东的越南难民所开“竹园酒家”就餐，与店主交谈。在旅馆观看毛利族表演。

3日 游览罗托鲁阿塔拉威拉山，参观维克多乳制品工厂。下午参观锯木厂。

4日 参观罗托鲁阿地热区怀拉基地之地热发电中心。参观牧场两处。

5日 离罗托鲁阿赴威坦益海湾考察，了解英国殖民新西兰历史。

6日 乘车游海、钓鱼。下午，游果园等处，最后至森林保护园。

7日 飞往奥克兰。游览奥克兰市一周，并在华侨欢迎会上讲话。出席新西兰议员举行的告别晚宴。

8日 访问奥克兰大学，与两个讲中国近代史的教师交流。离开新西兰，飞抵巴布亚新几内亚首都莫尔兹比港，了解该国经济政治情况。晚上，抵达香港。

9日 中国人大代表团在广东省委第一书记任仲夷陪同下游海洋动物园。全团总结会，最后发言。

27日 主动提出不再担任近代史研究所所长职务，要求从行政一线退出。被中国社会科学院党组任命为名誉所长，免去所长、党委书记职务。从此连续任名誉所长直至1999年12月去世。

本年 在家中便宴日本友人、早稻田大学教授安藤彦太郎，就如何看待“文化大革命”、如何看待中国共产党所犯错误交换意见。

本年 与宓汝成合招中国近现代史方向硕士研究生郑起东。

本年 倡导和组织设立中国社会科学院近代史研究所经济史研究室和文化史研究室。

1983年（69岁）

1月

13日 给华容县教育局教育志编写组同志回信。

3月

12日 分别致函中共中央总书记胡耀邦，中共中央政治局委员胡乔木和中共中央书记处书记、中宣部部长邓力群等，邀请他们到中国史学会首次学术年会暨中国史学界第三次代表大会会上讲话。

12—14日 参加中国社会科学院近代研究所发起组织的《近代中美关系史丛书》编写工作座谈会，并在会上发言。

本月 《学习郭老——在中国史学会纪念郭沫若同志诞辰九十周年学术报告会上的发言》在《近代史研究》第1期发表。

3月

23日 国际历史科学委员会秘书长阿维勒夫人来函，谈及加强中国史学会秘书处同国际历史科学委员会秘书处之间的联系问题等。

4月

8日 确定由中国社会科学院世界历史研究所副所长张椿年负责同国际历史科学委员会联系。致函国际历史科学委员会秘书长阿维勒夫人，说明加强联系以及阿维勒夫人访华、中国历史学家参加第16届国际历史科学大会的筹备工作等事。

11—16日 中国史学会首次学术年会暨中国史学界第三次代表大会在北京举行。会议分两个阶段进行，11日至14日举行首次学术年会，15日至16日举行第三次代表大会。11日，以中国史学会执行主席身份主持会议的开幕式。受胡耀邦、胡乔木委托，中共中央宣传部部长邓力群在开幕式上作了讲话。出席这次学术年会的史学工作者共220人，有10余位同志就自己提交的论文在大会上发言，另外还进行了分组讨论。年会集中讨论马克思主义与历史科学、关于爱国主义教育、历史遗产与社会主义精神文明3个方面的问题。刘大年向大会提交《中国马克思主义历史学与中国社会主义》长篇论文，内容涉及马克思主义指导历史研究问题、历史科学与现实的关系问题、马克思主义与史学方法问题以及爱国主义教育问题。15日开始举行的中国史学界第三次代表大会，通过了《中国史学会第二届理事会会务工作报告》，改选了领导机构，选举产生了新的主席团。刘大年当选为第三届中国史学会理事会常务理事、理事会主席团成员。

25日 出席全国人民代表大会常务委员会举行的欢迎由诺努马洛·索法拉议长率领的西萨摩亚议会代表团的宴会。

本月 中国史学会加入国际史学会。

5月

9日 当选为第六届全国人民代表大会代表。

21—26日 全国历史科学规划会议在长沙召开。主编的《中国近代史稿》，被列为国家计划的中国近现代史项目。

28日 《人民日报》发布《中国社会科学院今年开始招收博士研究生》报导，名列指导老师名单。

本月 近代史研究所译《顾维钧回忆录》第一分册由中华书局出版。书中有一篇顾维钧先生亲笔签字的《附言》。在请人将书带给顾维钧时，刘大年在赠书的扉页上题字。据顾菊珍后来说，顾老先生在纽约家中拿到此书后，非常高兴，对“为寿”二字，十分满意。《顾维钧回忆录》计600万字，1994年6月全部出齐，共13册。

本月 为岳阳地区苏维埃时期文化史资料汇编题祝辞。

6月

6日 本日至21日，参加在北京召开的第六届全国人民代表大会第一次会议。

7日 当选为全国人大教科文卫委员会委员。

13日 《郭沫若与哲学》在《人民日报》发表。

17日 致函《天津社会科学》编辑肖恩元，谈退稿事。

18日 当选为第六届全国人民代表大会常务委员会委员。

25日 与全国人大常务委员会法制委员会副主任委员张友渔宴请来访的日本历史学家井上清。

本月 《当前历史研究的时代使命问题》在《近代史研究》第3期发表。

本月 中华书局编辑出版《纪念辛亥革命七十周年学术讨论会论文集》上、中、下三册。

7月

20日 致函《哲学研究》编辑部，寄去《论领袖与群众》。

同日 致函中共中央宣传部部长邓力群，谈纪念国民党第一次代表大会六十周年的设想。邓力群在该信上批示请中国社会科学院相关领导征求统战部的意见后再向中央写报告。

8月

3日 会见应邀来访的日本学者久保田博子。

15日 师力坤因患癌症住入北京龙潭湖肿瘤医院治疗。

22日 晚上，出席全国人大常委会为欢迎由莫里斯 · 恩塔霍巴里议长率领的卢旺达国民发展议会代表团举行的宴会。

27日 陪同卢旺达国民发展议会代表团访问杭州。晚上出席浙江省人大常委会主任李丰平主持的欢迎宴会。

本月 《关于历史研究的指导思想问题——评马克思主义“过时论”》在《世界历史》第4期发表。

9月

4日 出席全国人大常委会副委员长黄华会见顾菊珍、钱家其的活动。

6日 致函一落选考生，鼓励奋发有为。

同日 全国人大常务委员会法制委员会副主任委员张友渔来信，请选寄中国社会科学院出版的历史研究方面的资料给浙江省政府外事办公室主任王黎夫。

7日 下午，师力坤最后一次谈话，反复讲对国事家事都满意、放心，没有遗憾，旋即昏迷。

10日 回复湖南老乡来信，说明所知道的关于其父亲曾在国民党中任职的情况。

15日 给厦门大学历史系教授黄松英回信，谈学术争论。

16日 给张友渔回信，为王黎夫开了一个简单的书目。

19日 师力坤病逝。病危时，她对前来看望的中央美院领导说：“我们这些人都是在为党工作，政策一定要落实到具体人上，让他们体会到党的温暖。”

22日 举行师力坤遗体告别仪式，送北京东郊火葬。

23日 夫人师力坤骨灰安置于八宝山革命公墓。写《悼亡》诗。

26日 写《遣怀》诗。

本月 《论领袖与群众》在《哲学研究》第9期发表。

10月

19日 会见香港学者霍启昌。

31日 《人民日报》刊登童超的《关于历史与现实的联系与区别》，介绍史学界就历史与现实的联系与区别的讨论情况。发表在《近代史研究》1981年第4期上的《历史与现实》的观点被作为文章的主要观点的标题。

本月 齐赫文斯基院士作为苏中友协的会长率领友协代表团访问北京，作为中国史学会主席团执行主席与之会谈。

本月 《〈历史小故事丛书选辑〉序》在《读书》第10期发表。

11月

1日 给曾任周恩来理论秘书、中央党校副校长范若愚回信，说明“和缓”一词的出处。

5日 《坚持史学领域批判历史唯心论的斗争》在《光明日报》发表。

10日 给老同学回信，谈“遇事看大处、看远处”。

16日 《谈学历史》在《光明日报》发表。

29日 本日至12月2日，参加全国六届人大常委会第三次会议连续举行的5次全体会议，深入讨论加强社会主义精神文明建设、争取社会风气根本好转的问题。在发言中谈异化问题。

12月

3日 《人民日报》刊登《六届人大常委会三次会议讨论加强精神文明建设争取社会风气根本好转问题　以宪法为准则分清是非有破有立　彭真指出，清除精神污染，要采取民主的方法，摆事实，讲道理，坚持真理，修正错误。陈丕显说，清除精神污染既要划清政策界限又要开展批评和自我批评》报导。报导刊登了会议上的发言。

17日 杨秀峰夫人孙文淑寄杨秀峰1935年5月在北平师范大学所作的《历史动力学之检讨》的学术报告讲稿，问该遗稿“可否发表”。接信后撰写《杨秀峰〈历史动力学之检讨〉重印记》一文。

26日 前往毛主席纪念堂瞻仰毛泽东遗容，参观毛泽东、周恩来、刘少奇、朱德纪念室，观看记录毛泽东、周恩来、刘少奇、朱德和其他老一辈无产阶级革命家领导中国人民进行艰苦卓绝的革命斗争事迹的纪录片《光辉永存》。

29日 胡乔木视察卢沟桥地区的桥史资料陈列馆，就建立抗日战争纪念馆及该馆陈列内容发表重要讲话。胡乔木在同白介夫谈到建馆方针、史料征集、展品陈列时说："你们可以向刘大年请教。"时任全国人大常委会副委员长的邓颖超也曾派秘书到陈列馆来，转达她与胡乔木相似的想法。桥史馆的领导抓住这一契机，马上写报告，通过有关领导送到中央相关部门批示。

本年冬 根据中央领导同志关于中国社会科学院牵头，筹备成立一个全国性的孙中山研究学术团体的批示，成立由中国社会科学院党组书记梅益、中央统战部副部长李定、民革中央副主席吴茂荪、全国政协副秘书长杨拯民、中国史学会主席团成员参加的筹备工作领导小组。在中国社会科学院党组书记梅益主持下，刘大年实际承办参与筹建孙中山研究会的工作。

本年 中国社会科学院学位委员会各学科评议分组成员名单公布，当选为历史学评议组成员。

1984年（70岁）

1月

9日 经中央批准，担任孙中山研究学会副会长，胡绳为会长。

10日 被聘为中国社会科学院研究生院教授、1981级硕士生指导老师。

16日 上午，在政协礼堂主持中国史学会主办的纪念中国国民党"一大"60周年学术讨论会暨孙中山研究学会成立大会。全国政协主席邓颖超出席大会开幕式并讲话，宣布孙中山研究学会成立（1986年该会定名为中国孙中山研究会)。会议选举产生孙中山研究学会理事会，当选为副会长，胡绳当选为会长。会后，主持召开学会第一次理事会，决定在1985年孙中山逝世60周年时，举办孙中山研究述评国际学术讨论会。下午，全国各地参加纪念中国国民党“一大”60周年学术讨论会的专家、学者60多人，召开了学术讨论会。

同日 晚上，应邀出席中国国民党革命委员会中央委员会在人民大会堂台湾厅举行的茶话会，纪念中国国民党第一次全国代表大会60周年，祝贺孙中山研究学会成立。

17日 《人民日报》发表《纪念国民党“一大”60周年学术讨论会暨孙中山研究学会成立大会在京举行　邓颖超、屈武讲话，王震、杨尚昆等和三百多专家学者出席》报导。

同日 《人民日报》发表《孙中山研究学会成立　胡绳、刘大年分别担任正副会长》报导。

同日 《人民日报》发表记者杨建业的报导《民革中央举行茶话会　纪念国民党“一大”六十周年　祝贺孙中山研究学会成立》。

同日 国家文物局局长孙轶青为筹建抗日战争纪念馆视察卢沟桥地区。

25日 日本东京都立大学人文学院教授野泽丰来信，对刘大年夫人师力坤去世表示悼念之意，对自己的文章被收入《纪念辛亥革命七十周年学术讨论会论文集》并作了修改表示感谢。

28日 撰写的《新春联》在《人民日报》发表。

本月 日本京都日中学术交流恳谈会的有关联络人提出倡议，在三年半后的1987年7月，即卢沟桥事变50周年之际，邀请中国学者召开关于近代日中关系的学术讨论会。这种看法不久就得到了“恳谈会”联络会议的承认。

2月

23日 参加人大常委会举行的欢迎由国民议会议长、民族统一进步党总书记埃米尔·姆沃罗哈率领的布隆迪国民议会和民族统一进步党代表团的宴会。

26日 参加国家主席李先念在人民大会堂会见布隆迪国民议会和民族

统一进步党代表团的活动。参加中共中央总书记胡耀邦在中南海会见布隆迪国民议会和民族统一进步党代表团的活动。

27—28 日 陪同布隆迪国民议会和民族统一进步党代表团在安徽合肥进行访问，参观安徽省纺织印染总厂等地。

本月 《异化与历史》在《瞭望》周刊第 8 期发表。

3 月

2 日 《人民日报》刊登《〈中国国民党“一大”六十周年纪念论文集〉出版》报导。

8 日 致函湖南华容县教育志编写组、黎元善同志，拒绝为《华容教育志》作序和题字，但表示“可以做点参谋、顾问工作”，并提相关建议。

12 日 参加在中山公园中山堂举行的纪念孙中山逝世 59 周年活动。

19 日 致函美国加州大学洛杉矶分校应用语言学系系主任拉斯坎贝尔教授，感谢其对在美国留学的儿子刘醒吾在他母亲病逝期间的关心，商谈在北京见面事宜。

本月 河北、河南、山东人民出版社出版《历史小故事丛书选辑》，作序《与青少年朋友谈学历史》。

春 1983 年中国史学会加入国际史学会后，即着手准备参加 1985 年 8 月将在联邦德国斯图加特市举行的第 16 届国际历史科学大会。本年春，中国史学会开始筹组中国学者代表团，经酝酿，拟担任团长，季羡林、莫阳为顾问。

4 月

1 日 致函岳阳楼大修办公室负责同志，并应邀为大修后的岳阳楼题写楹联。

9 日 致函中国国民党革命委员会中央委员、中国孙中山研究会理事马璧，说“大作已转《团结报》”。

14 日 时任全国人大法律委员会副主任委员的张友渔就筹建抗日战争纪念馆事来信，介绍北京市文物局顾问陈鼎文前去面谈。

20 日 北京市文物事业管理局陈鼎文来信，寄送议后修订的给胡乔木同志的报告，请审阅。

22日 致函给胡乔木，赞同在当年卢沟桥畔宛平城修建抗日战争纪念馆。

25日 参加《历史研究》编辑部在北京举行的庆祝创刊30周年茶话会，并在会上发言。

本月 《异化与历史动力问题》在《哲学研究》第4期发表。

本月 写《赠老友井上清先生》两首。

5月

3日 下午，参加中共中央政治局委员、中日友协名誉会长王震在人民大会堂会见并宴请日本历史学家井上清和夫人的活动。

28日 湖南省人大常委会办公厅来函，邀请列席20日召开的湖南省第六届人民代表大会第二次会议。

本月 陪同井上清夫妇一起到山西、内蒙古访问。其间，井上清提议卢沟桥事变50周年的时候要在京都、东京召开中日学者恳谈会，探询召开卢沟桥事变50周年国际学术讨论会的意见。表示赞同，认为很有必要。

6月

6日 胡乔木就修建抗日战争纪念馆事致信中共中央书记处书记、国务院副总理万里，要求中央部门牵头筹备，并在各方面予以大力支持。

15日 就出席第16届国际历史科学大会准备论文事，致函中华书局总编辑、中国史学会第三届理事会秘书长李侃和《历史研究》主编庞朴。

同日 给湖南省岳阳市博物馆工作人员熊培庚回信，谈题岳阳楼楹联事。

17日 给《天津社会科学》编辑回信，附寄在北京市爱国主义历史读物授奖仪式上的发言短稿。

24日 致函中国人民大学腾雷，介绍原北方大学一学生的学习情况，希望能够书面证明其学历。

同日 给中国社会科学院历史研究所翻译家、诗人张书生回信，谈诗。

本月 《杨秀峰〈历史动力学说之检讨〉重印记》在《近代史研究》第

3期发表。

本月 负责编写和定稿工作、由近代史研究所编的《中国近代史稿》第二、三册由人民出版社出版。

7月

6日 下午，参加国务院总理赵紫阳在中南海紫光阁会见国际历史科学委员会秘书长、巴黎大学校长、法国历史学家埃莱娜·阿维勒夫人的活动。阿维勒夫人来华是就中国代表团参加国际历史科学大会的有关事宜进行商谈和作安排的，在中国活动时间为6日至18日。其间，与中国史学会其他负责人以及新组建的中国学者代表团的部分成员，就中国代表团参加大会的有关事宜，与阿维勒夫人进行了友好的商谈，作了妥善的安排。

10日 上午，作为全国人大专门委员会负责人，参加全国人大常委会副委员长王任重在人民大会堂同由第一副议长莱奥波尔多·托雷斯率领的西班牙众议院代表团举行的工作会谈。这是中西两国1973年建交以来，中国人大常委会和西班牙议会领导人之间的首次会晤。

25日 中国国民党革命委员会中央监察委员会常委、北京市政协委员尚传道来信，谈如何起草孙中山研究计划事，希望"赐予指导"并寄相关资料。

26日 安徽省临泉二中历史教师、县政协常委王国炳来信，谈想研究匪患问题，请予指教。

29日 1944年在太行山上读郭沫若的《甲申三百年祭》，后来作诗《〈甲申三百年祭〉书后四首》在《诗刊》发表，其中，前三首写于1944年，另一首写于1962年。

同日 《湖南日报》刊发署名"蔡栋"的《刘大年散记》。

本月 作为湖南省人民代表回湖南老家，了解家乡的变化，宴请故老乡亲，并在老家住一晚。

本月 作《紫禁城漫兴》。后发表在《紫禁城》当年第5期。

8月

12日 给尚传道回信，谈孙中山研究述评学术会议情况，介绍科研处负责人联系相关事宜，希望密切合作。

15日 给安徽临泉二中历史教师王国炳回信，谈研究匪患问题建议。

同日 给湖南省岳阳市博物馆工作人员熊培庚回信，谈地方志研究、资料查询及岳阳楼起源稿子推荐问题等。

18日 给长沙国学专修学校同学周济回信，答复参加孙中山学会诸事。

9月

8日 晚上，应邀出席意大利参议院议长弗朗切斯科·科西加在意大利驻华使馆举行的答谢宴会。

16日 给《湖南日报》蔡栋回信，谈题岳阳楼楹联争鸣事。

19日 《十面湖山上此楼》在《湖南日报》发表。

21日 《人民日报》刊登署名“王能雄”的“书讯”，介绍主编的《中国近代史稿》。

10月

10日 致函华容县委，谈支援金窝大队办电事。

19日 中国人民抗日战争纪念馆筹备委员会成立。

30日 给湖南国学专修学校同学石如回信，谈题岳阳楼楹联争论事。

同日 致函胡绳，送《论历史研究的对象》初稿请提意见。

31日 中国社会科学院世界历史研究所副研究员许明龙自法国巴黎来信，谈《论历史研究的对象》在北京未能解决的几个注释问题，以及拜会国际历史学会秘书长阿维勒夫人的情况，并随信寄资料卡片若干。

11月

2—6日 近代史研究编辑部和世界历史编辑部等共同发起举办的第一届史学理论讨论会在武汉召开，作《坚持实事求是，发扬勇敢精神》的发言。

3—9日 由《中国近代文化史丛书》编委会、河南省社会科学院历史研究所和河南省历史学会联合举办的中国近代文化史学术讨论会在河南郑州举行。出席会议并讲话。这是建国以来举行的第一次近代文化史学术讨论会。

12 日　给在法国巴黎访学的世界历史研究所许明龙回信，感谢他“跑图书馆，查资料”，并谈及阿维勒夫人访华诸事。

12 月

24 日　晚上，草拟“十论书”提纲：“1. 论历史学理论研究；2. 论历史研究的指导思想问题；3. 论对象；4. 论规律；5. 论动力；6. 论主体；7. 论领袖与群众；8.（论历史发展阶段？）；9. 论历史研究的时代使命问题；10. 论历史科学与世界观。”“十论书”的中心就是怎么使历史学成为科学。

27 日　出席中国史学会举办的《中国历史学年鉴》创办五周年茶话会，并为《中国历史学年鉴》题词。

29 日　中国社会科学院近代史研究所研究员王庆成来信谈太平天国研究问题，信中说明了《天朝田亩制度》在国外流行版本情况，并附上《太平天国的历史和思想》旧校样。

1985 年（71 岁）

1 月

1 日　中国社会科学院院长胡绳来信，谈光明日报社编《文摘报》的一篇关于孙中山的文章有悖起码的马克思主义，也缺乏历史知识，有必要对此文所发意见写一评论文章；还对《论历史研究的对象》稿子提出意见，认为尚须打磨。

2月

2日　与全国人大常委会副委员长朱学范、中国社会科学院秘书长梅益共同致函全国人大常委会委员长彭真，希望面谈建立孙中山纪念馆事。

4日　为离京前往日本出席5日至7日在东京举行的亚洲议员人口和发展问题会议的全国人大常委会委员、中国人口学会会长许涤新一行送行。

7日　彭真就建立孙中山纪念馆面谈事回信，说春节后再议。

16日　致函日本早稻田大学教授安藤彦太郎夫妇，谈孙中山研究述评国际学术讨论会诸事。

同日　当选为国务院学位委员会第二届学科评议组（历史分组）成员，并为评议组召集人之一。

25日　为解决近代史研究所研究员丁名楠住房问题，致函中国社会科学院秘书长梅益。

3月

12日　参加在中山公园中山堂举行的孙中山逝世60周年纪念活动。

21—28日　与胡绳一起组织在河北涿县召开的纪念孙中山逝世60周年的“孙中山研究述评”国际学术讨论会。会议云集世界各国研究孙中山的著名学者49人，收到论文45篇。会议对近50年国内外孙中山研究的状况进行深入研讨，提出和讨论40多个题目，交流国内外研究孙中山的状况和今后应着重研究的课题，同时确定1986年纪念孙中山诞辰120周年国际学术讨论会的主题为“孙中山和他的时代”。会议的成果由孙中山研究学会编成《回顾与展望——国内外孙中山研究述评》一书，中华书局1986年出版。1986年会议主题确定以后，提出主要应抓论文。一方面，哪些是孙中山研究必须有的题目，专门约稿；另一方面，广泛征集论文，然后请国内有关专家组成评议组，进行评选。

29日　在河北涿县开完会回到北京后，邀前来参会的卫藤沈吉和安藤彦太郎两位进一步商谈。提议于1987年七七事变50周年时，以日方为中心，在东京召开国际会议，中方积极参加，全面合作；并反复强调，要开成一个名副其实的学术讨论会，像1981年中国召开的辛亥革命70周年讨论会一样，一定要具有学术性。

4月

9—23日　应日中文化交流协会会长井上靖先生邀请，以中国学术代表团副团长身份访问日本。中国社会科学院秘书长梅益担任团长。

9日　中国学术代表团从北京起飞抵日本成田机场。日中文化交流协会常务理事白士吾夫至机场迎接。经济学家都留重人主持欢迎宴会。

10日　至皇宫外苑“千鸟苑”看樱花。到东京都涩谷区井上靖宅拜访。参观陶器馆，并拜访有泽广巳老先生。

11日　从东京至北海道札幌。与札幌历史学者在北海道大学座谈。

12日　参观北海道图书馆。参观野幌森林公园。

13日　中午从北海道起飞，途经西海岸，穿新潟，至大阪。下午，赴神户，至移情阁孙文纪念馆，并为纪念馆题词。

14日　从大阪出发至奈良，参观唐招提寺和奈良东大寺。井上靖夫妇来访。

15日　中国学术代表团与日本学者清水茂、吉川幸次郎等在京都大学座谈。访问京都大学人文研究所的贝塚茂树等。京都日中学术交流座谈会理事长井上清在“东华楼”举行晚宴会，以“两个时期、两代人”为主题发表讲话。

16日　参观京都风景名胜。前往横滨市神奈川县的箱根区，待场裕子来相送。

17日　由箱根赴本州岛静冈县温泉城市热海。

18日　参观日本国立民俗历史博物馆，看现代民俗和日本历史两部分。与孙祚民至日本女子大学辛亥革命研究会，同久保田、野泽丰等20来人会见。

19日　商人黄江夏驾车陪同中国学术代表团游新宿。参观日本国会图书馆。日本人文社会科学交流协会举行欢迎中国学术代表团酒会。

20日　参观东洋文库，田中正俊教授特复制东洋文库所藏《马噶尔尼朝见乾隆图》相赠。再至辛亥革命研究会，讲人物研究和历史研究。晚餐时，藤井昇三介绍新发现的孙中山逝世10周年东京纪念会录像，要求复制。

21日　至东京大学东洋文化研究所开会。

22日　访问东京大学校长、医学理论家森亘，谈加强中日学术交流。观看上百人参加的表演。

23日　中国学术代表团启程回国。这次出访日本，还同当年孙中山的日本好友宫崎滔天的后代见面，接受他们热情赠送的家藏的一批孙中山书信手迹影印件，由此，决定编辑孙中山书信手迹选。

同日　应聘担任中国人民外交学会理事。

同日　北京市副市长、中国人民抗日战争纪念馆筹委会副主任白介夫主持召开会议，决定在筹委会下建立基建工程指挥部。在筹建抗日战争纪念馆时，主要负责在重大问题、方针政策方面的指导工作。

29日　山东省社科院研究员孙祚民来信，说“对您的热情奖掖，不胜感激”并随函附一药方。

5月

11日　日本电气通信大学教授藤井昇三邮寄“1935年3月12日在东京举行的孙中山逝世十周年纪念会及晚餐会”电视片。

13日　作《东京大学旧友集会相迎　感赋呈酬田中正俊教授》诗。该诗连同此次访日期间所作其他三首诗，后来以《访日四题》收入自编《诗钞》。

20日　给香港大学赵令扬教授回信，说决定参加为庆祝香港大学75周年校庆而举办的明清史学术讨论会，并可代表史学会在会上致祝词。

6月

4日　分别致函日本电气通信大学教授藤井昇三和曹洞宗林泉寺寺主江田和雄，感谢馈赠“日本纪念孙中山逝世十周年录像片”。

10日　出席六届全国人大常委会第十一次会议，在分组审议《中华人民共和国草原法》草案时发言，主张在法律上提高畜牧业的地位。

29日　在北京医院参加夏鼐的遗体告别仪式。

30日　前往机场迎接由参议院议长道格拉斯·麦克莱兰率领的澳大利亚联邦议会代表团。

本月 《论历史研究的对象》在《历史研究》第 3 期发表。提出历史研究的对象是“与一定的生产力相联系的、以生产关系为中心的社会关系、社会联系及其运动、变迁”。明确反对历史研究的碎片化和唯心史观。

7 月

2 日 上午，陪同全国人大常委会委员长彭真在人民大会堂会见由参议院议长道格拉斯・麦克莱兰率领的澳大利亚联邦议会代表团。

同日 给曾在日本盛情接待中国学术代表团的黄江夏回信，表示感谢并说明在北京见面联系方式。

同日 给山东社会科学院研究员孙祚民回信，谈服用中药后情况。

3 日 作为全国人大常委会委员陪同胡耀邦总书记会见澳大利亚议会代表团。

7 日 《华罗庚、夏鼐两同志回想录》在《光明日报》发表。

14 日 山东社会科学院研究员孙祚民来信，再谈中药治病问题。

本月 中华书局出版《第十六届国际历史科学大会中国学者论文集》，辑录包括《论历史研究的对象》在内的 12 篇论文。为全书撰写序言。

本月 日本京都地区的日中近现代史研究人员数十人共同商讨，一致决定在日本举行“卢沟桥事变五十周年讨论会”，届时将邀请中国及亚洲其他各国学者参加，以期办成一次从世界史角度讨论近代日中关系的大型学术讨论会，或者邀请 5 名以上中国学者召开日中讨论会。

8 月

10 日 致函中国社科院院长胡绳，信中提到希望有关主管部门能够对媒体对日本舆论界关于日本侵略中国争论问题的冷漠引起重视。

23 日 率领中国学者代表团一行 18 人自北京启程赴联邦德国斯图加特，代表中国史学界第一次以国际历史科学委员会团体会员身份出席第 16 届国际历史科学大会。

同日 澳大利亚参议会副议长法依夫来信，对访华期间的热情接待表示感谢，并希望下次能够在澳大利亚见面。

24 日 第 16 届国际历史科学大会组委会主席之一尼契克教授亲赴车站

迎接中国学者代表团。

25日 上午，第16届国际历史科学大会正式开始。作为中国代表团的团长，在开幕式上致词，表示中国史学家将与各国的同仁们为共同繁荣国际历史科学而努力。下午大会结束后，与季羡林被邀出席一个只有执行局委员和组委会主席等到场的30多人的小型招待会。招待会主人、组织委员会主席、联邦德国历史学家迈耶介绍与联邦德国总统见面并谈话。招待会后，会见国际历史科学委员会卸任主席盖茨托尔，对他在任期间接纳中国史学会为团体会员表示谢意，并赠送礼物。

26日 在会上宣读论文摘要。了解各国到会情况。

27日 因病卧床休息。

28日 赴会场见秘书长阿维勒夫人，谈名册等事。中国学者代表团会见日本代表团。

30日 布置总结会。写《赠胡海燕同志》诗。

31日 中国学者代表团从斯图加特出发，经曼海姆、科布伦茨，到特里尔城参观卡尔·马克思出生地。在特里尔城马克思故居进门的留言簿上写“向伟大的无产阶级革命导师敬礼”。后来写《特里尔游记》回忆这次参观。

本月 《论历史学理论研究》在《近代史研究》第4期发表。

9月

1日 作为团长被破例邀请在第16届国际历史科学大会闭幕式上致辞，并向大会主席赠送若干中国近几年出版的历史学著作。

3日 中国学者代表团从斯图加特出发经多瑙河去慕尼黑，参观巴伐利亚国王的夏宫——宁芬堡宫、巴伐利亚艺术科学院、国王广场、大学城、西门子股份公司等处。

4日 赴法兰克福。其间，华侨陈辉（台湾人）谈联邦德国的大学等方面情况。至法兰克福西罗特尔小镇，游莱茵河。随即返回法兰克福机场，结束在联邦德国的参观访问。晚上，由法兰克福直飞北京。飞行途中，记述出席第16届国际历史科学大会的感受以及后来对马克思主义与历史科学问题的思考，记录对“马克斯·韦伯的历史哲学及其方法论”“苏联从60年代开始提出两大任务”的思考。

5日 中国出席第16届国际历史科学大会学者代表团返抵北京。

16日 因前列腺炎住协和医院手术。

19日 与黎澍、李新、罗尔纲、瞿同祖、荣孟源、孙思白、余绳武、蔡美彪、丁名楠、严中正、戴逸、胡华、钱宏、王庆成、李宗一、丁守和、张振鹍、金冲及等19人组成近代史研究所第三届学术委员会。

同日 致函中国科学院院士、北京协和医学院教授张孝骞，寄《协和住院谨赠张孝骞老大夫》诗一首。

28日 陪同全国政协主席邓颖超在中南海西花厅会见日本历史学家井上清教授和夫人。

同日 作《陈翰笙老前辈同志从事学术活动六十周年献词祝贺并请裁正》诗。

10月

3日 井上清在离开北京前夕，来信表示感谢，并盛赞《论历史研究的对象》的观点。

5日 曾在冀南工作5年、新中国成立后在山西从事文艺工作的离休干部唐仁均，送其“文革”期间编著的《民国战争史话》一书，并说研究历史应着重得出其规律。

18日 张孝骞回信感谢赠诗。

本月 井上清在北京正式提出在日本京都举行“卢沟桥事变50周年讨论会”，得到赞同。至此，1987年京都日中国际学术讨论会敲定。向井上清谈及在东京开会的打算，得到井上清的支持。

11月

27日 湖南省华容县东山乡先江村季洪烈来信，谈其子读书情况，并附诗一首。

12月

5日 胡海燕博士自哥廷根来信，询问身体状况，并寄在联邦德国斯图加特和特里尔开会及参观时的照片。

13 日 给中国文字改革委员会秘书长叶籁士回信，谈国内外有关“田中奏折”真伪学术争论问题。

16 日 致函中国史学会第三届理事会秘书长李侃、主席团成员戴逸等，要求请假，并对第三届理事会急待处理的问题作交代。

19 日 中国出席第 16 届国际历史科学大会学者代表团完成《参加第十六届国际历史科学大会中国学者代表团工作总结》。

同日 李侃在 16 日“请假”信上批请相关同志审阅，并给中国史学会副秘书长王玉璞等写信，认为不必“正式请假”。1986 年 9 月 1 日，中国社会科学院院长胡绳在李侃信上批道“同意李侃同志的意见”。

30 日 给胡海燕博士回信，并用毛笔书写赠诗寄去。

本年 招收中国近代政治史方向博士生姜涛、李长莉，为近代史研究所首次招收博士研究生。

1986 年（72 岁）

1 月

5 日 致函井上清，告知近代史研究所副研究员尚明轩访日时准备拜访之事，并谈及在联邦德国特里尔瞻仰马克思故居的感触等。

8 日 《大公报》上海版文教记者张蓬舟来信并邮寄《近五十年中国与日本（1932—1982）》一、二卷。

11 日 参加六届全国人大常委会第十四次会议分组会，讨论关于召开第六届全国人民代表大会第四次会议的决定草案和《中华人民共和国渔业法》草案。与张承先、马万祺、雷洁琼三位委员共同建议把“普及义务教育法”列入六届全国人大第四次会议议程，并写入《全国人大常委会关于召开六届全国人大第四次会议的决定（草案）》中。

16 日 复旦大学历史系教授姜义华来信，感谢对新著《章太炎思想研究》所提意见，并详细汇报科研工作情况。

28日　就1986年《中国历史学年鉴》在关于中国学者代表团参加第16届国际历史科学大会的报道中刊发的应邀在大会闭幕式上讲话的节录，致函《中国历史学年鉴》主编李侃，并寄照片一张。

30日　姜国芬来信，说姜国仁纪念册即将付印，希望能“赐予简短的文字，以光编辑”，并随信附上部分姜国仁日记。

31日　中国社会科学院历史研究所研究员杨向奎送《中国古代社会与古代思想研究》上、下册和《绛史斋学术文集》一册，并对提出有关《章太炎年谱》中的问题作了详细解答。

2月

1日　应聘担任中国社会科学院文献情报中心顾问。

同日　给《大公报》上海版文教记者张蓬舟回信，鼓励他“一鼓作气”，早日将《近五十年中国与日本》“全书杀青”。

13日　给姜国芬回信，告知写成回忆姜国仁文章，可找《湖南日报》蔡栋提意见。

24日　姜国芬回信谈《一位平凡中见伟大的女性——忆姜国仁》的处理事宜，拟收录《姜国仁同志纪念集》为序，压缩字数后在《湖南日报》发表，并转叙湖南党史特约写稿员指出的文章中几处与历史事实稍有出入的地方。

29日　对熊培庚来信谈出版《岳阳楼》一书提出推荐和修改意见。

3月

4日　对姜国芬信中所提姜国仁纪念文章的处理事宜回信答复。

同日　中国人民大学教授、中共党史系主任胡华来信，说4月中旬人民大学拟联合中国社会科学院近代史所、全国党史研究会组织一个“何干之同志学术纪念会”，以纪念何干之诞生80周年，“望您同现任所领导余绳武诸同志打一个招呼，届时并望您出席讲话”。

12日　参加在中山公园中山堂举行的纪念孙中山逝世61周年纪念活动。

16日 《一位平凡中见伟大的女性——忆姜国仁》在《湖南日报》发表。

19日 第六届全国人民代表大会常务委员会第十五次会议通过6个对外友好小组主席、副主席和小组成员名单，当选为全国人民代表大会中国—澳大利亚友好小组主席。

21日 会见以卫藤沈吉为团长的日本中国近现代史研究者访华团，该团于19日至29日在华进行学术访问。会见时，着重强调1987年在东京召开国际学术讨论会的深刻意义，并郑重提出相关建议，打消了东京日中人文社会科学协会的一些顾虑。此后，东京终于成立了由50名关心近代日中关系的正直学者组成的筹备委员会。经商定，1987年“卢沟桥事变五十周年”东京日中研讨会由亚细亚、庆应、早稻田大学三家共同主办。

本月 参加湖南省人民代表大会。在长沙特地到医院看望姜国仁。

4月

6日 为华东师范大学陈旭麓申请博士生导师未获通过事，张岂之、章开沅、魏宏运、戴逸联名来信，建议将陈旭麓的申请提交复议。戴逸另外单独来信谈复议程序是否妥善。

11日 为陈旭麓博士生导师资格复议事，分别致函国务院学位委员会办公室负责同志和吴泽。

17日 华东师范大学教授陈旭麓来信，谈应邀参加8月间纪念孙中山论文评选和博士生导师资格评审事。

21日 中国社会科学院近代史研究所研究员、副所长王庆成就庆祝罗尔纲从事学术工作60周年事来信。

28日 给《湖南日报》蔡栋回信，谈为“故园情”撰稿事。

同日 江西大学历史系洪永珊来信谈“著译录”资料整理情况，并说“拜读先生关于‘对象’一文，得到很多启发”。

5月

6日 参加在安徽歙县召开的由近代史研究编辑部、世界历史编辑部、中国史研究编辑部和安徽史学编辑部共同发起的全国史学理论讨论会，并在会上作《“欲登高，必自卑”》的报告。

9日 作《歙县史学理论讨论会写陈诸同志》诗。

18日 为周斌由人民日报社调回中国社会科学院日本所工作事致函胡绳。

20日 给湘潭大学成晓军回信，谈来稿处理事。

21日 致函中共中央文献研究室《文献与研究》主编刘武生，谈《百家争鸣方针侧闻记》修改事。

23日 给江西大学历史系洪永珊回信，谈如收录《论对象》一文，简略介绍即可。

6月

10日 作《翻译家、诗人张书生》诗一首。

19日 德国柏林自由大学东亚研究所教授罗梅君来信，感谢所寄《中国学者论文集》，称不能参加纪念孙中山诞辰120周年国际学术讨论会，随信寄《翦伯赞和中国马克思主义历史科学的发展》的复印件一份和在德国季刊中关于1985年大会发表的介绍。

20日 给中国社会科学院近代史研究所副研究员刘明逵回信，对所收到的《中国工人阶级历史状况》进行充分肯定。

22日 罗尔纲来信谈为其《太平天国史》作序事。

28日 华东师范大学教授陈旭麓来信，谈国务院学位委员会历史学评审组否决其博士生点申请事。

本月 在天津访问的待场裕子来信，代日本神户华侨历史博物馆馆长陈德仁致问候。

7月

7日 罗尔纲回信，对其新著《太平天国史》的体裁创新详加说明。

18日 吉林大学副校长林沄来信，就举行纪念吕振羽同志史学研讨会一事，请求面谈。

22日 在参加“庐山之夏”文化艺术博览会期间给中央对外宣传小组组长朱穆之写《庐山之夏即事》诗一首。

25日 在给荣孟源遗著《史料与历史科学》一书所作的序言中，检讨1957年荣孟源被错划右派一事，承认自己的错误，肯定荣孟源“对党的事业怀有坚定信心，始终认定马克思主义是科学真理”的可贵品质。

本月 脚碰伤，以后逐渐变成脉管炎。

8月

2日 从庐山回北京。不久参加京西宾馆孙中山学术论文评选会。

10日 京西宾馆孙中山学术论文评选会结束。

同日 继续被中国社会科学院研究生院聘为博士生导师。

19日 致函吕振羽夫人江明，并转吉林大学负责同志，说：“日前吉林大学副校长同志来函，适我外出，未复为歉。遵嘱为吕振羽同志学术讨论会写了一个发言稿，送上请阅正。有无可取，如何处理，悉听自便。”

本月 《〈历史研究〉的创刊与“百家争鸣”方针的提出》在《历史研究》第4期发表。

9月

5日 致函广东社会科学院黄彦谈孙中山致犬养毅书事。

8日 黄彦就孙中山致犬养毅书原件问题作详细回复。

12日 就《孙中山书信手迹选》编辑细节问题，致函国家文物局中国文物研究所盛永华，并附与黄彦来往书信。

同日 河南省社会科学院院长、研究员胡思庸来信谈学术争论问题。

本月 主编的新中国第一本《孙中山书信手迹选》由文物出版社出版。收集1896—1924年间孙中山的亲笔书信74件。为该书撰写序言和后记。

10月

5日 《人民日报》(海外版)刊登接受该报记者王志光访问的文章《珍贵的献礼——访〈孙中山书信手迹选〉主编刘大年》。

5—8日 长春举办纪念吕振羽史学研讨会，在会上作《开拓者的启示》书面发言。

7 日 中国社会科学院副院长、党委副书记赵复三来信，谈对“准备在苏联科学院孙中山讨论会上发言”的稿子的意见等。

9 日 日本京都大学名誉教授、京都日中学术交流恳谈会负责人井上清来信，谈次年举办“七七事变五十周年史学讨论会”的筹备工作诸事。

10 日 《孙中山与中华民国》定稿。

11 日 中国社会科学院副院长、党委副书记赵复三讲解率团出访苏联有关注意事项。主持顾维钧照片展览会。

12 日 率中国访苏代表团从北京飞往莫斯科，出席在莫斯科举行的由苏联科学院远东研究所、东方研究所和苏联汉学家协会联合举办的“纪念孙中山诞辰 120 周年学术讨论会”。代表团成员有中华书局总编辑、中国孙中山研究学会理事李侃，中国社会科学院世界历史研究所所长张椿年等。下午，抵达莫斯科，苏联科学院主席团成员、历史学部院士秘书、通史专业院士齐赫文斯基和苏联科学院远东研究所所长米哈伊尔·季塔连科等人前来迎接。

13 日 中国访苏代表团到达远东研究所大楼，先与齐赫文斯基、季塔连科碰头，送《孙中山书信手迹选》。参加纪念孙中山诞辰 120 周年学术讨论会的有中国驻苏联大使馆公使李凤林，以及中苏两国 100 多位专家学者。在开幕式上作简短讲话，介绍即将在广东举行的孙中山研究国际学术讨论会筹备情况，以及为纪念孙中山诞辰 120 周年中国已出版和将出版的一批有关文献和著作。开幕式后，在大会上作《时代与人》的学术报告，报告内容后来发表在苏联关于这次讨论会的会刊上。休会期间，简单回答电视记者提出的问题。

14 日 季塔连科提出介绍一些书让苏联翻译，以及邀请胡绳正式访问苏联等。刘大年介绍胡绳《从鸦片战争到五四运动》，其他问题建议他们与相关机构写信联系。学术讨论会最后由齐赫文斯基作总结，赞扬中国人。会议期间，齐赫文斯基还提出要翻译刘大年的书，并说可以选；回答说选没有争论的。中国代表团在远东研究所科研处长兼苏联中国关系处处长岗查罗夫陪同下参观列宁山等处。与岗查罗夫、李侃等 4 人一直谈论政治问题到深夜。

15 日 抵达列宁格勒参观访问。

16 日 至东方学所，与叶菲莫夫学生、副所长克察诺夫等交谈。参观冬宫。

17 日　由列宁格勒至莫斯科。到东方学研究所座谈，该所迫切希望得到中方的资料和进行人员交往，希望与他们直接联系，制定交流计划等。到苏联科学院历史学部会谈。齐赫文斯基致词，先欢迎，然后介绍苏科学院改组等情况。刘大年致答词，祝贺他们开了一个重要的会。会谈中，苏方又提出制定交流计划等，答以“两条腿走路”，能办的先办。会谈结束告别时，齐赫文斯基接电话说最高苏维埃主席团副主席托勒库诺夫邀请见面。以日程已安排满了推托不成，说等晚上决定。回到旅馆与公使李凤林通电话，得知使馆已经知道此事，并主张去，由大使李则望陪同。

18 日　赴高尔克村参观列宁养病及逝世时的住处。

19 日　参观克里姆林宫。随后参观教堂，瞻仰列宁墓。

20 日　至苏联科学院拜访费多谢耶夫，然后以全国人大常委会委员身份，同中国驻苏联大使李则望一起到克里姆林宫与最高苏维埃主席团副主席托勒库诺夫见面。托勒库诺夫见面后表现很热情，讲述他访问中国的观感，赞扬中国建设成就，并提及双方交换常委会代表团互访事。刘大年在会见中说：中苏两国议会类型接近，加强交流，双方都有好处；具体事宜，回国后向领导汇报。临别时托勒库诺夫还赠送一部《莫斯科》画册。下午，中国访苏代表团结束在苏活动，启程回国。

22 日　给复旦大学田汝康教授回信，谈《论历史研究的对象》缩编英译稿事，说“对马克思主义理论、对中国传统、对西方非马克思主义著作，都必须正确对待，我们才能前进”。

31 日　给全国人大常委会委员长彭真写访苏书面报告，主要介绍 20 日与最高苏维埃主席团副主席托勒库诺夫在克里姆林宫见面情况。

同日　国际历史科学委员会秘书长阿维勒夫人来信谈第 17 届国际历史科学大会的有关事情。接到信后，和阿维勒夫人商定，以中国为主，和日本、印度共同筹办 1990 年第 17 届国际历史科学大会东西方封建主义比较专题讨论会；于 1989 年在北京召开一次国际史学理事会，以此进一步推动中外史学的交流。

本月　《孙中山书信手迹选》线装 2 册出版。

11月

5日　《开拓者的启示——在吕振羽学术思想讨论会上的书面发言》在《光明日报》发表。

4—10日　由中国孙中山研究会主办的纪念孙中山诞辰120周年的孙中山研究国际学术讨论会先后在广东省广州市和孙中山的故乡中山市翠亨村举行。4日—5日，会议在中山大学开幕，以中国孙中山研究学会副会长身份主持开幕式。在开幕词中强调，把孙中山和他的时代联系起来研究，符合于从整体观念看待历史。6日—10日，讨论会转至翠亨村继续举行。这次讨论会在筹备期间，共收到中国内地学者的论文近200篇，从中评选并提交这次讨论会的论文72篇；加上外国学者论文32篇、中国香港地区学者论文5篇，共计109篇。会议以“孙中山及其时代”为主题，对有关问题进行了讨论。向大会递交论文《孙中山与中华民国》。提交此次会议的全部论文，经中国孙中山研究会编成《孙中山和他的时代——孙中山研究国际学术讨论会文集》三册，由中华书局于1989年出版。

9日　《人民日报》海外版刊登张广然文章《具有研读珍赏价值的史料文本——推荐〈孙中山书信手迹选〉》一文，并刊《〈孙中山书信手迹选〉编就有述》诗四首。

10日　《关于〈孙中山书信手迹选〉的出版》一文在《光明日报》发表。该文是为《孙中山书信手迹选》所作的序言。

12日　北京中医药大学教授刘渡舟寄洗足药方一张。

22—25日　六届全国人大常委会第十八次会议举行联组会议，座谈学习《中共中央关于社会主义精神文明建设指导方针的决议》，在会上发言。会议的部分发言以《人大常委举行联组学习会　〈决议〉为人大工作指明方向》刊登在26日的《人民日报》上。

12月

1日　给河南省社会科学院院长胡思庸回信，谈所寄稿子处理事。不久胡思庸回信，谈稿子发表及修改事。

18日　应聘担任中国人民对外友好协会理事。

22日 致函北京中医药大学教授刘渡舟，感谢“一再赐助”。

26日 朱婴的弟弟、河南省委组织部副部长朱轮来信谈张友坤到地方工作问题。

27日 《太平天国史学一大家——祝贺罗尔纲85岁寿辰和从事学术工作60年》在《近代史研究》第6期发表。该文又被收入中华书局1987年7月出版的《太平天国学刊》第5辑和1991年出版的《太平天国史》中。

本年 特别向对外友好协会咨询如何接待和他以前有过论战的齐赫文斯基。

本年 为了开好1987年为纪念七七事变50周年举行的以“近代史上的日中关系”为主题的中日学术讨论会，在国内精心组织访日学术代表团。代表团组成后，紧接着抓论文写作，确定“既要谈历史，又要搞好中日关系”的论文组织基本原则。撰写《抗日战争与中国历史》。论文初稿全部写成后，为了提高质量和水平，还召集全团成员住在国务院第一招待所，逐篇讨论和修改论文。

1987年（73岁）

1月

15—16日 出席六届全国人大常委会第十九次会议，审议关于加强法制教育、维护安定团结的决定草案。《人民日报》17日以《加强法制教育 维护安定团结 人大常委普遍赞成通过决定草案 认为散布反对四项基本原则的言论是违反宪法的》为题刊登了会议的部分发言。

17日 参加中国社会科学院召开的座谈会，就坚持四项基本原则、反对资产阶级自由化问题发表意见。会议发言以《十多位社会科学家谈反对资产阶级自由化 宣传马克思主义要理直气壮》为题发表在次日的《人民日报》上。

22日 中华书局总编辑、《大百科全书·清史（下）》副主编李侃来信，谈“辛亥革命”条目撰写事。

2月

18日　中共中央文献研究室研究员、常务副主任，《大百科全书》（历史卷）副主编金冲及来信，谈中国社会科学院近代史研究所副研究员杨天石所撰写《大百科全书》“辛亥革命”条目的修改意见。

27日　中国社会科学院历史研究所刘起釪来信，以“《尚书》工作主要部分还只完成2/3”为由，请求转一封信给中国社会科学院院长胡绳，批准延缓退休。

本月　《孙中山与中华民国——纪念孙中山诞辰120周年》发表在《近代史研究》第1期；《瞭望》第8、9期载《历史学家刘大年谈——“全盘西化”的由来和为什么行不通》。

3月

8日　《人民日报》刊登《近代“全盘西化”说三例》。在《瞭望》周刊第8期答该刊记者说时谈到胡适的“全盘西化”观点被引用。

同日　为中国历史学家代表团赴日参加七七事变50周年中日学术讨论会撰写论文诸事，致函武汉大学副校长吴于廑，并随寄会议纪要。

9日　国际历史科学委员会秘书长阿维勒夫人来信，询问中国史学会是否参加1990年召开的国际历史科学大会下一届会议的组织工作。

26日　吴于廑回信表示正在办理赴日参会相关手续，但论文初稿要推迟交稿。

本月　荣孟源的《史料与历史科学》由人民出版社出版。在序言中坦言：“（荣孟源）1957年反右派运动中又受到错误对待。其时我主持近代史所日常工作，是直接责任者。”

本月　《史学理论》杂志正式出版。《“欲登高，必自卑”——1986年5月6日在歙县历史学理论讨论会上的发言》发表在创刊号上。该杂志办到1989年，1992年后更名为《史学理论研究》。

4月

4日 李侃给金冲及来信，谈转告《大百科全书》“辛亥革命”条修改意见。

10日 给《天津社会科学》王琳回信，表示能否写稿“还是不开空头支票为好”。

17日 《历史研究》主编徐宗勉来信，谈《说“合力”》在《历史研究》发表事。

5月

5日 被中国社会科学院聘请为中国社会科学院第三届学位委员会委员、中国社会科学院学位委员会第二届学科评议组（历史学）评议分组成员。

10日 日本东京外国语大学教师臼井佐知子来信，感谢在北京所受到的盛情接待。

12日 辽宁省社会科学院卞直甫来信为《社会科学辑刊》约稿。

20日 河南省社会科学院院长、河南大学历史系兼职教授胡思庸指导的河南大学历史系硕士生郭双林来信，请求指导毕业论文。

同日 湘潭大学历史系成晓军来信，谈修改被推荐至《近代史研究》的《马克思主义阶级分析方法》一文事，并提请担任拟编写的《中国近代文化史辞典》主编。

25日 美国纽约市立大学教授唐德刚来信，说失去与胡绳在纽约见面的机会，称刘醒吾之信未能找到，盼再联系。

6月

11日 致函全国人大常委会副委员长、教科文卫委员会主任委员周谷城和全国人大教科文卫委员会副主任委员张承先，谈制定档案法事。

15日 应聘担任湖南省华容县志编纂委员会特别顾问。

26日 以中国史学会主席团执行主席身份在北京出席由中国史学会和北京市历史学会联合主办的纪念七七事变50周年学术讨论会，并在开幕式上作《抗日战争与中国历史》的报告，认为抗日战争是中国近代历史的关键性篇章。

同日 致函人民出版社乔还田，希望《抗日战争与中国历史》能补进即将出版的《刘大年史学论文选集》中。

29日 20世纪50年代曾在中宣部科学处工作的山东省社会科学院陈远来信，说希望聘为山东社会科学院和山东美术出版社协作编写的《中华英杰画传系列集》的科学顾问。

7月

5日 率中国历史学家代表团赴日出席先后在京都和东京举行的七七事变50周年中日学术讨论会。到达大阪，时任日本一群众团体关于光华寮问题顾问的井上清等5人在大阪机场迎接。从大阪往京都的旅程中向井上清了解光华寮情况。入住宾馆后，即让代表团秘书长王玉璞将了解到的情况发一电报给中国社会科学院院长胡绳，及时反映日本朋友的意见。

同日 《人民日报》纪念专刊发表在纪念七七事变50周年学术讨论会上的发言摘要《抗日战争与中国历史》。

6日 与《朝日新闻》记者谈话。

同日 参与筹建的中国人民抗日战争纪念馆举行落成典礼。中国人民抗日战争纪念馆建成后，很快成为我国的一个重要的爱国主义教育基地，并在加强我国抗日战争史料的收集和抗日战争史料的研究方面起了重要作用，同时还成为一个重要的对外教育的窗口，促进了对日交流与对台、港、澳的统战工作等。

7日 七七事变50周年中日学术讨论会在京都大学人文科学所举行。在会上作演讲，阐述纪念七七事变对中日两国人民的重要意义，强调爱护中日两国睦邻友好的关系等。向会议提交论文《抗日战争与中国历史》。

8日 全天出席在京都大学人文科学所举行的讨论会。晚上，主持小型答谢宴会。

9日 拜访井上清，第三次至井上家。中国历史学家代表团在井上清等人的陪同下由京都至东京。卫藤沈吉在“留园”设宴欢迎中国历史学家代表团。

同日 日本《朝日新闻》发表《卢沟桥事件50周年日中学术讨论会——

访刘大年》。

10 日　在庆应大学出席讨论会。

11 日　在庆应大学出席讨论会。会议最后由远山茂树总结，中心意思是“这次会议把卢沟桥开始的战争性质明确了，这就是日本方面进行的侵略战争，中国方面进行的是抗日民族解放战争”。刘大年走上去同远山茂树握手，说他作了一个很好的总结。晚上，日本全国电视新闻节目播发刘大年和井上清先生关于这次讨论会的谈话。

12 日　接待日本共同社记者福原采访。中国历史学家代表团开始在日本进行为时一周的访问活动。

同日　《人民日报》刊登记者李守贞《探讨抗日战争意义　展望中日关系未来——“七七”五十周年中日学术讨论会闭幕》。

13 日　应邀在早稻田大学发表演讲《历史与展望》。该文以《回顾与展望》为题在《史学理论》第 4 期发表。

14 日　日本宋庆龄基金会副理事长仁木富美子来信，赠《探访日本军国主义侵华遗址》幻灯片等。

15 日　游富士山至五合目，在五合目餐厅作《游富士山至五合目》诗。

17 日　致函日本横滨大学教授今井清一，话别并高度评价卢沟桥事变 50 周年学术讨论会，对今井先生等人的贡献表示敬意。

18 日　北京大学季羡林教授来信，谈推荐为中山大学纪念陈寅恪先生国际学术讨论会执行主席团成员，并请通过中国史学会申请经济资助诸事。

31 日　卫藤沈吉在《朝日季刊》撰文评论这次七七事变 50 周年中日学术讨论会，尽管极力强调它的学术性，但还是承认这次讨论会开得好，取得了积极的成果。

8 月

上旬　在北京设宴招待日本历史学家卫藤沈吉等，庆祝中日学术讨论会的成功。

10 日　湘潭大学历史文献研究室唐兆梅来信，寄《曾国藩奏稿》第一册。

本月　《说“合力”》在《历史研究》第 4 期发表，引起学者争鸣与讨论。

本月 中国历史学家访日代表团向中国社会科学院递交《关于中国历史学家代表团出访日本的报告》。

9月

1日 《北京周报》日文版25卷35号载在早稻田大学的演讲《歴史と展望》。

5日 《古槐——我印象中的张孝骞大夫》在《光明日报》发表。

10月

8日 给河北省邢台地委党史办公室冀南革命根据地史料编写委员会工作人员刘洪莹回信，回答相关问题。

16日 中国社会科学院历史研究所研究员、所长林甘泉来信，谈对《侯外庐与马克思主义历史学》一文的两点意见。

18日 给胡思庸硕士生郭双林回信，鼓励“以开辟新局，担当大任自相期许”。

同日 给湘潭大学历史文献研究室唐兆梅回信，说“《曾国藩奏稿》未曾见到”，勉励整理资料工作早日完成，并告知没有时间担任该校历史系老师建议的某辞书主编工作。

同日 致函山东省社会科学院陈远，说“大函及聘书见到”，但可惜出不上力。

同日 就范文澜生平事，给北京图书馆《文献》编辑部回信，提供相关线索。

29日 北京大学季羡林教授来信，再谈资助陈寅恪先生纪念学术讨论会事。

本月 《抗日战争与中国历史》发表在《近代史研究》第5期。该文后收录进日本原书房1988年9月发行的《日中战争与日中关系》中。

11月

2日 蒋经国作出开放岛内民众赴大陆探亲的决定，从此，两岸人员往来与经济文化交流迅速发展。主张通过孙中山研究学会的建立以加强与台湾学术界联系交流的愿望终于得以实现。

11 日　致函博士生李长莉，谈博士论文《洋务知识分子研究》，认为“论文目录”“很不错”，提具体意见，强调“材料与理论”的准备“都要比较充分”。

中旬　全国人大代表访问西班牙、葡萄牙代表团组成，担任副团长，廖汉生任团长，团员有熊复等。这是中西、中葡建交以来，中国人大代表团第一次访问这两个国家。西班牙和葡萄牙驻华大使分别设宴为代表团送行。其间，西班牙驻华大使谈佛朗哥评价，表现出一种偏袒的观点。

21 日　中国人大代表团自北京飞伦敦，中间停加沙、苏黎世，从法国上空飞至伦敦。

22 日　飞机抵达苏黎世，中国驻瑞士大使馆参赞前来迎接。参赞谈西藏在外流民问题。随后抵达伦敦机场，在伦敦暂歇。

23 日　到伦敦海格特拜谒马克思墓。当日吟诗一首，后陆续作成《谒马克思墓四绝句》。

24 日　由英国伦敦飞抵西班牙首都马德里。

25 日　中国人大代表团与西班牙参议院外委会举行会谈。参观“画展”。

26 日　会见西班牙首相费利佩·冈萨雷斯·马克斯和国王胡安·卡洛斯一世。议会接待委员会陪同游览市容。

27 日　由马德里飞往西班牙飞地和自由港加那利群岛。由机场至特内里弗市，中途在一天体物理研究所停留，了解天体物理研究情况。

28 日　在特内里弗市和首府拉斯帕尔马斯游览。晚上，市长宴请，看文化节目。

29 日　同全国人大常委会委员熊复参观当地市容，并乘车观看海边风景。熊复一路讲“凡是”问题的来源等，认为现在历史学界是历史心理学代替历史唯物论，并谈法美关系。

30 日　抵达里斯本机场。葡萄牙第一副议长曼努埃尔·阿基亚尔女士至机场迎接，举行简单仪式。

12月

1日 参观葡萄牙国王离宫佩纳宫。至“欧洲大陆西南角”游览，后与葡萄牙领导人会见，团长廖汉生同葡方就葡议会审议和批准中葡关于澳门问题联合声明一事交换意见。

2日 拜访议会。议长亲自率领议会各有关人员至大门口迎接，按接待国家元首礼节进行表演。然后中国人大代表团与葡萄牙议长、议会各党派主要成员举行座谈会。议长在致词时特别宣布议会将在本月11日讨论通过《中华人民共和国政府和葡萄牙共和国政府关于澳门问题的联合声明》。参加座谈会的葡议会各党派主要成员也都表示对解决澳门问题的积极、友好的态度。

3日 从里斯本出发，乘车赴葡萄牙第二大城市“酒都”波尔图参观。车上与葡共议员、议会外委会主席团成员安东尼奥 · 莫塔谈话，了解葡共经费主要来源以及工人阶级情况。此外，与陪同代表团访问的葡萄牙议会公共关系局局长皮雷斯先生和第一副议长曼努埃尔 · 阿基亚尔女士交流，了解《明实录》中的葡萄牙被称为“佛朗机”或“蒲都利加”的原因，并记下谈话记录。1989年中葡建交10周年时，中华人民共和国外交部要求写一篇纪念文章，就将这次名词的考证问题写进《中葡新关系十年》中，并发表在《人民日报》上。

4日 返回里斯本。路上就葡萄牙1974年的“尉官运动”“红色革命”进行交流。在里斯本市内参观。晚上，中国驻葡萄牙大使举行答谢宴会。

5日 中国人大代表团结束在葡萄牙的访问。代表团从葡萄牙里斯本飞往意大利罗马。全国人大常委会副委员长王任重率另一代表团访非洲回国，至此会合。中国驻意大利大使馆商定两个代表团在意大利的参观行程。

6日 两个人大代表团乘车赴佛罗伦萨参观。观看画廊、大卫像，参观教堂。去比萨观看斜塔。

7日 两个人大代表团出发参观罗马城。在华侨餐馆，由王任重提议在宴会上发表简短讲话，被赞“精彩”。后参观梵蒂冈教堂、英雄高地及其群像、英烈祭坛、威尼斯广场、斗兽场、恺撒大帝凯旋门遗址、少女泉群雕，并路过几处古罗马遗址。

8 日　两个人大代表团一起由罗马直飞北京。飞机上，记录参观梵蒂冈后的感想。

9 日　中国人大代表团抵达北京机场。代表团回国之后，葡萄牙驻华大使说，中国人大代表团这次访葡，不只是一般友好性的访问，而是一次成功的工作访问，对于推动葡萄牙议会批准关于澳门问题的联合声明，起了良好的积极的作用。

11 日　葡萄牙议会通过《中华人民共和国政府和葡萄牙共和国政府关于澳门问题的联合声明》。

26 日　博士生李长莉来信谈博士毕业分配问题，认为“到文化史室去较适合”。

本月　应聘担任中南地区辛亥革命史研究会顾问；《孙中山和中华民国》补述在《近代史研究》第 6 期发表；《刘大年史学论文选集》由人民出版社出版。

1988 年（74 岁）

1 月

6 日　就英国伦敦政治经济学院、国际历史学会副主席巴克尔 1987 年 12 月 16 日来信如何回复问题，致函张椿年。在巴克尔来信上批道：“内容很有意思。应该答复。”

16 日　全国人大常委会副委员长廖汉生在下午举行的六届全国人大常委会第二十四次会议全体会上报告全国人大代表团访问西班牙和葡萄牙的情况时说，访问达到了增进相互了解、加深友谊、促进同这两个国家议会间友好关系发展的目的，取得了圆满成功。

同日　北京大学季羡林教授来信，谈中国史学会资助“陈寅恪先生纪念大会”事。

25 日　《从京都到东京——记卢沟桥事变 50 周年中日学术讨论会》在

《中共党史研究》创刊号发表。

28日 在湖南省第七届人民代表大会上，作为中央机关在湖南应选代表候选人，当选为第七届全国人民代表大会代表。

2月

4日 山东大学项观奇教授来信，被认为“在坚持着一种倾向，是一个有力的代表”，说“这是很不容易的，但也是很光荣的”。

15日 《侯外庐与马克思主义历史学》在《历史研究》第1期发表。

29日 以全国人大中澳友好小组主席身份，陪同全国人大常委会副委员长彭冲会见由澳中友好小组秘书霍利斯率领的澳大利亚联邦议会澳中友好小组代表团，并在宴会上发言。

3月

1日 在人民大会堂同正在北京访问的澳大利亚联邦议会澳中友好小组举行座谈，向澳中友好小组秘书霍利斯及来访的澳大利亚参众议员介绍近年来中国经济发展和体制改革等情况，并回答客人们提出的有关物价改革等问题。

4日 在人民大会堂参加纪念周恩来诞辰90周年学术讨论会开幕式。

9日 博士生李长莉来信，表示愿意辅助老师完成《中国近代史稿》的后续两册，并对中国社会科学院近代史研究所研究员吴廷嘉的“合力说”提出自己的看法。

10日 山东大学教授、中国义和团研究会副会长路遥来信，谈访日讲“义和团运动的研究与调查”之感受，认为“开展中国近代社会史研究，似乎亦可作为第二个突破点”；并邀请参加将在黑河市召开的学术讨论会。

12日 致函博士生姜涛，谈博士论文《中国近代人口史》写作问题。

14日 《人民日报》公布《中华人民共和国第七届全国人民代表大会代表名单（共2970名）》。名列湖南省全国人大代表。

16日 会见日本庆应大学教授山田辰雄。

18日 博士生姜涛回信，谈博士论文和《说“合力”》。

25日 本日至4月13日，第七届全国人民代表大会第一次会议在北京召开。

28 日　当选为第七届全国人民代表大会教育科学文化卫生委员会委员。

4 月

4 日　全国人大常委会委员、中国科学院院士、“两弹一星”功勋奖章获得者任新民来信，就安徽团收到的北京童增提出的“要求日本受害赔偿”的建议，请指教。

8 日　当选为第七届全国人民代表大会常务委员会委员。

13 日　中国社会科学院历史研究所研究员步近智寄送侯外庐著《宋明理学史》下卷一本，并问其爱人张安奇担任责任编辑的《侯外庐史学论文选集》上、下二卷是否收到。

20 日　澳中友好小组主席库克和秘书霍利斯来信致谢。

本月　《谒马克思墓四绝句》发表在《求是》第 7 期。

5 月

5 日　中国社会科学院副院长赵复三回信称感谢鼓励。

26—28 日　参加中山大学主办的“纪念陈寅恪教授国际学术讨论会”，并在会上致词《一个历史学家的地位》。

6 月

14 日　中国社会科学院历史研究所研究员、所长林甘泉来信，谈《刘大年史学论文选集》。

20 日　日本创价大学文学部教授池田温来信，谈参加中山大学陈寅恪教授纪念国际讨论会感触，并寄照片。

29 日　《一个历史学家的地位——纪念陈寅恪先生学术讨论会致词》在《光明日报》发表。

同日　河南省社会科学院院长胡思庸收到《刘大年史学论文选集》，来信谈读后感。

7月

5日 参加由中国人民抗日战争纪念馆主办的抗日战争史首届学术研讨会，并在会上讲话，强烈呼吁“集中力量写出一部水平较高的、内容充实的抗日战争史和一套完整资料”。

23日 复旦大学教授姜义华收到《刘大年史学论文选集》后来信致谢。

27日 中国史学会第三届理事会第二次会议在北京京西宾馆举行，讨论中国史学界第四次代表大会如何召开。全体代表参加了预备会议，选举大会主席团和秘书长，刘大年当选为大会主席团成员。在预备会议上，大家对上届理事会的工作给予肯定的评价。刘大年就史学界第四次代表大会选举事致函戴逸、李侃等，以“干部年轻化为各项事业前进所必需”等理由提出辞职。

28日 中国史学界第四次代表大会全体代表继续举行预备会议。代表们投票选举理事候选人。虽然强烈要求不再“列入理事候选名单里”，但代表们仍坚持选举刘大年为第四届中国史学会理事会理事。

29—30日 中国史学界第四次代表大会正式开幕。第一个作《鄙弃抱残守缺，勇敢坚持真理》的发言。

8月

2日 西北大学教授、校长张岂之在西安来信，送刚出版的侯外庐《宋明理学史》下卷。

12日 应新西兰、澳大利亚两国议会的邀请，以孙起孟副委员长为团长，刘大年与符浩、钱敏等为团员的中国全国人大代表团一行7人，从北京飞往澳大利亚墨尔本，开始对新西兰、澳大利亚两国进行友好访问。

13日 中国人大代表团由墨尔本飞抵悉尼，中国驻悉尼总领事李锡麟与自堪培拉赶来的中国驻澳大利亚大使张再前往机场迎接。出席悉尼华人举行的招待会，了解华人基本情况，特别是留学生情况。

14日 参观附近海湾公园。中国驻澳大利亚大使张再来谈情况，开吹风会。

15日 由悉尼飞新西兰首都惠灵顿。中国驻新西兰大使倪政建与华侨代表等多人前来机场迎接。

16 日　拜会新西兰议长伯克，然后参观山上花园，游览市容。会见新西兰代总理帕尔默。当日，对惠灵顿出租车司机的工作与生活状况进行详细调研。

17 日　分别会见新西兰外长马歇尔、外长助理怀尔德、反对党领袖博格尔、议长伯克。议长伯克代表新西兰议会设午宴欢迎中国人大代表团，席间与曾任历史教员的议员进行交流，了解新西兰高校历史学教学内容和历史学学生的就业情况。稍歇即至议会旁听辩论。离惠灵顿市赴南岛达尼丁市参观访问。

18 日　参观达尼丁市赖特森羊毛公司羊毛拍卖行和奥塔哥大学。参观凯德伯里食品公司，然后至市政厅拜访市长。

19 日　自达尼丁飞往新西兰南岛东岸城市克赖斯特彻奇，参观林肯农学院，并与留学生交流。至市政区，会见市长，参观市政委员会议室。晚上写日记：西方食物生产过剩，而中国粮食生产平均人占有量很低；认为不从生产上克服物质短缺，就不能从根本上解决消费、物价问题。

20 日　参观克赖斯特彻奇市容，了解不同房屋的价格。与华人一起喝茶，了解小业主、工人、失业者的收入和生活等情况，以及华人、毛利族和白人之间的关系。中国人大代表团结束在新西兰的访问，孙起孟团长与符浩等 3 人飞抵堪培拉参加澳大利亚联邦议会新大厦启用仪式。与钱敏等 4 人飞抵悉尼。

21 日　澳大利亚新南威尔士州副议长麦克利夫妇、澳中友好小组秘书霍利斯来音乐厅港口陪同游览悉尼港。观看文化宫，至海滩散步。晚上，澳大利亚外交部前驻河内使馆馆员斯通霍斯普陪同吃饭，谈柬埔寨问题，与之辩论。

22 日　与钱敏等 4 人参观华人投资的普林电子线路板公司。由中国驻悉尼总领事李锡麟陪同拜访新南威尔士州州议会，参加新南威尔士州住房部长主持的会谈，在会谈时讲话。场面正式，气氛热烈。参观股票交易所。晚上，与斯通霍斯普交流与 6 年前相比澳大利亚的变化。

23 日　与从堪培拉赶来的孙起孟、符浩在机场会合，一起飞赴昆士兰州首府布里斯班。在布里斯班市参观博览会，观看其中的中国馆、澳大利亚馆和昆士兰州馆。晚上，记录观感。

24日 离开布里斯班，经悉尼赴堪培拉。澳联邦议会澳中友好小组主席、资源部长库克参议员设晚宴欢迎并致词。受孙起孟团长委托，在欢迎会上讲话。宴会期间，送书给库克和自由党议员法依夫。

同日 复旦大学教授蔡尚思收到《刘大年史学论文选集》，来信谈感想，并寄赠横排新版《中国思想研究法》。

25日 来到澳大利亚新议会，分别会见霍克总理、鲍恩副总理、西贝拉参议长、蔡尔德众议长等政府和议会领导人，还同澳议会外交、国防和贸易联委会主席戈登·比尔尼及该委员会部分成员举行工作会谈。拜会议长夫人。

26日 由堪培拉飞维多利亚州首府墨尔本。前往维多利亚州督府会见州总督。出席由100多名华人举行的欢迎晚宴。

27日 中国人大代表团由墨尔本飞悉尼，由悉尼飞广州。

9月

2日 吴茂荪夫人、中国国民党革命委员会中央常委王枫来信，感谢拟为吴茂荪写纪念文，并寄《深切怀念吴茂荪同志》一文供参考。

4日 复旦大学教授田汝康来信，谈《论历史研究的对象》一文，拟在去西欧访问时作重点介绍，问是否有外文译稿。

7日 山东大学历史系项观奇教授自德国来信，谈代为送书未果和读《刘大年史学论文选集》的感想，以及请求“写封简单的推荐信”以助其申请洪堡基金从事“亚细亚生产方式研究”。

9日 中国社会科学院副院长汝信来信，邀请参加重庆出版社为支持学术著作出版的基金会。该基金会成立后以100万元支持90部学术著作出版。刘大年任基金会历史学指导委员会委员，钱伟长担任基金会指导委员会主任。

21日 中国社会科学院历史研究所研究员张书生来信，谈读《刘大年史学论文选集》感想。

23日 井上清收到《刘大年史学论文选集》后来信，说该书出版“对我真是莫大的鼓励”。

本月 日本东京原书房发行井上清、卫藤沈吉主编的《日中战争与日中关系——卢沟桥事件50周年日中学术讨论会记录》。

10月

10日 给湖南省华容县政协文史资料委员会符哲文回信，说“《勤学》内容较充实，业经稍加删削，转给了《近代史研究》编辑部”。《勤学》即后来发表在《近代史研究》1989年第2期的《罗喜闻与湖南留法勤工俭学》。

23日 同中国社会科学院近代史研究所、世界历史研究所、历史研究所三所所长一起宴请来华访问的苏联科学院院士、历史学部学术秘书齐赫文斯基博士。

同日 中国社会科学院历史研究所研究员张书生写长信，谈国学、诗词、轶闻等。

27日 致函苏联科学院远东研究所所长米哈伊尔·季塔连科教授，寄《刘大年史学论文选集》。

11月

7—8日 在七届全国人大常委会第四次会议连续举行大会发言。针对加强精神文明建设，发言说“我们理论工作者，应该有自己鲜明的观点”。

10日 《求是》编辑李明三来信，请整理在全国人大常委会四次会议上关于精神、金钱与社会发展的发言，以供发表。

27日 湖南师范大学林增平教授来信，谈压缩《辛亥革命与反满问题》以收入“应巴蜀书社之约”着手编辑的中国史专题讨论丛书《辛亥革命》一书事。

29—30日 参加纪念侯外庐逝世一周年学术讨论会，并在会上讲话。

12月

12日 中国社会科学院副院长赵复三来信谈读《刘大年史学论文选集》感触。

15日 中国社会科学院历史研究所中国思想史室卢钟锋来信，说拟将在纪念侯外庐学术讨论会上的讲话及已经发表的文章一并收入《纪念侯外庐文集》一书。

19 日 就博士论文写作事致函李长莉。

28 日 出席七届全国人大常委会第五次会议，审议进出口商品检验法草案和传染病防治法草案，认为制定这两个法律草案很有必要，希望尽快通过，并建议应把艾滋病、性病列为甲类传染病，重点加以预治。

同日 项观奇来信谈及战后德国、英国、法国等国的史学研究方法，如社会学方法、比较方法、结构分析方法以及传统的考证方法。

本月 《鄙弃抱残守缺，勇敢坚持真理》在《世界历史》第 6 期发表，并收入《中国历史学年鉴（1988）》。

1989 年（75 岁）

1 月

6 日 致函博士生姜涛，鼓励克服困难，并就论文写作提出建议，还建议“学习延长半年”。

本月 《吴茂荪与孙中山研究会》在《近代史研究》第 1 期发表。

2 月

1 日 日本神户华侨历史博物馆馆长陈德仁来信，就编著《孙中山先生大亚洲主义资料集》时采用《孙中山先生书信手迹选》中所录 1923 年孙中山先生致犬养毅函手迹事，请决定是否准允录用。

7 日 《中葡新关系十年》在《人民日报》发表。

14—18 日 日本首相竹下登和内阁法制局长在回答在野党的质询中，接二连三为裕仁天皇开脱战争责任，为日本侵略中国的战争辩解。

14 日 给日本神户华侨历史博物馆馆长陈德仁回信，说同意复制录用《孙中山书信手迹选》所收 1923 年孙中山致犬养毅函手迹。

19 日 晚上，着手查阅资料、草拟发言稿，准备在次日全国人大常委会上反击日本政要对侵略战争的辩解行径。

20日 在七届全国人大常委会第六次会议全体会议上，打破会议正常进程，手持京都大学名誉教授井上清、东京大学名誉教授与亚细亚大学校长卫藤沈吉编著《日中战争与日中关系——卢沟桥事变50周年日中学术讨论会记录》，作《日本当局为什么在侵华战争性质问题上倒退》的发言，指名批评日本在任首相竹下登，强调“国际间的交往需要言而有信”，最后质问日本当局接二连三“在战争性质问题上往后倒退，这究竟是为了什么？”

同日 日本神户华侨历史博物馆馆长陈德仁回信致谢，并表示“望我祖国早日政经安定，中日文化经济交流更进一步”。

21日 《日本当局为何在侵华战争性质问题上倒退？——历史学家刘大年二十日在人大常委会会议上的发言》在《人民日报》1版发表。《人民日报》同日同版还发表了记者何平的新华社电《侵华历史不容歪曲 战争罪责岂能开脱 人大常委谴责日本当局翻案》，介绍20日全国人大常委会全体会议上批评日本首相竹下登和日本内阁法制局局长为裕仁天皇开脱战争责任，以及为日本侵华战争辩解的做法的发言内容，并指出：“刘大年的发言引起了广大委员的共鸣。大家争相发言，对日本当局肆意歪曲历史的错误行径表示愤慨。”

同日 日本共同社播发记者伊藤正自北京发出的报道，标题是《〈人民日报〉在头版刊登刘的讲话 天皇的责任问题在扩大》。日本时事社、《读卖新闻》夕刊、《朝日新闻》和苏联塔斯社俄文电讯也发表相关评论和报道。

同日 88岁的中国文联副主席、中国曲艺家协会主席陶钝来信，表示“拥护您”“痛斥日本帝国主义余孽掩饰侵华罪行之谬论”，“我们还有亿万抗日军民和死难烈士的家属作您发言的证人”。

22日 法国《世界报》发表文章《北京批评竹下登的讲话》。

同日 日本驻华大使中岛敏次郎奉命约见中国外交部副外长刘述卿，说竹下首相对他在国会答辩中未能充分表述自己的真意感到遗憾。

同日 从广播中得知信息后，当年冀南行署党总支书记，后任西北大学党委书记的法学家和教育家吴大羽来信，说双手拥护在七届全国人大常委会第六次会议上的发言，并希望“你能发起、号召、组织一些历史学家，编写一部完整的《日本帝国主义侵略中国战争及其罪行史》和《日本帝国主义对中国的侵略史》；并进一步发起、联络、呼吁、组织国际上的一些历史学家，编写一部完整的《第二次世界战争及德意日法西斯罪行史》”。

23 日 从 2 月 21 日《工人日报》上看到就日本当局竭力为日本侵华战争诡辩一事所作的批判性发言后，南京汽车附件六厂财务科、团支部戚汉英写长信，说“我与我的同事们都感到莫大的振奋”，并谈日本侵华历史及其认识。

24 日 日本宇野宗祐外相在会见钱其琛外长时，代表日本政府表示，对竹下首相在国会中关于过去战争问题的答辩未能表达真意表示遗憾；并说竹下过去曾就战争性质问题做过明确表示，至今没有任何变化。

27 日 美国纽约《中报》发表社论，批评日本当局自欺而不足以欺人。

28 日 《中国青年报》刊登刘扬的文章《访刘大年》。在该文旁边，有一简讯《竹下承认日本过去的侵略事实》。

3 月

6 日 50 年前在冀西办事处工作的战友白汀，看到《人民日报》上“严厉谴责竹下登的讲话”，从成都来信相认。

8 日 吉林大学经济研究所孔经纬寄其著作《简明中国经济史》《东北经济史》《中国资本主义纲要》。

16 日 应中国国际文化书院陈翰笙院长聘请，任该院院务委员。

同日 看到《人民日报》上刊登的发言，日本神户学院大学教授中村哲夫来信，说“日本天皇病了以后，政治环境不好，所以很多日本知识人也同意您的发言”。

同日 日本庆应大学山田辰雄教授收到新春贺年片后回信，谈拟于 9 月访华，以及任新生“已经决定做我们庆应大学大学院的研究生”诸事。

本月 《怀念黎澍同志》在《近代史研究》第 2 期发表。

4 月

1 日 《马克思主义与中国传统文化》在《求是》第 7 期发表。文章对孔学的一些评论后来在《评近代经学》中得到进一步的发展。

3 日 给当年冀西办事处战友白汀回信叙旧。

13 日 战友白汀来信叙旧，说“还是五十年代我就在报上见到过对你不公平的批评”。

25日 田中正俊在其中译本著作《战争·科学·人》的《自序》中说："谨以本书献给抗日民族解放战争的英勇战士，我们的老师刘大年先生；同时，作为一个日本人的我，虽尽力通过个人的亲身经历将日本军国主义的所作所为在本书中予以揭露，但由于认识和思想上的局限在所难免，尚请刘先生及各位予以指正。"

27日 出席在中国社会科学院报告厅召开的中国现代文化学会成立大会并在会上讲话。学会由丁守和、徐宗勉、耿云志发起，挂靠近代史研究所。丁守和任会长。

本月 应河南省教育委员会聘请，任河南省第四批新增博士学位授予单位论证组委员。

本月 中共中央顾问委员会常委胡乔木访问美国。其间，伊利诺斯州的华裔教授吴天威见到胡乔木，向他说明在美国有日军暴行调查委员会这个学术团体，还有自己的刊物。吴天威跟他分析对日政策问题，表示生活在美国的华人学者对中国政府有看法，建议中国学者也要成立一个学会，办一个刊物，发出声音。

5月

7日 致函湖南省华容县志编委会工作人员刘传贵，寄《华容县志序》稿。

8日 会见并设便宴招待来北京参加中国社会科学院举办的纪念五四运动70周年学术讨论会的日本学者野泽丰、小野信尔、狭间直树、森时彦等。

13日 部分学生开始到天安门广场静坐绝食。

19日 《人民日报》刊登《各界继续发出紧急呼吁　希望中央主要领导速与学生对话　恳切请求学生爱惜身体停止绝食》。名列"社会科学界194名知名人士日前发出向中共中央、国务院、全国人大常委会的紧急呼吁书"签名名单。

21日 晚上，全国人大常委会委员胡绩伟委托以万润南为董事长的北京四通社会发展研究所办理全国人大常委会委员签名"呼吁召开紧急会议"事宜。签名持续到24日。

22日 在四通公司草拟的致全国人大常委会的信上签名。

25 日　香港《文汇报》刊载《信函昨日已经呈交　议程包括罢免李鹏　天安门广场学生昨誓言保卫首都》一则报道。关于全国人大常委会委员签名事件，该报道说“紧急会议的重点包括罢免李鹏和处理当前急需解决的问题”。

26 日　《澳门日报》作与 25 日香港《文汇报》同样内容的报道。

29 日　致函时任国家广播电影电视部部长艾知生辟谣，并“希望能采取适当办法予以公布”，函件说：“本月 22 日我在一个建议召开人大常委会紧急会议的征集信上签了名，信的内容是建议召开会议，没有提到任何议程。根据法定程序，个人也不可能确定议程。25 日香港《文汇报》刊载，五十几名人大常委签名，要求开会罢免李鹏总理职务，其中有我的名字。我郑重声明，根本不知道此事，特此辟谣。”

30 日　国内的广播和电视在发布部分全国人大常委会委员“辟谣”声明时，没有公布致艾知生部长函的全文，只讲了结语“根本不知道此事”。

31 日　香港《文汇报》发表《胡绩伟郑重声明——详述动议召开人大常委紧急会议的经过和看法》《六名人大常委“辟谣”　本报特作四点说明　如实报道乃本报一贯之报道方针》《就六常委否认事〈澳门日报〉作说明》，2 版发表《有关六名人大常委“辟谣”事　四通研究所昨发表声明澄清》；《澳门日报》发表《就六名人大常委“辟谣”和追究责任一事　四通研究所严正声明澄清始末》等文章。其中《澳门日报》的“本报编者按”中指责刘大年，说：“作为历史学家，更不能将历史任意拿捏，应该有史识、史才，而首先应该有史德。”

6 月

1 日　王玉璞送《澳门日报》复印件。

2 日　致函香港《文汇报》编辑部，要求全文刊登 29 日致中央广播电视部辟谣函。

同日　致函全国人大常委会常务副秘书长、党组成员曹志，送致香港《文汇报》编辑部和致艾知生部长函各一件，问“是否需要转报常委有关领导同志”。致函人民日报社总编室，送致香港《文汇报》编辑部和致艾知生部长函各一件，问“不知是否可采取适当方式予以公布”。

同日　下午，王玉璞补送《澳门日报》5 月 31 日报道复印件。

3日 香港《文汇报》刊登《马洪否认签名事 四通研究所澄清 本报将不再就此类"辟谣"逐一作答》。因而在全国人大常委会委员签名事件中的真实情况没有能够在香港、澳门的媒体中公开报道。

23日 就《田家英与学术界》一文，中共中央文献研究室编审、主任逄先知和中共中央文献研究室研究员、常务副主任金冲及来信，说"只是个别事实方面，略作修订，供您参考"。

29日 参加七届全国人大常委会第八次会议。在学习讨论党的十三届四中全会精神时发言，说"这次人大常委会委员签名活动""应该弄清楚，做出明确的结论"。

本月 原拟在北京召开一次国际史学会理事会，因政治风波的发生而没有实现。这次会议是1985年8月与国际史学会秘书长商定的。

7月

6日 《人民日报》刊登《人大常委谈签名事件 要求成立调查组彻底清查》。其中说"刘大年委员说，没有人说过要罢免李鹏总理的话"。

10日 辽宁师范大学历史系韩一德教授寄田中正俊《战争·科学·人》一书的译稿，并请求为该书作序。

8月

4日 给辽宁师范大学历史系韩一德教授回信，并附寄所托序言——《固守真理者》。

19日 参加在八宝山革命公墓礼堂举行的梁寒冰遗体告别仪式。梁寒冰曾担任中国社会科学院历史研究所分党组书记、副所长、顾问以及中国史学会秘书长等职。

同日 致函辽宁师范大学历史系韩一德教授，告知田中正俊教授著作序言拟在《近代史研究》上发表。

20日 国务院经济技术社会发展研究中心顾问马宾来信，说"现我在研究我国今后四十年国民经济发展战略规划和经济体制改革总体设计"，"希望你为我介绍若干近代史论著和文献资（目录）"。

27日 韩一德回信，说田中正俊收到序后回函"表示得到先生的序文，是他意外的喜悦和特殊的光荣，并感谢对他个人的评价”。

30日 胡乔木就国内成立日本侵华暴行研究会事来信，说“请考虑可否挑起这个担子”。

同日 给马宾回信，介绍几种近代史方面的出版物，并寄尚未公开发表的姜涛博士论文《近代中国人口研究》书稿。

本月 《说地方志的文化功能》在《中国地方志》第4期发表。

本月 接受《人民中国》记者沈兴大采访，《〈30分钟对谈〉刘大年：一个中国历史学家的日本观》发表在《人民中国》（日文版）第8期。

本月 接受华容县委党史办郭清彬、严文田拜访后，郭清彬撰写的《著名史学家刘大年谈党史工作》发表在《湖南党史月刊》第8期。

9月

13日 在近代史研究所会见来华访问的日本亚细亚大学校长卫藤沈吉、庆应大学教授山田辰雄，这是1989年春夏之交的政治风波以后近代史所接待的第一批日本客人。谈1991年夏威夷孙中山国际学术讨论会筹备诸事。

本月 和北京市政协主席白介夫应胡乔木邀请去谈话。经协商，准备成立一个高规格的抗日战争研究机构，由胡乔木担任会长。还准备成立基金会，以便有条件支持日军罪行调查工作。将胡乔木的意见以及准备做的一些事情告诉近代史所副所长张海鹏，希望张海鹏能够协助起草学会章程，进行学会理事、会长、副会长、主席团成员等人事安排。张海鹏当即答应，并起草章程。

10月

15日 中国社会科学院院长胡绳寄送反映井上清等思想状况文件一份。

17—20日 第二届中国抗日战争史学术研讨会在北京卢沟桥中国人民抗日战争纪念馆举行。会上，成立专门研究抗日战争史的学术研究机构——北京市抗日战争史研究会，任名誉会长。

21日 《人民日报》刊登记者黄智敏、马鹤青的报道《抗战史研讨会代表就日本教科书案错误判决发表声明　日本侵华历史不容篡改》。

22日 中国人民大学教授王汝丰来信，谈卢沟桥第二届中国抗日战争史学术研讨会情况，以及和北京出版社落实“关于编辑出版日中学术讨论会论集一事”，并寄介绍在日本召开的七七事变50周年中日学术讨论会情况的《迟到的信息》打印稿。

29日 致函胡乔木，寄去《见说四首》。

本月 中华书局出版《孙中山和他的时代》，内收《孙中山研究国际学术讨论会开幕词》。

11月

8日 胡乔木再次就成立学会事来信，谈具体筹备情况，并提《见说四首》中“第四首人字出韵”问题。

12日 致函中国作家协会副主席冯至，谈《见说四首》之“人字韵”等事。

21日 《见说四首》在《人民日报》发表。

24日 冯至回信谈“人字韵”问题，并对《见说四首》大加赞赏。

12月

1日 罗尔纲寄送《困学丛书十种》以及《困学集》，并在信中重点介绍了前书中的《天地会文献录》《太平天国的游击性运动战》和《八法对笔迹的鉴定》3篇文章。

5日 致函冯至，谈如何查资料最终解决“人字韵”问题。

11日 《北京日报》载胡昭衡的《孔子的不惑》，该文以《见说四首》结尾。

12日 致函胡乔木，汇报筹备抗日战争史研究会和基金会的有关情况。

15日 中共中央党史研究室副主任、《中日学者对谈录》主编郑惠来信，谈作为《对谈录》序言的《天壤公言录》“写得很好”，以及“对您准备在《近代史研究》上发表巴黎华人来信的处理方式”的意见。

16日 《说历史的选择》在《求是》第24期发表。

30日 北京机床齿轮厂陈安生读到《求是》上发表的《说历史的选择》后，来信说：“现在，我们既要清除斯大林模式遗留给我们的沉重负担，也要反击国际垄断资本的‘和平演变’的阴谋。这是第二次历史选择，比第一次更复杂。”

本月 《田家英与学术界》收入中央文献出版社出版的《毛泽东和他的秘书田家英》一书中。

本月 《固守真理者——〈战争 · 科学 · 人〉中译本序》在《近代史研究》第6期发表。《固守真理者——〈战争 · 科学 · 人〉序》在《辽宁师范大学学报》（社会科学版）第6期发表。

1990年（76岁）

1月

25日 致函井上清，谈胡绳邀请访问和参加8月中国社会科学院近代史研究所为庆祝建所40周年拟举行的“近代中国与世界”学术讨论会等事。

2月

13日 井上清回信，答应来北京参加中国社会科学院近代史研究所建所40周年学术讨论会。

19日 再次就成立抗日战争史研究会事致函胡乔木，询问有关情况。

20日 胡乔木就成立抗日战争史研究会事回信，主张由社会科学院来出面组织推动，并说“坚决不想再在研究会尤其基金会中列名或实际参与”等。

3月

5日 被中国人民对外友好协会聘请为理事。

同日 《编写一部全面系统的抗日战争史》在《人民日报》发表。

10日 分别致函吕正操、胡绳、郁文，继续推动建立抗日战争史学会。

19日 台湾“中央研究院”近代史研究所研究员王树槐因事不能参加

中国社会科学院近代史研究所主办的“近代中国与世界”国际学术讨论会，特来信告知。

4月

《天壤公言录——〈中日学者对谈录〉序》在《近代史研究》第2期发表。

5月

20日 给湖南省岳阳市市志办工作人员何培金回信，谢绝给《岳阳楼志》作序，对如何编写高质量的志书提出详细建议。

28日 给某考生写信，说“与其把这次考试看做某种失败，不如把它认真看做是对自己的督促、提醒，乃至比做悬梁刺股之类，更加有益”。

29日 湖南华容老家二弟刘子凡来信介绍家乡情况，并望“再回家一转”。

本月 《七十年与四十年——〈日本侵华七十年史〉序》在《真理的追求》第5期发表。

6月

3日 参加全国政协举办的纪念鸦片战争150周年座谈会，并在会上发言。全文《太阳照在新中国的上空》在6月5日《光明日报》发表。

4日 《人民日报》刊登记者袁建达、李德金的报道《全国政协在京举行各界人士座谈会　纪念鸦片战争一百五十周年　方毅受李先念委托致词　谷牧主持会议　胡绳作长篇讲话　会议号召发扬爱国主义精神建设现代化社会主义强国》。

10日 甘肃农业大学农机系大学生冯乐权来信，称自己崇尚马克思主义哲学，希望得到指导。

7月

4日 致函中共中央宣传部副部长、文化部代理部长贺敬之，介绍华容图书馆负责人陈晓泉前往“晋谒请示”。

本月 黑龙江人民出版社出版韩一德译、田中正俊著的《战争 · 科学 · 人》。内有中译本序《固守真理者》。

8 月

11 日 中国社会科学院近代史所研究员余绳武来信，谈对《中国近代化的道路与世界的关系》文稿的一些意见。

17 日 中国社会科学院近代史研究所成立 40 周年。与中国社会科学院院长胡绳一起，为坐落在中国社会科学院近代史研究所院内的范文澜铜像揭幕。

20 日 上午，到北京光华饭店拜访井上清，谈及 1989 年春夏之交的政治风波诸事。晚上，陪同胡绳会见并宴请井上清。

21 日 井上清及夫人专程到近代史研究所祝贺建所 40 周年，在范文澜铜像前行三鞠躬礼，并赠送了京都著名手工艺品“西阵织”。与余绳武、王庆成、张友坤、张海鹏等接待。

22 日 陪同井上清到北戴河，并在火车上交谈。

27 日 在北戴河金山宾馆，接待日本友人井上清。

29 日 刘公武儿子刘晓来信，称华容县政协为其父亲编写了一部书，拟由中国文史出版社出版，书名暂定为“我们都是爱国者”，希望能够为该书题词。

31 日 本日至 9 月 3 日，为纪念近代史研究所建所 40 周年，在京举办“近代中国与世界”国际学术讨论会。这是近代史研究所第一次独自举办国际学术讨论会。任大会组织委员会主任，在开幕式上作主题演讲。台湾“中央研究院”近代史研究所前所长吕实强、研究员张朋园、副研究员林满红出席会议。这是台湾学者第一次出席大陆的学术会议。1992 年 4 月，以近代史所科研处编辑名义出版了题为《走向近代世界的中国》的论文集，成都出版社出版。在开幕式上的讲话《中国近代化的道路与世界的关系》收入论文集。

同日 与郑惠主编、中国人民抗日战争纪念馆编辑的《中日学者对谈录——卢沟桥事变五十周年中日学术讨论会文集》由北京出版社出版。此书是在 1988 年 9 月日本东京原书房出版，井上清、卫藤沈吉主编的日文本《中日战争与日中关系——卢沟桥事变50周年日中学术讨论会记录》基础上编译而成。为该书写了序言，序言以《天壤公言录》为题预先在《近代史研究》上发表。

本月 被“纪念中国近代史开端150周年国际学术研讨会”聘为筹备委员会顾问。

本月 第一届近百年中日关系史国际研讨会在香港举行。

9月

22日 给甘肃农业大学农机系大学生冯乐权回信，建议“多读马克思主义理论书，并联系实际加以思考”，推荐一些马克思主义创始人的著作。

本月 给刘公武儿子刘晓回信，并为刘公武纪念册题词。

10月

13日 徐净武、韩辛茹来信，说原北方大学在京校友正在编写一本关于北方大学的书，“现在稿件大体上齐备，想请您写点文字，短文题词均可”。

15日 经过多方努力，中国社会科学院终于同意上报成立抗日战争史学会，但明确表示拿不出任何经费。因此，再次与白介夫致信胡乔木，请他担任抗日战争史学会的名誉会长，并请转信至国务院总理李鹏，请求财政支持。“乔木同志并转李鹏同志”的信由近代史所副所长张海鹏起草，刘大年作修订。

25—30日 在七届全国人大常委会第十七次会议上，强调“还是应该制定廉政法”。该提案《还是应该制定廉政法》载入本次会议《简报》中。

29日 日本京都大学教授伊原泽周来信，对参加中国社会科学院近代史所举办的“近代中国与世界”国际学术讨论会所受到的招待表示感谢，并寄送著作《近代中国之革命与日本》一册及纪念照片一张。

11月

1日 李鹏总理收到刘大年与白介夫合写的要求解决成立抗日战争史研

究学会和创办《抗日战争研究》刊物经费的信后，批转国务院副秘书长刘仲藜处理。刘仲藜在国务院第八会议室主持有民政部社团司司长、财政部文教司副司长以及国务院办公厅会议处工作人员参加的会议。张海鹏在会上陈述成立抗战史学会、创办《抗日战争研究》刊物以及召开“九一八”事变国际学术讨论会的理由。会上刘仲藜没有明确结论。

8日 湖南省湘潭师范学院杨鹏程来信，说湖南省志办发起编纂《湖湘文化大辞典》，邀请了一批湘籍学者为学术顾问，“编委会委托我给您寄来聘书”，“望您拨冗指教”。

16日 关于拨款资助成立抗日战争史研究学会和创办《抗日战争研究》刊物事，李鹏总理批示“原则同意处理意见”。

26日 为尽快编辑出版《回忆北方大学》，主编韩辛茹再次来信约稿，后来，所写《北方大学记》为该书第一篇回忆录。

本月 参加中国社会科学院近代史研究所建所40周年举办的“近代中国与世界”国际学术讨论会的讲话《中国近代化的道路与世界的关系》在《求是》第22期发表。

1991年（77岁）

1月

18日 西北大学教授、校长张岂之来信，说不能参加中国抗日战争史学会成立大会，但同意参加在美国夏威夷召开的“孙中山与中国革命”国际学术会议。

22日 胡乔木为即将成立的中国抗日战争史学会写贺信，讲述抗日战争的历史意义以及研究抗日战争史的重要意义。

23日 上午，中国抗日战争史学会成立大会在人民大会堂举行。胡乔木向大会发来贺信，吕正操从广州打来电话祝贺。刘大年主持大会开幕式。大会宣布了中国抗日战争史学会的组织机构，刘大年任会长，胡乔木任名誉会长，白介夫为执行会长，全国知名的史学专家、从事抗日战争史研究的学者和工作者近百人任理事。学会聘请一批名誉顾问。刘大年与丁守和、马齐彬、王淇、王庆成、白介夫、刘建业、齐世荣、李侃、张海鹏、何理、罗焕章、金冲及、戴逸等人组成中国抗日战争史学会学术委员会，刘大年任学术委员会召集人。下午，中国抗日战争史学会开始进行学术讨论。刘大年在学术大会上作《做什么，怎么做?》的发言，对中国抗日战争史学会的行动纲领作了具体阐述。学术会议一直持续到25日。在这次大会上，决定于当年9月与辽宁、吉林、黑龙江三省社会科学院联合在沈阳举办“九一八”事变60周年国际学术讨论会，委托中国社科院近代史所编辑学术刊物《抗日战争研究》。会后，由中国抗日战争史学会学术委员会组成《抗日战争研究》编辑委员会，刘大年任编委会召集人，张海鹏为主编、曾景忠为副主编。

同日 晚上，郭维城将军看到晚报载中国抗日战争史学会成立事，来信庆贺，询问是否可以参加该会，并送《东北军史》一书。

24日 《人民日报》刊登《中国抗日战争史学会成立》。

2月

6日 给成晓军回信，解释没有题写书名的原因。

19日 任继愈来信，寄上海人民出版社给的特种书购书卡一张。

3月

6日 回家乡华容，见到年过古稀的弟弟和年过六旬的妹妹、阔别多年的乡亲，兴致勃勃地参观了村里的自来水和小果园，登上青年时代读书的雪窝山顶。在雪窝山顶，把村里给他立的碑掀掉。

7日 应岳阳市地方志编委会聘请，担任《岳阳市志》顾问。

9日 认为评价中国社会科学院近代史研究所副所长张海鹏的成绩时，放在首位的应该是“张海鹏同志在学术研究工作中一贯表现出了他对历史研究要以马克思主义为指导的深刻认识，具有很强的社会责任感”。

27日 台湾“中央研究院”近代史研究所研究员张玉法来信，谈不能分身参加“九一八”事变60周年学术讨论会。

本月初 苏联远东研究所研究员贝列罗莫夫（嵇辽拉）约薛衔天会面，

谈出版俄文版《刘大年史学论文选集》事，希望薛衔天迅速联系，让刘大年尽快写个小传，不久，又让薛转告，再补写个《致苏联读者》，收入俄译本《刘大年史学论文选集》。

4月

12日　《人民日报》"1991：人大·政协盛会纪实"刊登记者张书政的《道路已经指明》，其中有刘大年接受记者采访时谈话。

21日　薛衔天来信谈苏联翻译史学论文选事。

22日　接受中国科学院院史文物资料征集委员会办公室的采访。《关于思想改造运动——刘大年先生访谈录》发表在《院史资料与研究》1992年第1期。

25日　找胡乔木面谈有关《抗日战争研究》创刊具体事宜。

26日　致函胡乔木，商讨《抗日战争研究》创刊号的编排、发刊词，以及请邓小平、聂荣臻等题词诸问题。并给邓小平、聂荣臻分别写信。

29日　分别给薛衔天和苏联科学院院士贝列罗莫夫写信，并寄去写好的《致苏联读者》。

5月

3日　胡乔木回复《抗日战争研究》创刊事信，说尚不知"发刊词能否写"。

9日　抗战史学会学术委员会召开如何办好《抗日战争研究》的座谈会。在会上发言，阐述抗战刊物的性质。

20日　《致苏联读者》带到莫斯科，贝列罗莫夫、H. 费奥克季斯托沃依和薛衔天3人将全文译出。贝列罗莫夫告诉薛衔天，尽管经费紧张，纸张涨价，但这本书是重点书，会印得很好，不久即可印出，并让薛转告。

24日　薛衔天来信告知《致苏联读者》翻译及论文选集出版事宜。

27日　日本早稻田大学教授安藤彦太郎来信，谈本年参加国际学术交流活动以及其子考上东京大学准备研究新疆维吾尔族等少数民族历史诸事。

同日　全国人大常委会副委员长、民建中央主席孙起孟归还借阅材料。

本月　《北方大学记》在《近代史研究》第3期发表。

本月 作《胡绳同志持赠诗存次集中，梦回故寓韵抒感呈览》诗。

6月

1日 参加国家教委举办的首都教育、理论界贯彻落实江泽民主席关于加强近现代史和国情教育指示的座谈会。

4日 致函胡乔木，谈《抗日战争研究》发刊词事。

7日 1949年南下后一直在湖南工作、从湖南省委宣传部第一副部长任上退下来的河北巨鹿县人孙云英来信，谈在冀南进行游击战争的经历，送抗日战争回忆录《风雨春秋》，说“希望你再开抗日战争史学会的时候吸收我参加”。

7月

25日 给孙云英回信，并介绍将创刊的《抗日战争研究》。

8月

7日 为《华容县志》作序一篇。

14日 湖南岳阳师专姚曙光来信，谈为其主编的《世纪脉络——从中共“一大”到“十五大”》一书题书名并当顾问事。

20日 《湖南省志·著述志》编写组刘恩达来信，求简历及著述情况。

29日 本日至9月4日，由日本东京大学的卫藤沈吉担任主席的“孙中山与中国革命”——纪念辛亥革命80周年学术会议，在美国檀香山东西方中心召开。原定为中国学术代表团团长，但临行前忽然患病，未能成行，由金冲及代团长。论文《孙中山对中国国情的认识》在会上分发。该文后来作为序言收入东京大学出版社1994年出版、卫藤沈吉主编的英文版《中国共和革命》。文章首次将中国近代历史的基本问题概括为两个，对近代化问题的认识进一步深化。

9月

13日 给湖南岳阳师专姚曙光回信，谢绝题写书名。

17—20 日 在沈阳主持由中国抗日战争史学会与中国社会科学院近代史研究所，辽宁、吉林、黑龙江三省社会科学院等联合主办的纪念“九一八”事变 60 周年国际学术讨论会，并致开幕词，宣布会议的讨论主题是抗日战争与中国历史。开幕词全文在《抗日战争研究》第 2 期发表。为这次会议提交论文《抗日战争与中华民族的统一》。这次学术讨论会是中国抗日战争史学会成立后联合学术机构举办的第一次学术会议，来自中国大陆、台湾、香港地区及日本、美国、加拿大、德国、苏联、朝鲜等国家的学者 110 多人与会。会议期间，来自美国的吴天威、朱永德等，来自中国香港的杜学魁以及来自中国台湾的张玉法、陈三井、蒋永敬等，与时任中国社会科学院近代史所副所长的张海鹏等座谈，吴天威希望中国抗日战争史学会等发起在北京召开第二届近百年中日关系史国际研讨会，张海鹏原则上接受了。事后汇报，得到赞同，刘大年与白介夫都认为这件事值得做。

24 日 自编《诗钞》，辑录 62 首诗，开篇为《钞稿记》。

本月 由中国抗日战争史学会主办、中国社会科学院近代史研究所编辑的《抗日战争研究》学术季刊创刊。

10 月

1 日 开始享受中华人民共和国国务院颁发的政府特殊津贴。

7 日 致函苏联科学院院士贝列罗莫夫，谈俄文版选集出版事，并致谢意。

15—19 日 中国史学会和湖北省社科联联合主办的纪念辛亥革命 80 周年暨“辛亥革命与近代中国”国际学术讨论会在武昌举行。担任会议组织委员会主任，在开幕式上作《辛亥革命与历史前进观点》的报告。

17 日 《辛亥革命与历史前进观点》在《湖北日报》发表。

同日 中国社会科学院近代史研究所中外关系史第二室黄纪莲来信，说“您给苏联汉学家嵇辽拉教授的信已于 10 月 9 日送出”。

21 日 上午，以全国人大常委会委员、中国—澳大利亚友好小组主席身份在人民大会堂同以小组主席伯恩斯参议员为团长的澳大利亚议会澳中小组代表团举行工作会谈。

25—30 日 在七届全国人大第二十二次会议上作有关思想工作的发言，

受到与会者的热烈欢迎。

29 日　苏联科学院院士贝列罗莫夫回信，谈俄文版选集编辑出版事。

本月　《孙中山对中国国情的认识》发表在《真理的追求》第 10 期。

11 月

8 日　七届全国人大第二十二次会议结束后，全国人大常委会副委员长孙起孟来信称赞会上发言，并说“我打算在应邀参加的周建人诞辰一百周年纪念会上讲些意见，容发言成稿后送请指教”。

9 日　中国社会科学院历史研究所研究员刘起釪来信，寄《古史续辨》及《著述简目》，并恳请为《古史续辨》写一篇专评。

16 日　刘起釪来信告知北京大学教授张岱年通信地址，并称“已将拙著寄往请教，并当于数日之后专诚往访面论之”。

18 日　致函北京大学张岱年教授，引荐中国社会科学院历史研究所刘起釪的《尚书》研究著作。

26 日　张岱年回信，称赞刘起釪所著《尚书学史》《古史续辨》等，说“为《古史续辨》写了一篇简评”。

28 日　为纠正《文献和研究》1986 年第 6 期《“百家争鸣”方针侧闻记》文章中的一些史实错误，致函《党的文献》编辑部。

12 月

10 日　首次拟定《评近代经学》的写作提纲，题目为《近代经学概述》。

19 日　刘起釪就张岱年写专评事来信致谢。

26 日　苏联解体，当即作《感事》一首。

28 日　为给中国社会科学院历史研究所副研究员刘明逵的中国工人运动史研究成果争取出版资助，分别致函全国人大常委会副委员长、中华全国总工会主席倪志福和中国社会科学院副院长郁文。后中国社会科学院拨出 8 万元用于资助出版刘明逵主编的《中国工人阶级历史状况》一书。1998 年广东人民出版社出版刘明逵主编的《中国工人运动史》6 卷，2002 年中共中央党校出版社出版《中国近代工人阶级和工人运动》资料集 14 册。

1992年（78岁）

1月

10日　再次拟订《近代经学概述》提纲。

17日　对《近代经学概述》提纲再作修改。

2月

4日　春节，美国纽约市立大学教授唐德刚及夫人吴昭文来信，说“客秋在京承教获益无穷”，“抗日战争史学会在先生领导下，必成将来世界史中之显学”。

20日　胡绳寄《一夕》诗修改稿。

4月

28日　湖南大学邹声扬教授来信汇报托人查询近代经学家苏舆简况事。

5月

3日　给湖南大学邹声扬教授回信，就查询苏舆简况事致谢。

本月　《抗日战争与中华民族的统一》在《抗日战争研究》第2期发表。

6月

1日　中国大百科全书出版社总编辑梅益来信，送《中国历史大百科全书》样书，请写一评介文章。

4日　湖南华容家乡学子、中南财经大学经济法专业学生罗志宏来信请求“点拨”。

29日 在出席全国人大常委会审议国务院关于1991年国家决算报告的会议时发言，说“财政赤字和潜在的通货膨胀，要引起我们高度重视”。

7月

20日 《中国工人阶级历史状况》第二册出版后，刘明逵来信对支持其科研工作表示感谢。

28日 日本东京大学教师岸本美绪来信，谈8月将访华事。

8月

15日 刘明逵来信，说《中国工人阶级历史状况》出版资助已正式予以批准。

本月 湖南省华容县刘传贵来信，请为何长工纪念馆赐楹联。

10月

为中国社会科学出版社出版的《日本侵华七十年史》撰写序言《七十年与四十年》。

11月

30日 刘起釪来信谈其被日本和中国台湾、香港地区邀请讲学以及“《尚书学史》被台湾偷偷翻印”诸事。

本月 出席在北京举行的、由中共中央办公厅和国务院办公厅联合举办的郭沫若诞辰100周年学术讨论会。在会上作《继承以往　开拓未来》的发言。

12月

19日 誊写《近代经学概述》提纲。

本年 俄罗斯科学院远东研究所研究员贝列罗莫夫（嵇辽拉）等主编、刘永安和费奥克季斯托沃依翻译的俄文版《刘大年史学论文选》由俄罗斯东方文献出版社在莫斯科出版，收 7 篇文章。

本年 招收中国近现代史方向博士研究生杜语。

本年 在《史学理论》基础上，中国社会科学院世界历史研究所、近代史研究所和历史研究所合办了《史学理论研究》季刊，由中国社会科学院世界历史研究所负责出版。

1993 年（79 岁）

1 月

4—7 日 由中国抗日战争史学会、中国社科院近代史研究所、美国日本侵华研究学会、美国伊利诺州立大学联合举办的第二届近百年中日关系史国际研讨会在北京举行。任会议组织委员会主任委员，致开幕词。开幕词全文在《抗日战争研究》第 2 期发表。

本月 《继承以往　开拓未来》发表在《近代史研究》第 1 期。

2 月

19 日 胡绳来信谈诗，说："送上诗笺二页，请指教。""如蒙修改，不胜感谢。"

3 月

5 日 德国柏林自由大学教授罗梅君来信，请以中国社会科学院、史学会或个人的名义写信支持原民主德国洪堡大学汉学家、中国历史教研室主任费路教授留任教授职位。

本月 《抗日战争研究》第 1 期发表云南大学马列主义教研部张巨成的《抗日战争前中国是不统一的吗？——与刘大年先生商榷》。

5月

7日 湖北省社会科学院副研究员、《江汉论坛》杂志史学编辑室主任张艳国来信，请为《我的史学观——中国著名史学家自述》“赐作”。

8日 给在日本东京一家图书发行公司工作的中国人荫飞回信，说希望与日本同行和热心人士合作，使抗日战争研究工作取得进展。

10日 给中南财经大学罗志宏回信，鼓励“立大志，下苦功，不为身边次要的事羁绊束缚”。

同日 给湖南一报考研究生小学教师回信，鼓励“坚持初衷，再接再厉，在既有基础上攀登下去，铮铮树立于学术研究之林”。

26日 河南省洛阳市涧西区机电部第四设计研究院堵德健自北京来信，谈其父亲保存有一部约12万字的《抗战史话》。

6月

上旬 《近代经学概述》初稿写完。只剩3处注释待查。

10日 湖南省华容老家亲戚来信，讲述家庭困难事。

7月

1、2日 修改《近代经学概述》，对今古文分歧的两个关键地方再作修订，即“古文是否刘歆伪造”“孔子是否托古改制”。

4日 胡绳寄小册子和《光明日报》一份，报上有其诗作，说“有八句已据您的指教改过”。

30日 给中国社会科学院历史研究所研究员张书生回信，谈《剑桥晚清史》。

8月

20日 日本神户孙中山纪念馆名誉馆长山口一郎来信，为第二届近百年中日关系史国际研讨会期间所受接待致谢，并谈月底将到北京“造访”。

同日 日本京都大学教授伊原泽周来信，称将陪伴山口一郎赴北京报告

1995年在日本举办第三届近百年中日关系史研讨会的问题。

本月 被《中山墨宝》编辑委员会聘请为顾问。

9月

15日 安藤彦太郎夫妇来信，为在中国受到的“热情而周到的接待”致谢。

本月 为浙江人民出版社本月出版的姜涛的《中国近代人口史》写了序言，序言在《近代史研究》第4期发表。

本月 在北京木樨地家中接待日本东京大学教授近藤邦康。

10月

5日 《华容县志》主编刘传贵寄《华容县志》一册，并致谢意。

10日 南开大学日本研究中心教授吴廷璆来信，说该校学位委员会已商定拟聘为早稻田大学社会科学研究所依田憙家教授史学博士学位答辩委员会委员并主持答辩。

11日 美国南伊利诺大学教授吴天威来信，汇报在台湾开会讨论筹办第三届近百年中日关系史学术会议事。

11月

12—15日 参加在北京举行的中国史学界第五次代表大会，并发表讲话。

12月

5日 致函井上清祝贺80华诞。

24日 参加中国史学会、中国社会科学院近代史研究所联合举行的纪念范文澜诞辰100周年学术座谈会，并发表讲话《光大范文澜的科学业绩》，全文在1994年《近代史研究》第1期发表。

25日 日本东京大学教授近藤邦康来信就北京面晤事致谢，并说“打算继续研究毛泽东的思想”。

1994 年（80 岁）

1 月

上旬 再次对《近代经学概述》进行修订。

25 日 《历史要分析——谈〈胡乔木文集〉第 2 卷阐述的历史方法论》在《中共党史研究》第 1 期发表，该文收入《回忆胡乔木》（当代中国出版社 1994 年出版）一书中。

31 日 思考如何对近代经学进行总的评价。

2 月

15 日 《郭沫若关于〈历史研究〉的六封信》在《历史研究》第 1 期发表。

3 月

21 日 根据白寿彝的意见，北京师范大学史学研究所吴怀祺和瞿林东前来访问，希望就当前我国史学界发展的状况、存在的问题以及中国史学发展的前景等问题谈谈看法。访谈过程中，反复强调要再斟酌，声明可能要交“白卷”。访谈内容在去世后的 2003 年才以《面向新世纪——漫谈历史规律问题》为题在《史学史研究》第 3 期发表。

5 月

中旬 永野茂门否定日本侵华战争性质的谈话公开发表后，《抗日战争研究》杂志社请该刊编委撰写《驳永野茂门》的笔谈。刘大年、戴逸、丁守和、张海鹏的笔谈《驳永野茂门》刊登在《抗日战争研究》1994 年第 2 期上。

29 日 就博士论文通商口岸问题致函博士生杜语，指出论文的关键、结构和难点等，强调创新应是建立在扎实的科学研究基础之上。

本月 在白介夫组织下，中国社会科学院近代史研究所与中共中央党校、国防大学、军事科学院、南京大学等单位的部分专家，在怀柔宽沟北京市委招待所召开会议，根据刘大年提出的修改大纲，讨论修改中共中央党校、国防大学、军事科学院、南京大学等单位集体撰写的《抗日战争史》初稿的问题。此后，根据这次会议结果，以中国抗日战争史学会的名义，分工修改，重新写作后来定名为《中国复兴枢纽——抗日战争的八年》的著作。稍早前，刘大年与张海鹏商量过修改这部书稿的问题，并要张海鹏从近代史所选拔几位研究者，增加研究的力量。新的编修人员确定后，指导重新讨论并拟定了一个修改大纲。

8 月

17 日 岳阳市文化局来信，请为岳阳市《文化志》题词。

本月 《哲学研究》第 8 期发表中国社会科学院哲学所王生平的《跳出“国学”研究国学——兼评〈论天和人的关系〉》，立即引起注意。之后，委托人告转王生平，约去面谈，鼓励多写这样的文章。

10 月

13 日 中国社会科学院历史研究所研究员林甘泉来信，寄拟收入白寿彝先生 85 华诞纪念文集的文章《走向 21 世纪的中国史学》，请指正。

22 日 参加《历史研究》创刊 40 周年座谈会。

11 月

2 日 湖南省岳阳市政协文史委刘美炎来信，问所赐《刘大年传》如何署名。

15 日 胡绳寄 7 日《光明日报》，上有《巴蜀行》诗数首，说“请指正”。

本月 《抗日战争的历史意义与民族精神》在《抗日战争研究》第 4 期发表。

1995 年（81 岁）

1 月

本月 第三届近百年中日关系史国际研讨会在台北顺利召开。

2 月

11 日 为《中国抗日战争史丛书》作总序。

3 月

1 日 《人民日报》刊登《抗日战争是中国复兴的枢纽》，介绍《近代史研究》1994 年第 4 期《抗日战争的历史意义与民族精神》一文的内容。

4 月

11 日 《人民日报》刊登《〈中国抗日战争史丛书〉将出版》。

5 月

15 日 与白介夫联名致函江泽民，就如何纪念抗日战争胜利 50 周年提出想法和建议，建议："在我国为纪念抗战胜利 50 周年安排的各种活动中，增加两个节目：由全国人大常委会通过一项法律，规定每年 8 月 15 日为抗战胜利纪念日；今年 8 月 15 日那天，泽民同志到卢沟桥和抗战纪念馆去视察，哪怕 10 分钟也好。"

16 日 接受《人民日报》记者采访时指出，中国在抗日战争中承受巨大牺牲。

21 日 《北京日报》刊登易俭如、李秀清文章《刘大年谈抗战》。

22日 就《刘大年存当代学人手札》事，张海鹏来信谈一些技术性处理问题，并送手札清样及北方大学工学院史料。

6月

6日 由北京市历史学会和国家教委高等学校社会科学发展研究中心举办的“中国近现代史研究的历史观和方法论学术研讨会”在北京召开。北京市各高校、研究所和新闻单位的专家学者50余人参加会议。到会作《马克思主义是史学研究最根本的方法》的发言。

23日 参加由中国文化报社、中国社会科学杂志社和广西师范大学出版社在北京联合举办的《抗日战争史丛书》出版专家座谈会。

7月

3日 吉林省历史学会就该会名誉会长佟冬90寿辰及从事教育、社会科学事业70周年在长春举行庆祝活动事来信约题词。

同日 参加由中日友协和日本国际交流基金联合主办的中日关系研讨会。《人民日报》次日刊登《中日有关人士在京聚会探讨继续发展中日关系问题》进行报道。

5日 中国史学会五届二次理事会在北京召开纪念抗日战争暨世界反法西斯战争胜利50周年学术研讨会。到会作《民族的胜利，人民的胜利》的即席发言。

9日 罗尔纲来函为80寿辰题词。

15日 致函吉林省社会科学院名誉院长、省社科联名誉主席佟冬，祝贺“九秩荣庆”，并写诗称赞。

20日 李侃来信祝贺80大寿。

下旬 出京避寿。22日在天津蓟县，23日在河北遵化清东陵。这期间继续进行《抗日战争时代》一书的写作工作。

25日 中国史学会和中国社会科学院近代史研究所联合举行庆祝刘大年80华诞座谈会，中国社会科学院近代史研究所所长张海鹏、中国社会科学院副院长汝信、中国史学会会长戴逸，著名学者龚书铎、余绳武、金冲及、王庆成、张椿年、王汝丰以及学生代表姜涛先后发言，中国社会科学院院长胡绳请人代致祝贺，白寿彝、李侃、蔡美彪作了书面发言。首都社会科学界领导和专家学者于光远、郁文、逄先知、白介夫、丁伟志、何理、郑惠、林甘泉、李学勤、廖学盛、任式楠、齐世荣、汪敬虞、吴承明、宋德金、孙思白、丁守和、耿云志、杨天石等史学工作者120多人出席。《近代史研究》第5期发表系列祝贺文章。

本月 与白介夫主编，何理、罗焕章、张振鹍任副主编，近代史研究所与中共中央党校、国防大学、军事科学院、南京大学的研究人员参加撰写、修订的《中国复兴枢纽——抗日战争的八年》一书由北京出版社出版。这是《中国抗日战争史丛书》中最早出版的一本。为该书撰写前言《理论与事实》。由于对书稿不是很满意，为了赶出版，该书只印了200册。此后，继续抓紧组织该书的修改工作。

本月 由胡乔木生前倡导，由中国抗日战争史学会和中国人民抗日战争纪念馆共同协作完成《中国抗日战争史丛书》渐次出版。任该丛书编委会主任。这套丛书共收有19种28卷，1300多万字，反映八年抗战时期中国的政治、经济、社会、文化、教育、外交、军事等方面的情况，它们是：《中国复兴枢纽——抗日战争的八年》、《中国抗战军事史》、《抗战时期的国共关系》、《抗战时期的经济》、《抗战时期的文化教育》、《抗战时期的西南大后方》、《抗战时期的陕甘宁边区》、《中国抗日根据地发展史》、《抗战英烈录》、《中国抗日战争大事记》、《少数民族与抗日战争》、《海外侨胞与抗日战争》、《日本人民的反战斗争》、《日军侵华暴行实录》(1—4)、《南京大屠杀》、《侵华日军的毒气战》、《抗日战争时期重要资料统计集》、《日本对华北经济的掠夺和统制》、《中国抗日战争史地图集》。

本月 北京师范大学白寿彝教授来信祝贺80大寿。

8月

9日 给《刘大年论著目录》编写者张显菊写信，谈如何处理论著目录中收录观点错误的文章篇目。

14日 与外交部发言人沈国放以及台湾郝柏村、蒋纬国，就抗日战争问题，接受香港电视台采访。

15日 《民族的胜利，人民的胜利》在《人民日报》发表。

同日 国家主席江泽民及中央政治局领导、参加过抗战的老同志、党外人士、少先队员一起参观中国人民抗日战争纪念馆，江泽民在抗战纪念馆发表讲话。

同日 日本首相村山富市就历史问题发表村山谈话。经村山富市提议，日本国会通过了一笔拨款，用于资助历史研究事业，其中用于资助日中历史研究的有36亿日元，由日本外务省掌握。日本外务省希望与中国共同研究。中国外交部经过衡量，在与中国社会科学院商量后，同意协助日方研究历史，并且以中国社会科学院作为对日的窗口。

30日 上午，由中共中央党史研究室、中国社会科学院联合举办的全国纪念抗日战争胜利50周年学术讨论会在人民大会堂举行开幕式。江泽民等党和国家领导人接见与会学者。作为唯一的历史学家代表，在开幕式上作《抗日战争的几个问题》的学术报告。发言后，中央军委副主席刘华清亲自前来握手称赞。下午，大会开始就会议主题“抗日战争的胜利与中华民族的振兴”举行学术讨论会。讨论会持续到9月2日。

31日 《人民日报》8月31日刊登《高举爱国主义旗帜　实现中华民族振兴　纪念抗日战争胜利五十周年学术讨论会举行　江泽民李鹏胡锦涛会见与会代表　刘华清作重要讲话》。

本月 刘潞和崔永华编辑的《刘大年存当代学人手札》由中国社会科学院近代史研究所刊行，作为刘大年80诞辰的贺礼。辑录80多位当代学人183封手札。书信的写作时间，从1946年到1992年，其中大部分写于1966年“文革”以前。该书还刊有从1953年到1987年的照片14帧，来往函件影印32件。刘潞、崔永华为该书写《编辑说明》，中国社会科学院近代史所所长张海鹏为该书写跋。

本月 《重庆抗战丛书》由重庆出版社出版，为该书撰写了序言。

9月

3日 首都各界在人民大会堂举行纪念抗日战争暨世界反法西斯战争胜利50周年大会。国家主席江泽民在大会发表讲话，回顾日本侵略中国的历史以及侵华战争给中国人民造成的灾难和损失，对抗日战争的历史地位、抗日战争胜利的意义进行阐述，对抗日战争中中国共产党地位的变化进行说明；

讲话还谈到台湾问题，谴责制造民族分裂和破坏祖国和平统一大业的势力；谈到中日关系，认为“保持中日长期和平友好关系，不仅符合两国人民的根本利益，也是维护亚洲和世界和平与稳定的需要”，“能否认真反省二战时期的侵略罪行，关系到日本的国际形象，也关系到日本今后走什么样的道路。正确对待和深刻反省日本军国主义的侵略历史，是建立和发展中日关系的重要政治基础之一，歪曲历史将有害于中日两国发展长期睦邻友好关系”。

4日 《人民日报》头版刊登江泽民《在首都各界纪念抗日战争暨世界反法西斯战争胜利五十周年大会上的讲话》。江泽民的讲话至今仍挂在中国人民抗日战争纪念馆网站的“抗战历史”的“重要讲话”栏。为起草江泽民的这次讲话，当时成立了一个写作班子，中国人民抗日战争纪念馆和中国军事科学院等单位都有成员参与。刘大年作为其中重要成员，负责主要观点的把关。

11日 《抗日战争的几个问题——在纪念抗日战争胜利50周年学术讨论会上的报告》在《光明日报》发表。

26日 致函日本东京大学名誉教授、亚细亚大学校长卫藤沈吉，谈为卫藤沈吉编纂的《还历至古稀》写祝贺文稿事。

10月

10日 郭沫若之女、郭沫若纪念馆馆长郭平英因收到《刘大年存当代学人手札》而来信致谢，并寄送《郭沫若对联集》。

12月

12日 中共中央文献研究所副主任金冲及送中共中央文献出版社出版的抗日战争图录并借台湾出版的图录，来信谈1996年11月纪念孙中山诞辰130周年学术讨论会事。

21日 近代史研究所副研究员闻黎明就补写和改写《中国复兴枢纽——抗日战争的八年》中的“文学艺术部分”和“民主运动部分”等来信。

1996 年（82 岁）

1 月

17 日　晚上，给远在墨西哥的外孙女崔丹丹写信，其中说，手头还有些事没做完（即论文《照唯物论思考》），还不能休息。28 日，在同一纸上给崔丹丹写信，其中说“最不满意的是工作进展慢”，嘱咐“顽强！安全！警惕！”2 月 7 日，仍继续给崔丹丹写信，说“知足者常乐”，仍抱怨工作进展慢。4 月 12 日，给崔丹丹写信，谈《照唯物论思考》完稿，说“从美国开始，到日本结束，心愿也就算了结了”。

21 日　就翦伯赞百年诞辰纪念文集事，翦伯赞学生田珏来信约稿。

2 月

9 日　中国社会科学院近代史研究所研究员、所长张海鹏来信，送关于近代史研究目前动向的报告请指正，并说北京市历史学会和国家教委社科中心还准备主持一次座谈会，希望能在会上作一个总的发言。

中旬　胡绳来信，谈治疗情况，并附《遣怀》诗初稿。

19 日　春节上午，给胡绳回信，认为新诗“寻求心志宁静之意，跃然纸上，充分令人理解。惟总觉消极多而积极少，未见尽抒吾人素抱”。

22 日　胡绳回信，谈写《遣怀》诗时的真实感受。

23 日　致函胡绳，谈修改《遣怀》诗事。

3 月

9 日　在人民日报社从事香港台湾方面宣传报道的张连兴来信，请求为其编著《香港二十八总督》作序。

4月

4日　张连兴就序言事来信，说："遵照您的意见，完全按改样重排了一遍，送上清样一份，望审阅。"

16日　中共中央文献出版社社长王玉璞给中共中央文献研究室主任逄先知、副主任金冲及写信，送《照唯物论思考》请阅改，说《抗日战争时代》已经基本完稿。

22日　作《田家英同志小莽苍苍斋法书选集观后占二绝句》。

27日　《人民日报》刊登《马克思主义是史学研究的指导思想》，介绍发表在《高校理论战线》1995年第8期的论文。

5月

15日　《抗日战争时代》完稿，在木樨地住处赋《完稿自述》诗两首。

20日　给崔丹丹写信，谈到《抗日战争时代》结稿和湖南师范大学历史系为其写传诸事。

25日　王芸生之子王芝琛来信，请求"替我父95周年诞辰题几句词"。

29日　《抗日战争研究》编辑部邀请部分在京抗日战争史专家举行学术讨论会，就抗日战争研究成果进行评论。出席会议，并在会前散发长篇学术论文《照唯物论思考》。

本月　《照唯物论思考》在《抗日战争研究》第2期发表。

6月

1日　中国社会科学院美国研究所研究员、副所长陶文钊来信，谈拟以《中美关系史（1911—1950）》申报社会科学院优秀成果奖以及"关于缅甸战役部分书稿已改完"诸事。

12日　陶文钊来信对推荐意见表示感谢，并决定用该意见敦促重庆出版社重印《中美关系史（1911—1950）》。

21日　致函中共中央文献出版社社长王玉璞，谈修改《抗日战争时代》中的《完稿自述》第一首及诗的排版要求。

7月

5日 李侃病中来信，谈如何深入研究中国近代史问题，说“近年在近代史方面奇谈怪论甚多，其实都可以讨论”。

7日 穿中山装在北京参加“七七”卢沟桥事变纪念活动，北京电视台报道。

8日 为闻黎明应日本庆应大学教授山田辰雄邀请访日事，分别致函山田辰雄和东京大学东洋文化研究所滨下武志、京都大学人文科学研究所狭间直树。

23日 给崔丹丹写信，谈修改“30多万字的集体的抗日战争最后改稿”以及看新书、作诗、开各种会议等事。

24日 参加中国社会科学院建设有中国特色社会主义理论中心和近代史研究所联合召开的学术座谈会，围绕中国近代史研究中的殖民主义问题、近代中国的发展道路问题、中国近代史研究中的指导思想问题，展开讨论。在会上作《中国近代历史运动的主题》的发言，指出中国近代史的主题是民族运动。发言从中国近代历史的基本问题出发对当时存在的“殖民史观”进行理论批判，全文在《近代史研究》第6期发表。

27日 作《香港回归祝词》一首。

8月

16日 致函负责《中国复兴枢纽——抗日战争的八年》统稿的张振鹍，就修改情况和处理意见进行沟通。

26日 张振鹍来信，谈《中国复兴枢纽——抗日战争的八年》第二大段统稿情况，并附上原打印件。

本月 《抗日战争时代》由中央文献出版社出版，该书收录从1987年下半年到1996年上半年所写有关抗日战争研究的论文，其中部分论文是首次公开发表。全书共13篇论文，并附有《抗日战争大事记》。该书的题记阐述抗日战争时代的鲜明特色或特点，还重点讲爱国主义问题。书后有《完稿自述》绝句二首，并附上诗的手迹。书的最后附“1995年8月与外孙女崔丹丹在河北蓟县”的照片。

9月

4—25日 国家教委高等学校社会科学发展研究中心、北京市委教育工委、北京市教委和北京市历史学会，在宣武门的北京市教工委礼堂联合举办“中国近代（1840—1949）重大历史是非问题系列讲座”，有8位中国近现代史专家作学术报告，参加听讲的有北京各高校主管宣传教育工作的校领导、校宣传部长、社科部主任、中国革命史教研室主任等约200人。在会上作《方法论问题》的报告，由龚书铎主持。讲完之后，《人民日报》《求是》杂志都想发，都给龚书铎打电话。于是，这篇讲稿以不同的题目和篇幅在《近代史研究》《人民日报》和《求是》等报刊上同时发表。

10月

1日 日本亚细亚大学前校长卫藤沈吉就第四届近百年中日关系史国际研讨会事来信，还说“最近日中关系的冷却并不是好现象，日本一些粗率胡来之辈在钓鱼岛的行动，实在令人遗憾”。

6日 张振鹍来信，谈《中国复兴枢纽——抗日战争的八年》最后一批统稿情况，并附上稿件。

23日 与近代史研究所所长张海鹏一起会见在美国定居的中国台湾历史学家吴相湘。

25日 参加陈翰笙百岁华诞暨从事学术活动75周年双喜临门活动，在会上作《陈翰笙老前辈百岁荣寿祝词》的发言，后收入中国社会科学出版社1998年出版的《陈翰笙百岁华诞集》。

30日 《蓊伯赞——革新派先贤祠中的一员》写就，寄给田珏。

11月

3—8日 为纪念孙中山先生诞辰130周年，中国孙中山研究会与广东省社科联共同举办的“孙中山与中国近代化国际学术讨论会”在中山市翠亨村举行。以副会长身份作《关于研究孙中山与中国近代化问题》的发言。

13 日　《关于研究孙中山与中国近代化问题》在《文汇报》发表。

同日　《文汇报》编辑施宣圆来信，谈文章发表事，并寄在中山开会时照片 2 张。

本月　12 日下午、15 日、21 日晨，思考“孔学的核心问题”；17 日晨、18 日晨，思考“孔学的历史”。21 日晨稿纸还写有“为人要有大局，为学更应有大局——国家的大局、民族的大局。坚持真理与大局一致。”

12 月

15 日　继续思考“孔学的历史”。

21 日　就《方法论问题》发表事，致函《近代史研究》编辑部，谈细节处理问题。

本月　社会科学文献出版社出版张友坤、钱进主编的《张学良年谱》(上下册)，为该书题写了书名。

1997 年（83 岁）

1 月

5 日　中国社会科学院历史研究所研究员林甘泉收到《抗日战争时代》和《刘大年存当代学人手札》后来信致谢，并对《陈寅恪的最后 20 年》发表意见。

11 日　《当前近代史研究中的几个理论问题》在《人民日报》发表。

20 日　被吉林大学吕振羽纪念室管理委员会聘请为名誉顾问。

22 日　即将退休的主持《抗日战争研究》编辑工作的曾景忠来信，谈联系《抗日战争时代》书评写作事，并感谢对《抗日战争研究》的关心和指导。

29 日　中国社会科学院历史研究所研究员刘起釪来信拜年。

本月　山东出版社出版《走什么路》，收录《方法论问题》《马克思主义是史学研究最根本的方法》《抗日战争研究的几个问题》3 篇文章。

本月 《近代史研究的方法论问题》在《求是》第 2 期上发表。

本月 《方法论问题》在《近代史研究》第 1 期发表。

2 月

17 日 致函负责《中国复兴枢纽——抗日战争的八年》统稿的张振鹍，详述修改情况。

同日 抗大同学、老乡何定一来信，谈眼疾治疗和其子工作问题等。

25 日 参加在人民大会堂举行的邓小平追悼会。

本月 给在香港大学中文系攻读硕士学位的金以林题字。

本月 作《候胡绳同志次春节前近作韵》2 首。

本月 《近代史研究》编辑部来信请求“为百期专刊题词留墨”。

3 月

23 日 中国社会科学院历史研究所研究员张书生寄送《读〈刘大年存当代学人手札〉》诗一首。

27 日 张振鹍来信，送《中国复兴枢纽》书稿的目录、地图目录，以及“细菌战”稿请审阅，还就与该书稿出版有关具体事宜进行交流。

31 日 为张连兴《香港二十八总督》一书送审稿所作“序言”完稿。

4 月

11 日 致函《文汇报》编辑施宣圆，寄陈翰笙百岁寿辰集会祝词。

17 日 北京师范大学史学研究所陈其泰教授就研究范文澜事来信，希望采访并复印保存的范文澜信件。

本月 为《近代史研究》创刊 100 期题词；为《山东社会科学》创刊 10 周年题词；为纪念《中国社会科学院研究生院学报》题词。

5 月

10—13 日 为写一部名为《大路》的抗日战争回忆录，在长子刘衡山、近代史所办公室副主任刘宝林陪同下，专程返太行山，重游山西、河北等曾经工作、战斗过的地方，访查、核实自己的经历和记忆。在参观麻田八路军总部纪念馆时，留下了“民族之光”的题词。

27日 《陈翰笙老前辈百岁荣寿祝辞》在《文汇报》发表。《文汇报》编辑施宣圆来信告知发表事。

6月

4日 就筹备抗日战争爆发60周年国际学术讨论会，致函前国家主席杨尚昆，望“能出席开幕式，并发表简短讲话”。

9日 中国社会科学院举行迎接香港回归学术报告会，其间，接受中央电视台采访，就香港问题发言。

12日 中国社会科学院历史研究所研究员张书生遗孀杨淑田来信，谈为张书生的诗集写序或题词事。

14日 中国社会科学院哲学研究所研究员陈克明寄其新著《群经要义》，并询问《范文澜全集》何时编辑发行。

19日 《香港回归与中国现实》在《人民日报》发表。

25日 张海鹏主持近代史研究所举行迎香港回归暨《近代史研究》创刊百期座谈会。在会上发言。

本月 北京出版社出版修订的《中国复兴枢纽——抗日战争的八年》，并注明是第1版。这部书按照“反映抗日战争历史的主要过程，表达这段历史的基本内容，对各种事情的看法不要有大的偏颇”这一要求，或者说，既要“合乎事实，反映历史本质”，“成一家之言”，“又要让人窥见抗日战争八年的全貌，又要让读者容易了解其中的要领，不至于在广泛的事件中感到茫然”，围绕5个关系展开叙述。该书按照民族矛盾与阶级矛盾的地位、作用的演变，将八年抗战史划分为3个历史时期，每一个时期的各阶级状况，全国政治、军事、经济诸方面的情况，以及国际环境、中国外交等，都置于一个统一运动的整体历史之中。书的最后还专门介绍了整个抗战期间的中国文化，包括文学艺术、学术思想理论等内容。这样处理就是将八年抗战史当作一个包括社会生活中许多方面的整体运动来看的。为这部书撰写引言。在引言中，就抗日战争性质、抗日战争始于何时、两个战场、文学艺术、文化思想理论和《中国复兴枢纽》的理论与事实等问题作了说明。这部书出版后，成为不少院校硕士生、博士生入学考试的重要参考书之一。2002年，该书以《中国抗日战争史》为书名在日本出版日文版，成为日本国内第一部以中国抗战史为书名出版的书。

7月

4—6日 近代史研究所与中国抗日战争史学会、中国史学会、北京市社会科学联合会、中国人民抗日战争纪念馆共同举办的纪念七七事变60周年国际学术讨论会在中国人民抗日战争纪念馆召开。以中国抗日战争史学会会长及讨论会组委会主任身份，在开幕式上作《伟大的转折》的主题报告，报告全文在《抗日战争研究》第3期发表。

7日 中国人民抗日战争纪念馆二期工程竣工，江泽民亲笔题词。

9日 中国社会科学院授予日本著名历史学家井上清教授名誉博士学位，与王忍之、张海鹏、张香山出席授予仪式并讲话。

本月 《作品与争鸣》刊登湖南作家协会副主席张扬写的《刘大年先生的版权观》。

8月

13日 在中国人民大学举行的成仿吾诞辰100周年纪念会上，作《理论界老前辈成仿吾同志》的发言。

14日 人民出版社张连兴来信，说《香港二十八总督》送吉林出版局后，已经国家新闻出版署和港澳办审阅，港澳办对书稿的一些“文字提法”提了具体的修改意见，其中序言有两处改动，请最后审阅定稿。该书最后没有在吉林出版，改由北京朝华出版社于2007年6月30日出版。

28日 接受湖南师范大学传记资料收集者访谈。本日、30日和9月1日，共3天。回顾自己学习和革命经历、学术历程和学术组织工作等，阐述历史学研究必须坚持以马克思主义为指导。题写“非则言非，是则言是。声闻过情，昔人所耻”。

本月 《近代史研究》创刊100期纪念号（1997年第4期）刊出胡绳、王忍之、刘大年、罗尔纲、陈锡祺、陈诗启祝贺词。《革新派先贤祠中的一员》在该期发表。

9月

11日 中国社会科学院历史研究所研究员杨向奎回信就“《春秋》是否出于孔子”作出详细解答，从4个方面阐述自己的意见。

22日 日本大阪外国语大学西村成雄回日本后就在北京所受到的接待和关怀来信致谢。

本月 《当代党建》第9期发表伍国用的《领导干部应当读点历史——访著名历史学家刘大年教授》。

10月

本月初 与华容老乡、何长工表侄、空军离休干部何定一在北京见面。

8日 参加人民日报社和求是杂志社举行的首都社科学术界专家学者座谈会，交流学习十五大精神体会。发言稿《邓小平理论与社会主义黎明》在10月10日《人民日报》3版发表。座谈会发言以《学习邓小平社会主义初级阶段理论的几点体会》为题摘登在当年《求是》第20期。

11—12日 11日晚12日晨思考“孔学主旨问题”。

28日 给《文汇报》编辑施宣圆回信，寄祝贺稿，其中有“信息盈十面，声名播五洲”。

30日 胡乔木女儿胡木英来信说“十分感谢您老热情、认真地向我们介绍您与胡乔木的交往”，并寄所拍照片若干。

11月

14—23日 以日中关系史国际研讨会运营委员会顾问身份，与亚细亚大学前校长卫藤沈吉多次商议，由日中关系史国际研讨会运营委员会举办的第四届日中关系史国际学术讨论会在日本举行。中国抗日战争史学会组成以张海鹏为团长，白介夫、何秉孟为顾问的代表团赴日参加会议。

16日 给《中国石油报》编辑部发去“文史咀华”专版创刊题词。

25日 给《人民日报》理论部寄为参加“毛泽东与二十四史学术研讨

会”所写发言稿。

12月

1日 参加中国出版工作者协会与光明日报社联合举办的“毛泽东与二十四史学术研讨会”，并在会上作《毛泽东评“二十四史”》的发言。发言内容在12月20日《人民日报》发表，《光明日报》12月26日刊登发言摘要《透过历史洞察现实》。

11日 参加在北京卢沟桥畔的中国人民抗日战争纪念馆举行的由中国抗日战争史学会等单位联合举办的纪念南京大屠杀惨案60周年座谈会。

14日 何定一来信叙旧，说“每次见面你总给我很多思想上的启发和帮助，不断地纠正我一些不正确的看法”。

17日 中国社会科学院历史研究所研究员刘起釪寄新著《日本的尚书学与其文献》，并对张书生的去世表示哀伤。

中旬 到胡绳成方街新住所探叙，商定为其80荣寿写诗一首。

28日 为《中国石油报》“文史咀华”专版创刊题词在《中国石油报》上发表，该报记者姜斯雄寄报样两份，并来信说“近日拟来府上当面致谢，同时希望采写您的专访”。

31日 给胡绳寄《贺胡绳同志八十荣寿》诗一首。

本月 撰文《山长水又远，佳景在前头》祝贺俄罗斯科学院院士齐赫文斯基八十寿辰。

1998年（84岁）

1月

14日 致函《百年潮》杂志主编杨天石，送刘潞《刘大年忆郭沫若》稿。

28日 春节，胡绳回信，感谢赠诗，并作《八十自寿铭》回赠。

2月

19日 作《李琦画展观后》诗。

25日 中国社会科学院中日历史研究中心正式成立，主任为中国社会科学院党委书记、副院长王忍之，副主任郭永才、何秉孟、张海鹏。刘大年被提名为专家委员会召集人。在此以前，日方成立了以隅谷三喜男为座长的评议委员会。中国社科院和外交部联合向国务院写报告，经过国务院批准后，中国社科院中日历史研究中心以协助日本学术界研究中日关系史为名，获取日本资助，在中国国内开展近代中日关系史的研究。

本月 《湖南党史》第2期发表中国社会科学院近代史研究所研究员姜涛的《毕生心血汇史坛——记马克思主义史学家刘大年》。

3月

5日 俄罗斯科学院齐赫文斯基院士到木樨地拜访刘大年，张海鹏陪同前往。

31日 俄罗斯科学院齐赫文斯基院士自俄罗斯莫斯科来信，对在北京受到的热情接待表示感谢，对祝寿文章《山长水又远，佳景在前头》所表达的友好精神表示赞赏。

本月 祝贺俄罗斯科学院院士齐赫文斯基八十寿辰的文章《山长水又远，佳景在前头》在《读书》第3期发表。

本月 《近代史研究》第2期发表薛衔天的《喜见涓滴入长渠——〈刘大年史学论文选集〉译俄记述》。

4月

15日 参加翦伯赞诞辰100周年纪念会。

本月 《百年潮》第4期发表刘潞的《刘大年忆郭沫若》。

5月

20日 《中华读书报》发表《杜维明谈现代性中的传统》，引起注意。

28 日　在中方努力下，中日历史研究中心第一次专家委员会会议召开，研究中日历史研究中心当年的工作，提出当年的《中日历史研究课题指南》。会议期间，中日双方正式签署了《备忘录》，中方协助日中友好会馆开展日中历史研究的工作开始全面启动。应中国社会科学院中日历史研究中心聘请，刘大年担任该中心专家委员会委员暨召集人。

6 月

1 日　对现代性中的传统问题进行思考，记笔记。

3 日　早晨，在《刘大年史学论文选集》扉页上题词："居里夫人电影台词　辞别旧日，迎接新春。抛弃谬误，拥抱真理。"

12 日　抄录 20 世纪 80 年代中期写的《翻译家、诗人张书生》诗以表怀念之情。

20 日　《人民日报》刊登《刘大年在〈马克思主义是史学研究最根本的方法〉一文中认为：马克思主义仍然是历史研究的指导思想》。

23 日　中国社会科学院近代史所文化史研究室主任李长莉来信问老师安并寄新书。

26 日　致函何定一，说"想争取最后的时间写一本回忆抗日战争的小书"，并询问一些相关细节。

本月　《史学理论研究》第 2 期发表近代史所研究员姜涛的《马克思主义史学家刘大年》。

7 月

4 日　《百年潮》杂志主编杨天石来信，寄发表刘潞文章的《百年潮》样刊。

8 日　《瞭望》周刊编辑陈四益来信约稿，内容为历史学家谈世纪之交。

16—17 日　参加中国抗日战争史学会会员代表会，并发表讲话，强调抗战史研究任重道远，要求学会在今后将学术研究放在第一位来抓，每一位会员应以高度严谨的科学态度从事研究工作。在这次会议上，再次当选为新一届中国抗日战争史学会会长。

本月 《历史学的变迁》在《北京大学学报》（哲学社会科学版）第 4 期发表。

8 月

10 日 上午，在 6 月 1 日关于“现代性中的传统问题”笔记上写“唯物论、历史唯物论不能混为二而一”等内容。

17 日 《这一百年——中国由百年衰败到奋起复兴》在《瞭望》周刊第 33 期发表。

9 月

19 日 《人民日报》刊登《理论不足是目前历史研究中的主要问题》，介绍《北京大学学报》1998 年第 4 期《历史学的变迁》的观点。

10 月

8 日 何定一来信，谈其子情况，并望保重身体。

17 日 给何定一回信致谢，并谈近期工作情况。

本月 出席近代史研究所主持的与所内中青年研究人员的见面会，发表谈话，引《论语 · 泰伯》中“士不可以不弘毅，任重而道远”，勉励中青年研究人员要做到既“弘”且“毅”。

11 月

5—8 日 中日历史研究中心第二次专家委员会会议在北京召开，专家们对全部申请书进行认真审读、讨论和评议，最后经过投票表决，通过了 23 项。初步确定给予共计 103 万元人民币的资助。为了确保此后中日历史研究课题各方面的工作在规范的管理下正常运作，中日历史研究中心制订了《中国社会科学院中日历史研究中心课题管理条例》。在条例中，突出了对课题结项鉴定方面的管理，以保障受资助课题成为高质量的学术成果。会上还提出了 1999 年度的《课题指南》。

9 日 根据 3 月中方与日中友好会馆签署的《备忘录》中关于中国社会

科学院中日历史研究中心与日中友好会馆历史研究评议委员会定期互访的协议，中国社会科学院中日历史研究中心专家委员会代表团12人离京赴日本东京访问，任代表团团长，中国社会科学院秘书长、中日历史研究中心副主任郭永才为代表团顾问。这是中国社会科学院中日历史研究中心专家委员会首次组团出访。

同日　致函昭和天皇的胞弟三笠宫崇仁亲王，谈其《作为日本人对中国事变的内心反省》及答记者问，并送《抗日战争时代》。

10日　中国社会科学院中日历史研究中心专家委员会代表团与日中友好会馆负责人和历史研究评议会部分成员分别举行会谈。会谈中，作《评议与选择》的发言，着重阐述中日双方的专家委员会、历史研究评议会在评议、选择历史研究课题时要达成的共识。会谈结束后，把写给三笠宫崇仁亲王的信托后藤田正晴会长转交。

同日　在东京造访半个世纪前将自己从死亡线上救回的原日本反战同盟成员、八路军前方总部医院医生佐藤猛夫（即白云，山田一郎）。这次访日前，抱着最后的希望，托日中友好会馆帮助查找，经日中友好会馆工作人员的多方努力，终于在东京日本共产党经营的代代木医院找到年近九旬的前院长佐藤猛夫。

11日　中国社会科学院中日历史研究中心专家委员会代表团继续在日本会见老朋友、结识新朋友，与日方各有关单位和个人建立更为广泛的联系与友谊，为今后的协助与交流打基础。其间，在京都拜访了京都大学名誉教授井上清。

13日　后藤田正晴回信，谈其“面谒三笠宫殿下”的经过。这封信，是日中历史中心评议委员会座长、老资格的日本经济学家隅谷三喜男亲自转交的。

14日　中国社会科学院中日历史研究中心专家委员会代表团访问日本防卫厅防卫研究所，与其战史部部长适川等举行会谈。在会上指出：这次访日是执行两国外交部的协议，为协助日中友好会馆进行历史研究而来的。在史料问题上，我们把目光投向贵所，有三个具体目标：一是《战史丛书》；二是贵所公开出版过的图书目录；三是我方研究人员来此研究时，请予照顾。这是具体目标，长期目标以后再讨论。

16日　中国社会科学院中日历史研究中心专家委员会代表团结束在日

本的访问行程。

28 日 《与博士生谈写论文》在《中国文化研究》冬之卷（总第 22 期）发表。

30 日 中国社会科学院近代史研究所所长、研究员张海鹏来信，谈应中国社会科学院科研局要求写老同志传记事，送一万七千字传记稿，并说拟定了采访提纲，望能面谈。

12 月

1 日 由中国社会科学院近代史研究所刘明逵和中华全国总工会中国工运研究所唐玉良主编的《中国工人运动史（一八四〇至一九四九）》（1—6 册）由广东人民出版社出版。为该书出版写书评。《我读〈中国工人运动史〉》之《焚膏油以继晷　恒兀兀以穷年》，载《中国图书评论》1999 年第 6 期。

17 日 致函日本友人佐藤猛夫，谈“看望钱信忠部长”事，并欢迎其来华访问。

20 日 中国社会科学院外国文学研究所研究员高莽转送从俄罗斯带来的俄罗斯科学院远东研究所纪念齐赫文斯基八十寿辰纪念文集，其中收录了《山长水又远，佳景在前头》。

22 日 作《后藤田正晴会长先生》诗。

23 日 《寄〈百年潮〉》诗在《文汇报》发表。

同日 致函曾任《人民日报》副总编辑的陈浚，询问 1965 年《回答日本历史学者的问题》在《人民日报》上发表后毛泽东对该文的评价内容。

30 日 致函曾任《人民日报》理论部主任的沙英，询问 1965 年《回答日本历史学者的问题》在《人民日报》上发表后，陈浚传达毛泽东对该文评价的情况。

本月 参加近代史研究所与中国社会科学杂志社联合主办的“黎澍同志逝世十周年暨《黎澍自选集》出版座谈会”，在会上发言。

1999 年（85 岁）

1 月

14 日　致函佐藤猛夫，谈中国社会科学院中日历史研究中心确定邀请佐藤夫妇及助手来中国访问一周之事。

同日　《中国社会科学院通讯》发表作于 1998 年元旦的《刘大年贺胡绳八十寿的文、诗与胡绳的答信》。

27 日　陈浚回信，谈毛泽东看过《回答日本历史学者的问题》文章后的评论事，说“事隔几十年，已想不起主席看过文章所作评论”，但肯定毛泽东看过文章并有过评论，总编辑吴冷西“向我传达过毛主席的评论”，“有的老同志还记得我曾在编委会和理论部传达过这件事”，“如沙英同志为此还曾偕一编辑专程拜访了您并转告了这个重要情况，也向中宣部林涧青同志讲过”。

年初　应邀为丁守和与马勇主编、辽海出版社出版的《五四图史》题词。

2 月

1 日　与顾菊珍在北京见面。

3 月

上旬　中国科学院近代史研究所已故研究员张国淦的女儿张传玲到木樨地住处拜访，提为拟出版的《张国淦文集》作序事。

4 月

5 日　李侃寄新著《中国近代史论丛稿》，说“此生有幸，与你相识几十年”。

26日　参加北京师范大学举行的祝贺白寿彝从事学术活动70周年暨多卷本《中国通史》全部出版大会。

5月

2日　在北京会见佐藤猛夫。会见时，张海鹏在座。

28日　对近代经学的“核心立纲”进行思考。

同日　顾菊珍来信，感谢在20世纪80年代初建议将顾维钧的口述回忆录译成中文的远见，随信“附上二月一日在北京照的两张照片”。

6月

2日　经俄罗斯科学院年度会议选举通过，当选为俄罗斯科学院外籍院士。

3日　俄罗斯历史工作者全国委员会主席、院士齐赫文斯基和俄罗斯科学院远东研究所所长、俄罗斯科学院通讯院士季塔连科来函祝贺当选俄罗斯科学院历史专业外籍院士。

9日　给齐赫文斯基、季塔连科回函表示感谢。

10日　中国社会科学院研究生院教授方克立来信，寄研究西学东源说的文章和关于现代新儒学问题的论著。

15日　对《春秋》的作用进行思考。

20日　张传玲来信，请为《张国淦文集》作序。

7月

2日　根据中国史学会第六届理事会第四次会议决定，应聘担任中国史学会名誉理事。

6日　中国社会科学院通讯刊登中国社会科学院近代史研究所姜涛、刘红的文章《对世界历史科学发展做出卓越贡献者——刘大年》。

9日　参加在北京师范大学英东学术会堂举行的庆祝中国史学会成立50周年座谈会，并在会上发言。

中旬 在《参考消息》上看到《伦勃朗自画像之谜》，随手写《题小照》和《小照漫题》各一首。

27日 中国史学会秘书处郝贵远寄送在中国史学会成立50周年座谈会上讲话录音稿，提请修改补充。

8月

4日 《可敬的日本友人——山田一郎》在《百年潮》第8期发表。

9日 江苏省政协办公厅近代史博物馆筹建办来信，请题字“两江总督署史料陈列”。

9月

10日 顾菊珍寄嘉定庆祝顾维钧111周年诞辰纪念相册，并来信对推动翻译13册《顾维钧回忆录》以及由此使其父亲在大陆的影响日增等表示感谢，信中还谈及开拍的电影《我的1919》。

19日 一位年过七旬的曾经参加过抗日战争的山东人宁国华寄来长信，介绍山东的抗日历史，称“计划将那些为我中华民族存亡，抛头颅，洒热血，为保卫山东，为国捐躯的死难烈士，树碑立传”，并求寄《中国抗日战争史学会章程》。

24日 在中国社会科学院主办的“新中国社会科学五十年学术报告会”上作报告，阐述马克思主义指导和中国人文社会科学的历史使命问题。该报告后来以《马克思主义哲学社会科学的历史使命》为题作为2000年版《刘大年集》的代前言。

10月

7日 为华容何长工纪念馆撰联。

26日 在中国社会科学院主办的“新中国社会科学五十年学术报告会”的报告摘要《马克思主义社会科学研究要回答当代社会重要问题》在《中国社会科学院通讯》发表。

本月 赴钓鱼台国宾馆拜访参加中华人民共和国50周年庆典的俄罗斯

科学院院士齐赫文斯基。给齐赫文斯基等送去一个大花篮，并以花篮为背景合影。双方热烈交谈，都希望两国史学工作者在今后加强富有成效的合作。临别时还约定去莫斯科领取俄罗斯科学院外籍院士证书时再在莫斯科相聚。

11月

13日　多日高烧不退，住进协和医院。在经多方检查，仍无法查明病因时对家人说："如果确诊是不治之症，就不必治了。不要浪费国家的钱财，即使能延缓生命，但是已经失去了工作能力，那样活着还有什么意思。"

15日　中国抗日战争史研究会在中国人民抗日战争纪念馆召开会员代表大会，当选为研究会名誉会长。

22日　断断续续地对守护的儿女谈论生死和治疗问题，作口头遗嘱。

28日　在病榻上口述《讲座元老　西京大师》，抒发对老友井上清教授的尊敬之情，对井上清的学术地位和学术思想等作了评价。入院前，曾多次谈到：应该为井上清写篇文章，因为忙，一直没有做这件事情。入院后，在高烧不退的情况下，完成这一夙愿。

29日　张友坤来医院探望。断断续续口授对张学良的评价。

本月　入院后，在诊疗的间隙，继续修改《评近代经学》，作最后的定稿。

12月

1日　晚上，在病榻上为张友坤主编的《张学良世纪风采》口述序言。这是一生作的最后一篇序。不久，即进入完全昏迷状态，送进抢救室。

5日　身上插着鼻饲管、导尿管、输液管，突然从昏睡中醒来，要找在人民日报社工作的长子刘衡山。当刘衡山赶到医院时，第一句话就问："俄国有什么情况吗？叶利钦有什么情况吗？"刘衡山回答不上来。他叹了口气，十分失望。当时谁也想不到，十几天后，叶利钦果然来到北京，但他已住进高危病房，完全不省人事了。

6日　上午，中国史学会会长金冲及到医院看望。

月初　近代史所所长张海鹏来医院探望，反问："你来干什么？还不回去抓工作！"委托张海鹏编辑《刘大年集》，示意把张海鹏所写的刘大年研究论文作为附录收入集中。

14 日 下午，白介夫到医院看望。

15 日 上午，中共中央政治局委员、中国社会科学院院长李铁映在副院长李慎明、秘书长郭永才陪同下到医院看望，李铁映提出要不惜一切代价全力抢救。

28 日 上午 10 时 50 分，因循环系统衰竭，停止呼吸，享年 85 岁。关于后事，其儿女们决定：一、照老人遗嘱办。二、送遗体不麻烦院所领导同志，只请办事的同志帮忙就可以了。送别遗体的具体安排：（一）在协和医院整容穿衣，覆盖党旗。各院所领导同志坚持要送，这里送别就可以了。但不举行仪式，不送花圈、挽联。（二）子女送一花篮，摆在协和医院这里，送遗体到八宝山时带上。（三）在八宝山订一间小的遗体告别室，花篮一起带去，家属在此作最后送别。

31 日 在中国社会科学院近代史研究所举行的“1949 年的中国”国际学术讨论会开幕式上，近代史研究所所长张海鹏宣布刘大年逝世的消息，全体与会者起立默哀。在京参加会议的山口一郎、山田辰雄、近藤邦康、中村哲夫、水野明、上田贵子、伊原泽周等日本学者发来哀悼函，并于会后随张海鹏到刘大年家吊唁。

本月 7 万余字的绝笔《评近代经学》在《明清论丛》第一辑发表。《评近代经学》全文连注释约 7.5 万余字，分引言、正文和结束语三个部分。《评近代经学》以马克思主义为指导将儒学作为一种科学研究的对象进行考察，分析近代经学与政治斗争的联系，揭示儒学为中国传统封建制度服务的实质，肯定儒学中与马克思主义相通的积极成分，探究其对现实有益的成分，并从思想文化史的角度把马克思主义史学理论研究与对中国近代历史特别是其中的辛亥革命史和抗日战争史的研究完美地融合在一起。因此，“经学这个事情做完了，也还是别人没有谈过的，也就没什么心事了”。

谱　余

2000年1月12日　刘大年遗体告别仪式在八宝山革命公墓举行，闻讯赶来的生前好友和亲属在雄壮的《战斗在太行山上》乐曲声中，为他送行。20日，《人民日报》4版刊登《刘大年同志逝世》讣告。

2000年1月　《抗日战争研究》第1期发表《沉痛悼念刘大年同志》，刘大年的《“忠信应难敌，坚贞谅不移”——记抗战中冀南的“四·二九”》，以及张海鹏的《战士型的学者　学者型的战士——追念刘大年先生的抗日战争史研究》。得知刘大年逝世的噩耗后，俄罗斯科学院远东所以全体成员的名义，向中国社会科学院近代史研究所所长张海鹏致唁电。

2000年2月15日　俄罗斯科学院正式批准马福康、刘大年为外籍院士。16日，晚上，专程来京的两名俄罗斯科学院主席团成员在俄罗斯驻华大使馆举行简单而隆重的仪式，代表俄科学院院长奥西波夫向马福康和刘大年颁发了印有俄科院徽章的外籍院士褐色证书。张海鹏代为接受了外籍院士证书。

2000年3月23日　《人民日报》刊登“去年十二月二十八日，我国著名历史学家刘大年逝世。本版刊发刘大年生前的一幅照片，以表达尊敬和怀念”。

2000年4月7日　《光明日报》发表《与同志们交流——刘大年先生在中国社会科学院成立五十周年学术报告会上的讲话》。13日，《人民日报》刊登《现代化不能摆脱传统文化的根基》。

2000年5月9日　《人民日报》发表中国社会科学院近代史研究所所长张海鹏撰写的《一个战士、学者对中国历史学的贡献——追怀马克思主义历史家刘大年》一文。中旬，刘大年及其夫人师力坤的骨灰被安葬在华容县烈士陵园的将军墓区。墓碑的正面刻着：“中共党员、八路军战士刘大年、师力坤合墓　中共华容县委员会　华容县人民政府　二○○○年五月立”上面还刻有：“辞别旧日，迎接新春。抛弃谬误，拥抱真理。历史学家、中国科学院学部委员、俄罗斯科学院外籍院士刘大年。”墓碑的背面刻着：“一生征途逢盛世，十年风雨共重围。遗言家国无憾事，白发唯余后死悲。这是父亲给母亲的挽诗，也是父亲晚年生活的写照。”22日，湖南省岳阳市人民政府为刘大年首次赠书颁发荣誉证书。刘大年的捐书分两次进行，第一次捐书3023册；2001年6月，再次捐书613册。两次捐书都放置在岳阳市图书馆三楼的特藏书库。

2000年8月　遗著《我亲历的抗日战争与研究》由中央文献出版社出版。该书的上篇以“亲历抗战”为题辑录了已经写成的十余篇回忆文章。该书的下篇以“抗战研究”为题辑录26篇文章，包括临终前定稿的《〈张学良世纪风采〉序》以及刘潞的《“〈张学良世纪风采〉序”整理后记》。

2000年11月　为纪念刘大年逝世一周年，《近代史研究》第6期发表一组文章。作者有：任继愈、汪敬虞、金冲及、李文海、李侃、龚书铎、王庆成、张海鹏、丁守和、苏双碧、曾业英、姜涛、齐赫文斯基、野泽丰、刘潞。

2000年12月21日　中共中央政治局委员、中国社会科学院院长李铁映题词：“刘大年同志是一位马克思主义近代历史学家，我们应很好向他学习。”

2000年12月　《刘大年集》由中国社会科学出版社出版，这是中国社科院出版的该院老专家文集的第一批论著之一。该书的编选是在刘大年指导下，由他的女儿刘潞协助完成的。该书以刘大年的最后一次报告即中国社科院庆祝新中国社会科学50年大会上的讲话《马克思主义哲学社会科学的历史使命》为代前言，分六部分。第一部分是“引论”，所辑文章是中国近代史宏观思考的；第二部分为“历史关键（上）”，所辑文章是孙中山和辛亥革命研究；第三部分是“历史关键（下）”，所辑文章是抗日战争研究及与此相关的思想理论问题；第四部分是“思想文化（上）”，所辑文章是对中国近代传统文化尤其是马克思主义与中国传统文化相结合的评论，其中大量评论了我国第一代马克思主义历史学家的学术功绩；第五部分是“思想文化（下）”，只收录《评近代经学》一篇；第六部分称“外录”，所收文章涉及几位外国学者和朋友。这部文集除少数文章是20世纪七八十年代发表的外，绝大多数是90年代的新作品，反映了新时期的思考。中国社会科学院近代史研究所所长张海鹏受刘大年生前委托，负责《刘大年集》的编辑工作，为该书撰写《编辑前言》，编辑《作者著述要目》和《作者生平年表》，并将作于1998年底的长文《战士型的学者 学者型的战士——记刘大年的学术生涯》作为附录置于书末。

2006年9月 中央文献出版社出版王玉璞、朱薇编辑的《刘大年来往书信选》上、下册。

2007年3月13日 由中国史学会和中国社会科学院近代史研究所联合主办的《刘大年来往书信选》出版座谈会在近代史研究所举行。会后，《史学史研究》第2期发表一组纪念文章。

2007年7月 《评近代经学》由日本汲古书院出版日文版，日本著名的历史学家安藤彦太郎、小池敏明、斋藤泰治、竹中宪一翻译，书名译为《近代中国儒学思想史》。

2009年12月 岳麓书社出版周秋光、黄仁国合著的《刘大年传》。

2010年2月2日 由中国史学会和中国社会科学院近代史研究所联合举办的“学者与战士——刘大年先生逝世十周年追思会”在中国社会科学院近代史研究所举行。

2014年6月3—5日 由中国社会科学院近代史研究所和曲阜师范大学联合主办的“马克思主义史学理论与刘大年史学思想”学术研讨会在山东省曲阜市召开。会后，《近代史研究》2015年第1期发表一组“纪念马克思主义史学家刘大年先生诞辰一百周年”文章。

2015年7月 湖北人民出版社出版刘潞、刘衡山编辑的《大路——刘大年的学术人生》和张海鹏、黄仁国编辑的《刘大年诗集》。这两部书是作为《刘大年全集》的单行本先行出版的。《刘大年全集》共16卷，将于2016年出齐。

2015年8月3日 由中国社会科学院学部主席团、中国社会科学院历史学部、中国社会科学院近代史研究所和湖北人民出版社共同主办的纪念刘大年先生诞辰100周年学术座谈会在中国社会科学院院部举行。中国社会科学院院长、党组书记、学部主席团主席王伟光出席开幕式并作《学会用马克思主义指导史学研究》的讲话。王伟光指出：刘大年先生的爱国情怀、以天下为己任的责任感及战士般的激情，一直贯穿着他的整个人生历程，他被誉为战士型的学者。刘大年先生在新中国成立前就进入史学工作岗位，作为我国马克思主义史学的开拓者和奠基人之一，他在史学领域奋力开拓和辛勤耕耘半个多世纪，为马克思主义历史学在中国的发展，为新中国历史学科的创建与发展，作出了杰出的贡献。我们要学习和继承刘大年先生等老一辈学者的社会责任感、时代敏锐性、学术创新意识、严谨求实学风，在新的时代环境下，作出无愧于我们这个时代的应有贡献。

论著目录

著 作

1.《美国侵华简史》，华北大学 1949 年 8 月；新华书店 1949 年 11 月初版，1950 年 3 月再版。《美国侵华史》，《人民日报》1949 年 8 月 26 日—10 月 6 日。《美国侵华史》，华北大学 1949 年初版，同年再版。

2.《美国侵华史》（修订增补版），人民出版社 1951 年 8 月初版，1954 年 12 月再版；莫斯科外文出版社 1951 年和 1953 年俄文版；捷克斯洛伐克 1955 年布拉迪斯拉发斯洛伐克文版；德意志民主共和国 1956 年柏林德文版。

3.《台湾历史概述》（合著），生活·读书·新知三联书店 1956 年 5 月初版，1962 年 12 月再版；生活·读书·新知三联书店香港分店 1978 年 10 月。

4.《中国史稿》第四册（主编），人民出版社 1962 年 10 月初版，1964 年 1 月重印。

5.《中国近代史诸问题》，人民出版社 1965 年 10 月初版，1978 年 5 月再版（再版名《中国近代史问题》）。

6.《中国近代史稿》第一、二、三册（主编），人民出版社 1978 年 9 月、1984 年 6 月初版，1986 年 8、9、10 月重印。

7.《赤门谈史录——论辛亥革命的性质》，人民出版社 1981 年 7 月。

8.《刘大年史学论文选集》，人民出版社 1987 年 12 月。

9.《刘大年史学论文选》，俄罗斯东方文献出版社 1992 年俄文版。

10.《中国复兴枢纽——抗日战争的八年》（主编），北京出版社 1995 年 7 月初版，1997 年 6 月重印；日本樱井书店 2002 年 11 月日文版（日文版名《中国复兴之路——中国抗日战争史》）。

11.《抗日战争时代》，中央文献出版社 1996 年 8 月。

12.《评近代经学》，《明清论丛》第一辑，紫禁城出版社 1999 年 12 月；日本汲古书院 2007 年 7 月日文版（日文版名《近代中国儒学思想史》）。

13.《我亲历的抗日战争与研究》，中央文献出版社 2000 年 8 月。

14.《刘大年集》，中国社会科学出版社 2000 年 12 月。

编　辑

1.《范文澜历史论文选集》（主编），中国社会科学出版社 1979 年 4 月。

2.《孙中山书信手迹选》（主编），文物出版社 1986 年 9 月平装本，10 月线装本（一函二册）。

3.《中日学者对谈录——卢沟桥事变五十周年中日学术讨论会文集》（主编），北京出版社 1990 年 8 月。

论文和文章

1.《介绍辛亥革命中的君主立宪派》,《人民日报》, 1949 年 10 月 10 日第 6 版。

2.《纪念“九三” 感谢苏联对中国抗日战争的友谊帮助》,《光明日报》, 1951 年 9 月 2 日。

3.《一八七四年美国与日本合作进攻台湾的经过》,《新建设》, 1951 年第 5 卷第 3 期。

4.《学习斯大林关于基础与上层建筑的学说——为纪念斯大林〈马克思主义与语言学问题〉发表两周年而作》,《光明日报》, 1952 年 6 月 19—20 日第 3 版;《新华月报》, 1952 年 7 月号。

5.《向苏联历史家学习》,《光明日报》, 1953 年 7 月 1 日第 3 版。

6.《中国历史科学现状》,《光明日报》, 1953 年 7 月 22 日第 2 版;《科学通报》, 1953 年 7 月号。苏联《历史问题》同年第 5 期先发表俄文译稿;转刊日本的《历史の诸问题》5, 1953 年 5 月出版(据竹内实主编的《中国近现代年表》, 日本同朋社 1953 年 12 月出版)。该文后来收入东北人民大学中国史教研室编《历史科学论文集》(第一辑), 东北人民大学研究部教材出版科, 1954 年。

7.《马克思列宁主义是苏联历史科学的基础——苏联历史科学研究工作的特点之一》,《人民日报》, 1953 年 8 月 11 日第 3 版。

8.《历史研究工作是革命斗争的一个组成部分——苏联历史科学研究工作的特点之二》,《人民日报》, 1953 年 8 月 14 日第 3 版。

9.《批评与自我批评推动着历史科学的发展——苏联历史科学研究工作的特点之三》,《人民日报》, 1953 年 8 月 15 日第 3 版。

10.《苏联培养科学工作干部的经验》,《科学通报》, 1953 年 9 月号;《新华月报》, 1953 年 10 月号; 中国科学院秘书处编《学习苏联先进科学——中国科学院访苏代表团报告汇刊》, 中国科学院, 1954 年 7 月。

11.《苏联的先进历史科学》,《科学通报》,1953年11月号;《新华月报》,1954年7月号;中国科学院秘书处编《学习苏联先进科学——中国科学院访苏代表团报告汇刊》,中国科学院,1954年7月。

12.《抗美援朝运动简记》,《中国科学院历史研究所第三所集刊》(第一集),1954年7月。

13.《历史研究所第三所的研究工作》,《科学通报》,1954年8月号。

14.《从封建土地制度问题上看梁漱溟思想的反动本质》,《历史研究》,1955年第5期。

15.《台湾历史概述》(刘大年、丁名楠、余绳武等人合著),《中国科学院历史研究所第三所集刊》(第二集),1955年7月。

16.《台湾一千七百年的历史》,《人民日报》,1955年10月25日第3版。

17.《驳一个荒谬的"建议"——批判荣孟源反马克思主义的历史学观点》,《人民日报》,1957年10月11日第7版。(作者后来说该文观点是错误的)

18.《关于尚钺同志为〈明清社会经济形态的研究〉一书所写的序言》,《历史研究》,1958年第1期;《批评尚钺的历史观点》,《人民日报·学术动态》,1958年1月28日第7版;南京大学历史系中国古代史教研室编《中国资本主义萌芽问题讨论集》(续编),生活·读书·新知三联书店,1960年;北京高等教育出版社,1958年8月单行本(书名:《评尚钺同志为〈明清社会经济形态的研究〉一书所写的序言》)。

19.《提倡艰苦劳动的学风》,《人民日报》,1958年3月18日第7版。

20.《需要着重研究"五四"运动以后的历史》,《人民日报》,1958年7月5日第7版;《历史研究》,1958年第5期。

21.《戊戌变法六十年》,《人民日报》,1958年9月29日第7版;吴玉章等著《戊戌变法六十周年纪念论文集》,中华书局,1958年12月。

22.《中国近代史研究中的几个问题》,《历史研究》,1959年第10期;《新华半月刊》,1959年第24期;景桁等编《太平天国革命性质问题讨论集》,生活·读书·新知三联书店,1961年7月。

23.《义和团运动说明了什么?》,《人民日报》,1960年8月30日第7版;中国科学院山东分院历史研究所编《义和团运动六十周年纪念论文集》,

中华书局，1961年12月。

24.《我们要熟悉中国近代史》，《人民日报》，1961年2月21日第7版。

25.《论康熙》，《历史研究》，1961年第3期；《新华月报》，1962年3月号。

26.《辛亥革命与反满问题》，《历史研究》，1961年第5期；《人民日报》，1961年10月22日第5版；湖北省哲学社会科学学会联合会编《辛亥革命五十周年纪念论文集》（上），中华书局，1962年12月。

27.《新中国的历史科学——一九六二年二月在巴基斯坦历史学会第十二届年会上作的报告》，《历史研究》，1962年第2期。

28.《中国近代思想史的一页》，《新建设》，1962年12月号；《鸦片战争时期的士大夫思想——〈鸦片战争时期思想史料选辑〉序言》，《鸦片战争时期思想史料选辑》，中华书局，1963年11月。

29.《中国近代史诸问题》，《历史研究》，1963年第3期；《关于中国近代史研究的根本任务和需要研究的一些问题》（简介），《文汇报》，1963年7月9日；日本《亚细亚经济旬报》1963年11月译载。

30.《论中国近代史上的人民群众》，《历史研究》，1964年第1期；《刘大年在〈历史研究〉上撰文〈论中国近代史上的人民群众〉》，《光明日报·学术简报》，1964年3月23日第1版。

31.《帝国主义对中国的侵略与中国人民反对帝国主义的斗争》，《历史研究》，1964年第4期。

32.《回答日本历史学者的问题》，《人民日报》，1965年3月2日第6版；《历史教学》，1965年第4期。

33.《亚洲历史怎样评价？》，《人民日报》，1965年7月8日第5版；《历史研究》，1965年第3期；《北京周报》英文版、日文版于同年11月第45期予以译载，《北京周报》德文版、法文版于次年3月第10期予以译载。

34.《吴晗的反革命面目》，《历史研究》，1966年第3期。（作者后来说该文观点是错误的）

35.《毛主席指引我们研究中国近代史》，《光明日报》，1977年9月15日第3版。

36.《当代的历史课题》，《光明日报》，1978年12月28日第2版。

37.《关于历史前进的动力问题——在太平天国学术讨论会上的发言》,《近代史研究》,1979 年第 1 期。

38.《范文澜同志的科学成就——〈范文澜历史论文选集〉序》,《近代史研究》,1979 年第 1 期;《〈范文澜历史论文选集〉序》,《范文澜历史论文选集》,中国社会科学出版社,1979 年 4 月。

39.《中国近代史研究的现状》,《近代史研究》,1980 年第 2 期;日本中国研究月报编辑部译《中国近代史研究の现状》,《中国研究月报》384,1980 年。

40.《评国外看待辛亥革命的几种观点》,《近代史研究》,1980 年第 3 期。

41.《承先启后　责无旁贷——祝中国史学会重建》,《光明日报》,1980 年 7 月 1 日第 4 版。

42.《王芸生先生和他的〈六十年来中国与日本〉》,《人民日报》,1980 年 7 月 7 日第 5 版。

43.《中国近代史研究从何处突破?》,《光明日报》,1981 年 2 月 17 日第 4 版;中国史学会《中国历史学年鉴》编辑组编《中国历史学年鉴》(1981 年),人民出版社,1981 年 9 月。

44.《孙中山——伟大的爱国主义者与民主主义者》,《近代史研究》,1981 年第 3 期;《爱国主义和民主主义的杰出代表——孙中山——纪念辛亥革命七十周年》,《文汇报》,1981 年 9 月 6 日第 3 版;《孙中山——伟大的爱国主义者》,《红旗》,1981 年第 18 期;《孙中山——伟大的爱国主义者与民主主义者》,中华书局编《纪念辛亥革命七十周年学术讨论会论文集》(上),中华书局,1983 年 6 月。

45.《横滨孙中山遗址访问记》(一)(二),《文物》,1981 年第 3、4 期。

46.《历史与现实》,《近代史研究》,1981 年第 4 期。

47.《〈横滨孙中山遗址访问记〉追记》,《文物》,1981 年第 8 期。

48.《历史唯物主义的力量——〈关于建国以来党的若干历史问题的决议〉发言摘要》,《光明日报》,1981 年 7 月 18 日第 3 版。

49.《王芸生先生和他的〈六十年来中国与日本〉读后记》,王芸生编著《六十年来中国与日本》第 8 卷附录,生活 · 读书 · 新知三联书店,1982 年

4月。

50.《研究清史的科学意义》，明清史国际学术讨论会秘书处论文组编《明清史国际学术讨论会论文集》，天津人民出版社，1982年7月。

51.《戊戌变法的评价问题》，《近代史研究》，1982年第4期。

52.《致郑成功收复台湾三百二十周年学术讨论会的信》，《人民日报》，1982年8月3日第5版。

53.《历史是伟大的教师——纪念抗日战争胜利三十七周年》，《光明日报》，1982年8月14日第3版。

54.《学习郭老——在中国史学会纪念郭沫若同志诞辰九十周年学术报告会上的发言》，《近代史研究》，1983年第1期。

55.《当前历史研究的时代使命问题》，《近代史研究》，1983年第3期。

56.《郭沫若与哲学》，《人民日报》，1983年6月13日第5版；中国郭沫若研究学会、《郭沫若研究》编辑部编《郭沫若研究：学术座谈会专辑》，文化艺术出版社，1984年8月。

57.《关于历史研究的指导思想问题——评马克思主义"过时"论》，《世界历史》，1983年第4期；该文的压缩版（同名）发表在《编创之友》，1984年第1期。

58.《论领袖与群众》，《哲学研究》，1983年第9期。

59.《〈历史小故事丛书选辑〉序》，《读书》，1983年第10期；《与青少年朋友谈学历史——〈历史小故事丛书选辑〉序》，《历史小故事丛书选辑》，河北、河南、山东人民出版社，1984年。

60.《坚持史学领域批判历史唯心论的斗争》，《光明日报》，1983年11月5日第1、3版。

61.《谈学历史》，《光明日报》，1983年11月16日第3版。

62.《〈中国国民党"一大"六十周年纪念论文集〉序言》，《中国国民党"一大"六十周年纪念论文集》，中国社会科学出版社，1984年1月。

63.《异化与历史》，《瞭望》，1984年第8期；《异化与历史动力问题》，《哲学研究》，1984年第4期。

64.《杨秀峰〈历史动力学说之检讨〉重印记，《近代史研究》，1984年第3期。

65.《方向与形式》，《天津社会科学》，1984年第4期。

66.《“十面湖山上此楼”》，《湖南日报》，1984年9月19日第3版。

67.《论历史研究的对象》，《历史研究》，1985年第3期；中国史学会编《第十六届国际历史科学大会中国学者论文集》，中华书局，1985年7月。

68.《华罗庚、夏鼐二同志回想录》，《光明日报》，1985年7月7日第3版。

69.《孙中山研究述评国际学术讨论会开会辞》，孙中山研究学会编《回顾与展望——国内外孙中山研究述评》，中华书局，1985年7月。

70.《论历史学理论研究》，《近代史研究》，1985年第4期。

71.《一位平凡中见伟大的女性——忆姜国仁》，《湖南日报》，1986年3月16日第3版。

72.《〈历史研究〉的创刊与“百家争鸣”方针的提出》，《历史研究》，1986年第4期；《“百家争鸣”方针侧闻记》，《文献和研究》，1986年第4期。

73.《太平天国史学一大家——祝贺罗尔纲85岁寿辰和从事学术工作60周年》，《近代史研究》，1986年第6期；《太平天国学刊》第五辑（庆祝罗尔纲从事学术活动六十年专辑），中华书局，1987年7月；罗尔纲著《太平天国史》，中华书局，1991年9月。

74.《开拓者的启示——在吕振羽学术思想讨论会上的书面发言》，《光明日报》，1986年11月5日第3版。

75.《关于〈孙中山书信手迹选〉的出版》，《光明日报》，1986年11月10日第4版。

76.《孙中山与中华民国》，《近代史研究》，1987年第1期；中国孙中山研究学会编《孙中山和他的时代——孙中山研究国际学术讨论会论文集》（上册），中华书局，1989年10月。

77.《“欲登高，必自卑”——1986年5月6日在歙县历史学理论讨论会上的发言》，《史学理论》，1987年第1期。

78.《历史学家刘大年谈——“全盘西化”的由来和为什么行不通》（上）（下），《瞭望》，1987年第8、9期。

79.《荣孟源〈史料和历史科学〉序》，《史料和历史科学》，人民出版社，1987年3月。

80.《抗日战争与中国历史》，《人民日报》，1987年7月6日第5版；

井上清、卫藤沈吉编《中日战争与日中关系——卢沟桥事件50周年日中学术讨论会记录》(日文版),日本原书房,1988年9月。

81.《说“合力”》,《历史研究》,1987年第4期。

82.《历史与展望——1987年7月13日在早稻田大学的讲话》,《北京周报》,日文版第25卷第35号;《史学理论》,1987年第4期。

83.《古槐——我印象中的张孝骞大夫》,《光明日报》,1987年9月5日第2版。

84.《〈孙中山和中华民国〉补述》,《近代史研究》,1987年第6期。

85.《从京都到东京——记卢沟桥事变50周年中日学术讨论会》,《中共党史研究》,1988年第1期。

86.《侯外庐与马克思主义历史学》,《历史研究》,1988年第1期;中国社会科学院历史研究所中国思想史研究室、西北大学中国思想文化研究所编《纪念侯外庐文集》,陕西人民教育出版社,1991年3月。

87.《一个历史学家的地位——纪念陈寅恪先生学术讨论会致词》,《光明日报》,1988年6月29日第3版。

88.《鄙弃抱残守缺,勇敢坚持真理——在史学界第四次代表大会上的讲话》,《世界历史》,1988年第6期。

89.《吴茂荪与孙中山研究学会》,《近代史研究》,1989年第1期。

90.《中葡新关系十年》,《人民日报》,1989年2月7日第3版。

91.《日本当局为何在侵华战争性质问题上倒退?》,《人民日报》,1989年2月21日第1版。

92.《怀念黎澍同志》,《近代史研究》,1989年第2期。

93.《说地方志的文化功能》,《中国地方志》,1989年第4期。

94.《马克思主义与中国传统文化》,《求是》,1989年第7期。

95.《孙中山研究国际学术讨论会开幕词》,中国孙中山研究学会编《孙中山和他的时代——孙中山研究国际学术讨论会论文集》(上册),中华书局,1989年10月。

96.《说历史的选择》,《求是》,1989年第24期。

97.《田家英与学术界》,董边、镡德山、曾自编《毛泽东和他的秘书田家英》,中央文献出版社,1989年12月。

98.《固守真理者——〈战争·科学·人〉中译本序》,《近代史研究》,

1989 年第 6 期；《固守真理者——〈战争 · 科学 · 人〉序》，《辽宁师范大学学报》（社会科学版），1989 年第 6 期；田中正俊著、韩一德译《战争 · 科学 · 人》，黑龙江人民出版社，1990 年 7 月。

99.《编写一部全面系统的抗日战争史》，《人民日报》，1990 年 3 月 5 日。

100.《天壤公言录——〈中日学者对谈录〉序》，《近代史研究》，1990 年第 2 期。

101.《七十年与四十年——〈日本侵华七十年史〉序》，《真理的追求》，1990 年第 5 期；张振鹍、沈予等著《日本侵华七十年史》，中国社会科学出版社，1992 年 10 月。

102.《太阳照在新中国的上空——在纪念鸦片战争 150 周年座谈会上的发言》，《光明日报》，1990 年 6 月 5 日第 2 版。

103.《中国近代化的道路与世界的关系》，《求是》，1990 年第 22 期；《走向世界的中国》（近代史所集刊），成都出版社，1992 年 4 月。

104.《做什么，怎么做？——在中国抗日战争史学会成立大会上的讲话》，《抗日战争研究》，1991 年第 1 期。

105.《九一八事变 60 周年国际学术讨论会开幕词》，《抗日战争研究》，1991 年第 2 期。

106.《北方大学记》，《近代史研究》，1991 年第 3 期。

107.《孙中山对中国国情的认识》，《真理的追求》，1991 年第 10 期；卫藤沈吉主编《中国共和革命》（China’s Republican Revolution），日本东京大学，1994 年。

108.《辛亥革命研究与历史前进观点——辛亥革命 80 周年国际学术讨论会开幕词》，《湖北日报》，1991 年 10 月 17 日第 4 版。

109.《抗日战争与中华民族的统一》，《抗日战争研究》，1992 年第 2 期。

110.《继承以往　开拓未来——在郭沫若诞辰 100 周年纪念学术讨论会上的发言》，《近代史研究》，1993 年第 1 期。

111.《第二届近百年中日关系史国际研讨会开幕词》，《抗日战争研究》，1993 年第 2 期。

112.《〈中国近代人口史〉序》，《近代史研究》，1993 年第 4 期；姜涛著《中国近代人口史》，浙江人民出版社，1993年9月。

113.《郭沫若关于〈历史研究〉的六封信》，《历史研究》，1994年第1期。

114.《光大范文澜的科学业绩》，《近代史研究》，1994年第1期。

115.《历史要分析——谈〈胡乔木文集〉第2卷阐述的历史方法论》，《中共党史研究》，1994年第1期。

116.《驳永野茂门》，《抗日战争研究》，1994年第2期。

117.《抗日战争的历史意义与民族精神》，《抗日战争研究》，1994年第4期。

118.《抗日战争是中国复兴的枢纽》，《社科信息文荟》，1995年第11期。

119.《中国复兴枢纽——抗日战争的八年》，武月星编《中国抗日战争地图集》，中国地图出版社，1995年6月。

120.《理论与事实——〈中国复兴枢纽——抗日战争的八年〉前言》，北京出版社，1995年8月。

121.《〈重庆抗战丛书〉序》，重庆出版社，1995年8月。

122.《椎轮为大辂之始》（代序），北京理工大学校史丛书《北方大学工学院史料》，北京理工大学出版社，1995年8月。

123.《马克思主义是史学研究最根本的方法》，《高校理论战线》，1995年第8期；沙健孙、龚书铎主编《走什么路——关于中国近代历史上的若干重大是非问题》，山东人民出版社，1997年1月。

124.《民族的胜利　人民的胜利》，《人民日报》，1995年8月15日第9版。

125.《抗日战争的几个问题——在纪念抗日战争胜利50周年学术讨论会上的报告》，《光明日报》，1995年9月11日。

126.《照唯物论思考》，《抗日战争研究》，1996年第2期；《抗日战争的几个问题》（改名），沙健孙、龚书铎主编《走什么路——关于中国近代历史上的若干重大是非问题》，山东人民出版社，1997年1月。

127.《关于研究孙中山与中国近代化问题》，《文汇报》，1996年11月13日。

128.《中国近代历史运动的主题》，《近代史研究》，1996年第6期。

129.《方法论问题》，《近代史研究》，1997年第1期；沙健孙、龚书铎主编《走什么路——关于中国近代历史上的若干重大是非问题》，山东人民出版社，1997年1月；《当前近代史研究中的几个理论问题》，《人民日报》，1997年1月11日第6版；《近代史研究的方法论问题》，《求是》，1997年第2期。

130.《陈翰笙老前辈百岁荣寿祝词》，《文汇报》，1997年5月27日；张椿年、陆国俊主编《陈翰笙百岁华诞集》，中国社会科学出版社，1998年10月。

131.《香港回归与中国现实》，《人民日报》，1997年6月19日第9版。

132.《革新派先贤祠中的一员》，《近代史研究》，1997年第4期。

133.《伟大的转折》，《抗日战争研究》，1997年第3期。

134.《邓小平理论与社会主义黎明》，《人民日报》，1997年10月10日；《学习邓小平社会主义初级阶段理论的几点体会》，《求是》，1997年第20期；《邓小平理论与社会主义》，《哲学研究》，1998年第1期。

135.《毛泽东评"二十四史"》，《人民日报》，1997年12月20日；《透过历史洞察现实》，《光明日报》，1997年12月26日。

136.《山长水又远，佳景在前头——对老朋友齐赫文斯基院士的祝愿》，《读书》，1998年第3期；《东方学与世界文学文集》，莫斯科，1998年。

137.《这一百年——中国由百年衰败到奋起复兴》，《瞭望》，1998年第33期。

138.《历史学的变迁》，《北京大学学报》（哲学社会科学版），1998年第4期。

139.《与博士生谈写论文》，《中国文化研究》，1998年冬之卷（总第22期）。

140.《寄〈百年潮〉》，《文汇报》，1998年12月23日。

141.《〈追求集〉序》，张海鹏著《追求集：中国近代历史进程的探索》，社会科学文献出版社，1998年12月。

142.《〈中国工人运动史〉序》，刘明逵主编《中国工人运动史》第一卷，广东人民出版社，1998年12月；《焚膏油以继晷 恒兀兀以穷年》，《中国图书评论》，1999年第6期。

143.《刘大年贺胡绳八十寿的文、诗与胡绳的答信》，《中国社会科学院通讯》，1999 年 1 月 14 日第 4 版。

144.《可敬的日本友人——山田一郎》，《百年潮》，1999 年第 8 期。

145.《马克思主义社会科学研究要回答当代社会重要问题》，《中国社会科学院通讯》，1999 年 10 月 26 日；《与同志们交流——刘大年先生在中国社会科学院成立五十周年学术报告会上的讲话》，《光明日报 · 历史周刊》，2000 年 4 月 7 日。

146.《“忠信应难敌，坚贞谅不移”——记抗战中冀南的“四 · 二九”》，《抗日战争研究》，2000 年第 1 期。

147.《〈张学良世纪风采〉序》，张友坤编《张学良世纪风采》，华文出版社，2000 年 6 月。

148.《拉丁美洲的英雄玻利瓦尔》，《人民日报》，2001 年 6 月 15 日第 11 版。

149.《面向新世纪——漫谈历史规律问题》，《史学史研究》，2003 年第 3 期。

150.《在中国史学会成立五十周年座谈会上的发言》，中国史学会秘书处编《中国史学会五十年》，海燕出版社，2004 年 4 月。

151.《〈香港二十八总督〉序言》，张连兴著《香港二十八总督》，朝华出版社，2007 年 7 月。